Tobias Neumann Deux Sœurs
Zwei Schwestern

Spector Books

Richard-Wagner-Platz, 2017

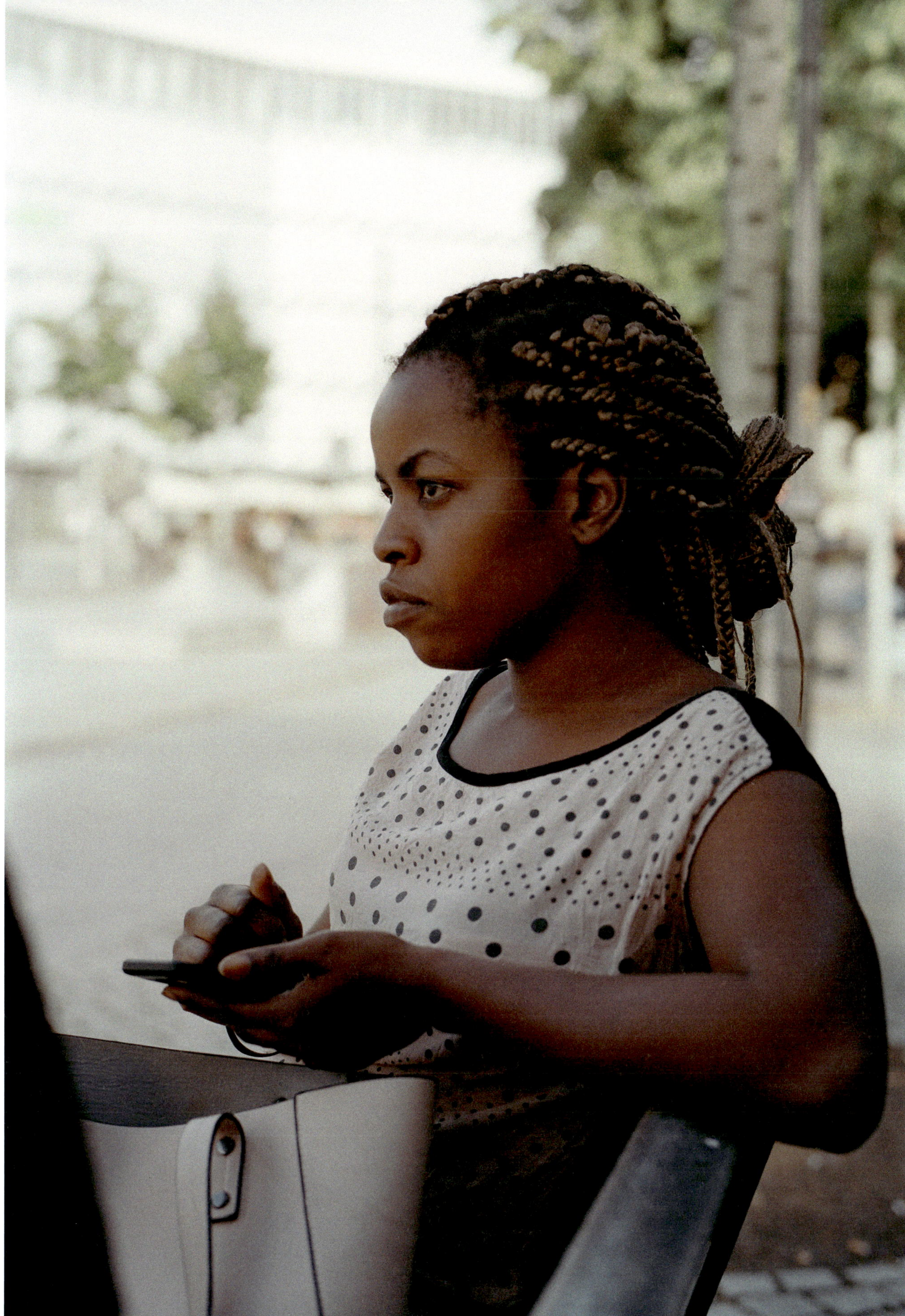

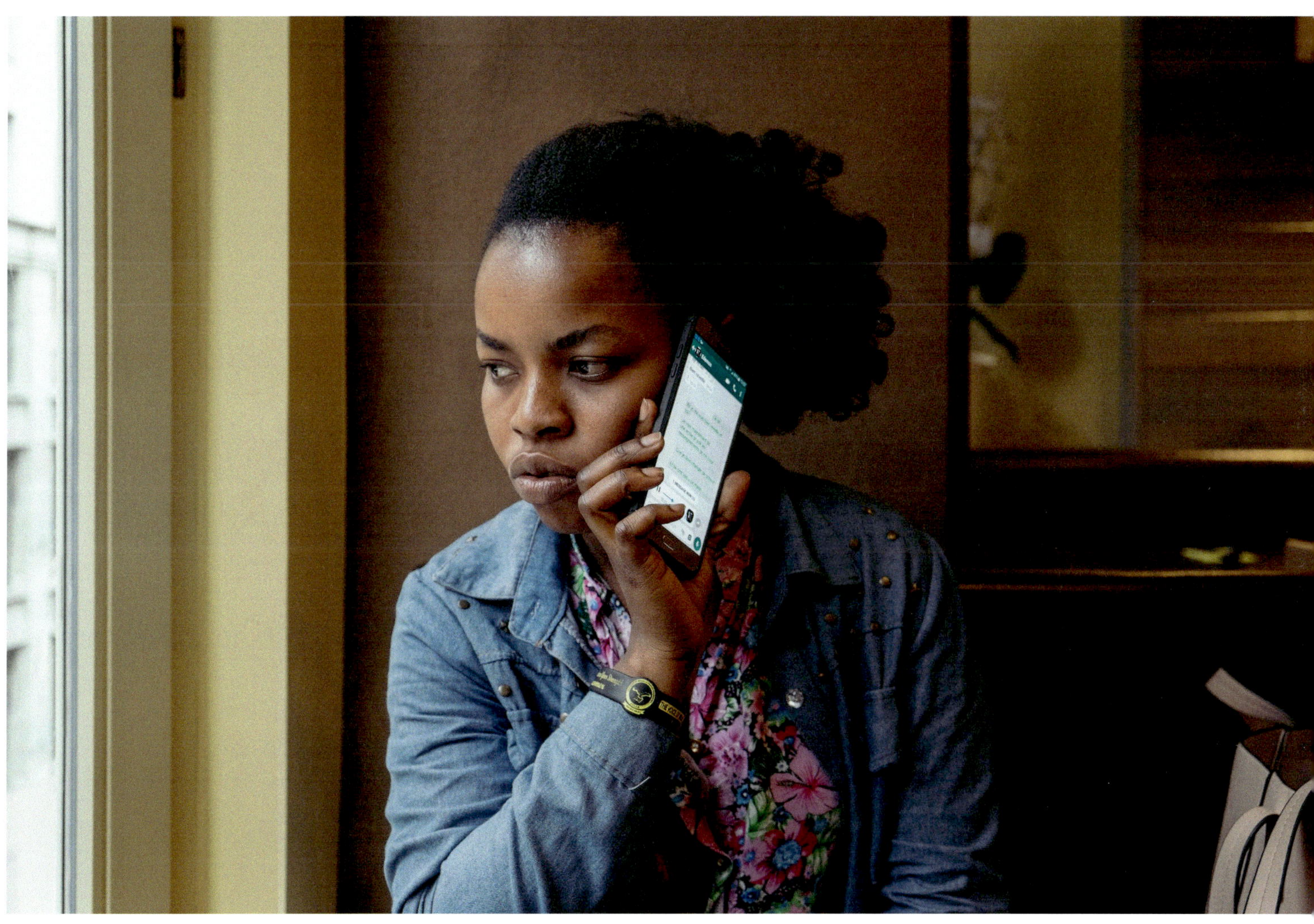

Katharinenstraße, 2017

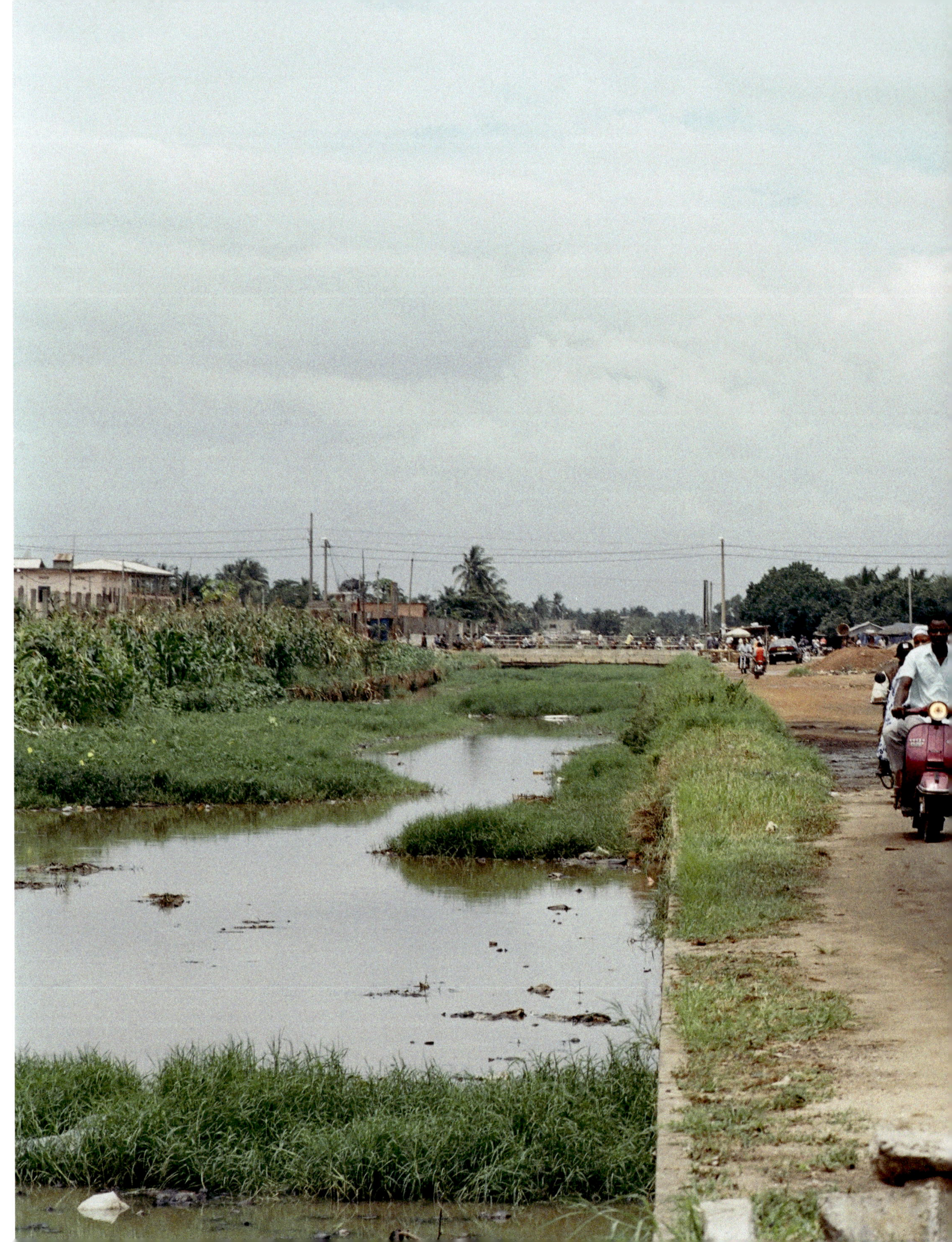

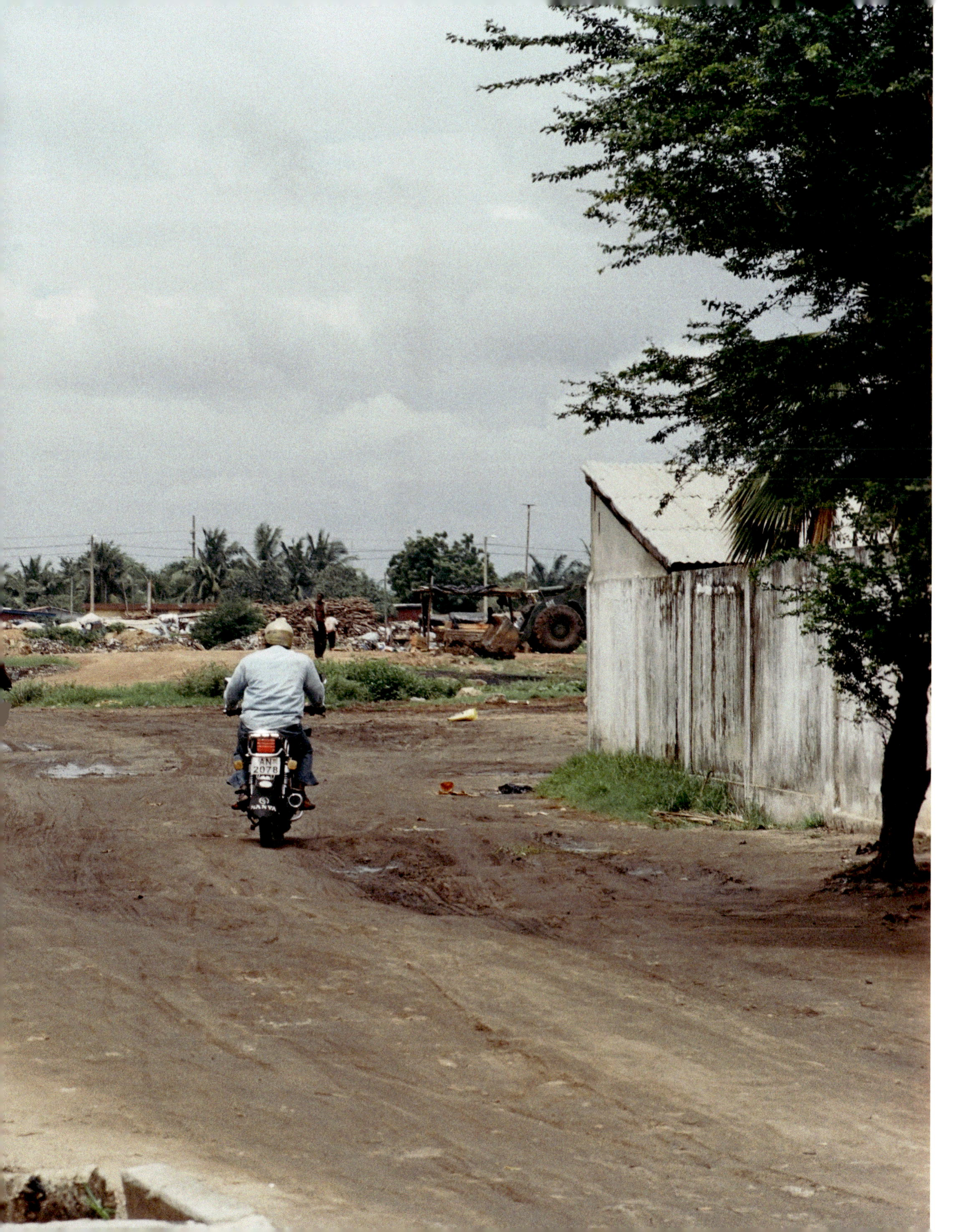
AN
2078

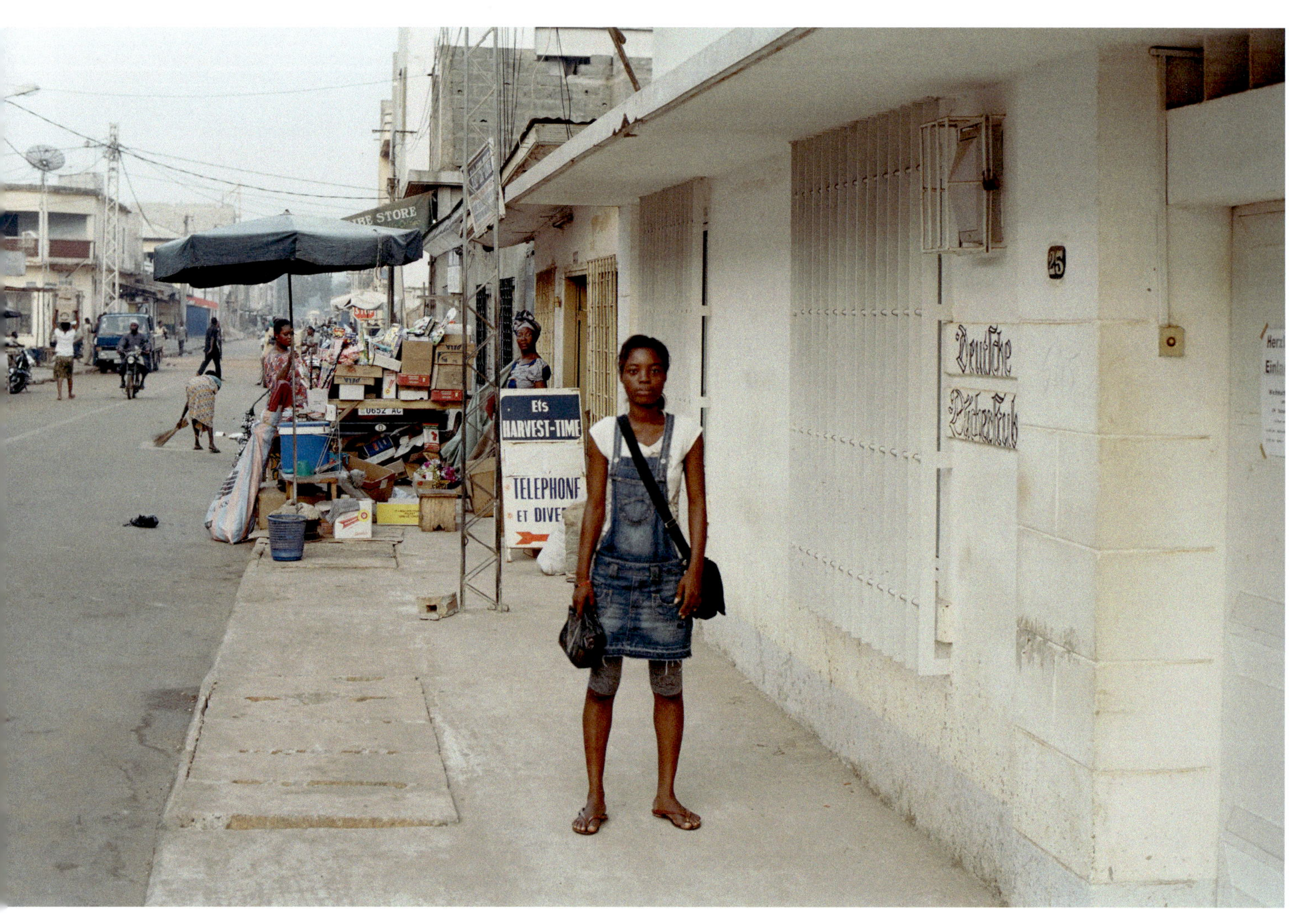

< Av. de la Nouvelle Marche, 2010
Rue Kokéti, 2009

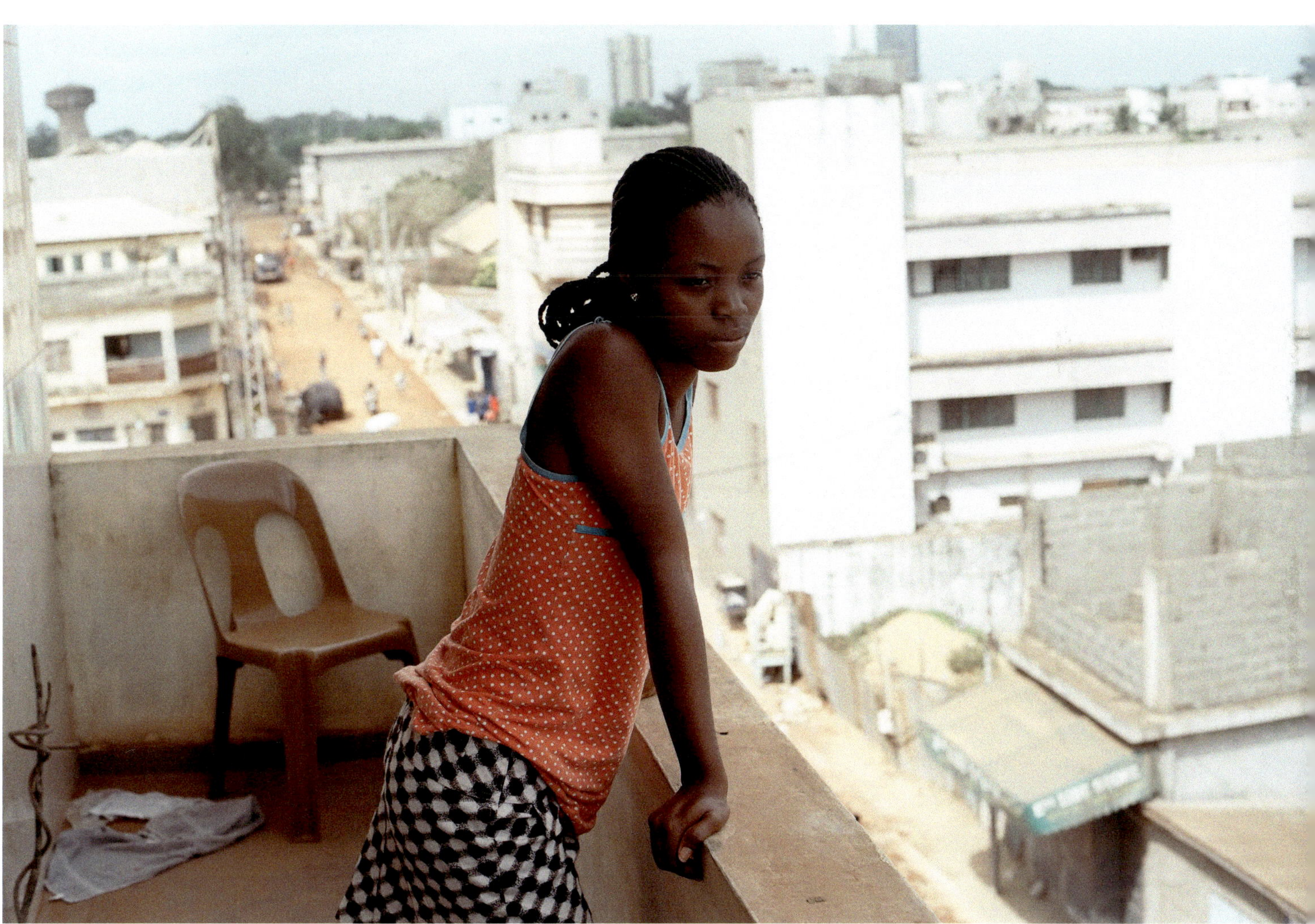

Rue Kokéti, 2009

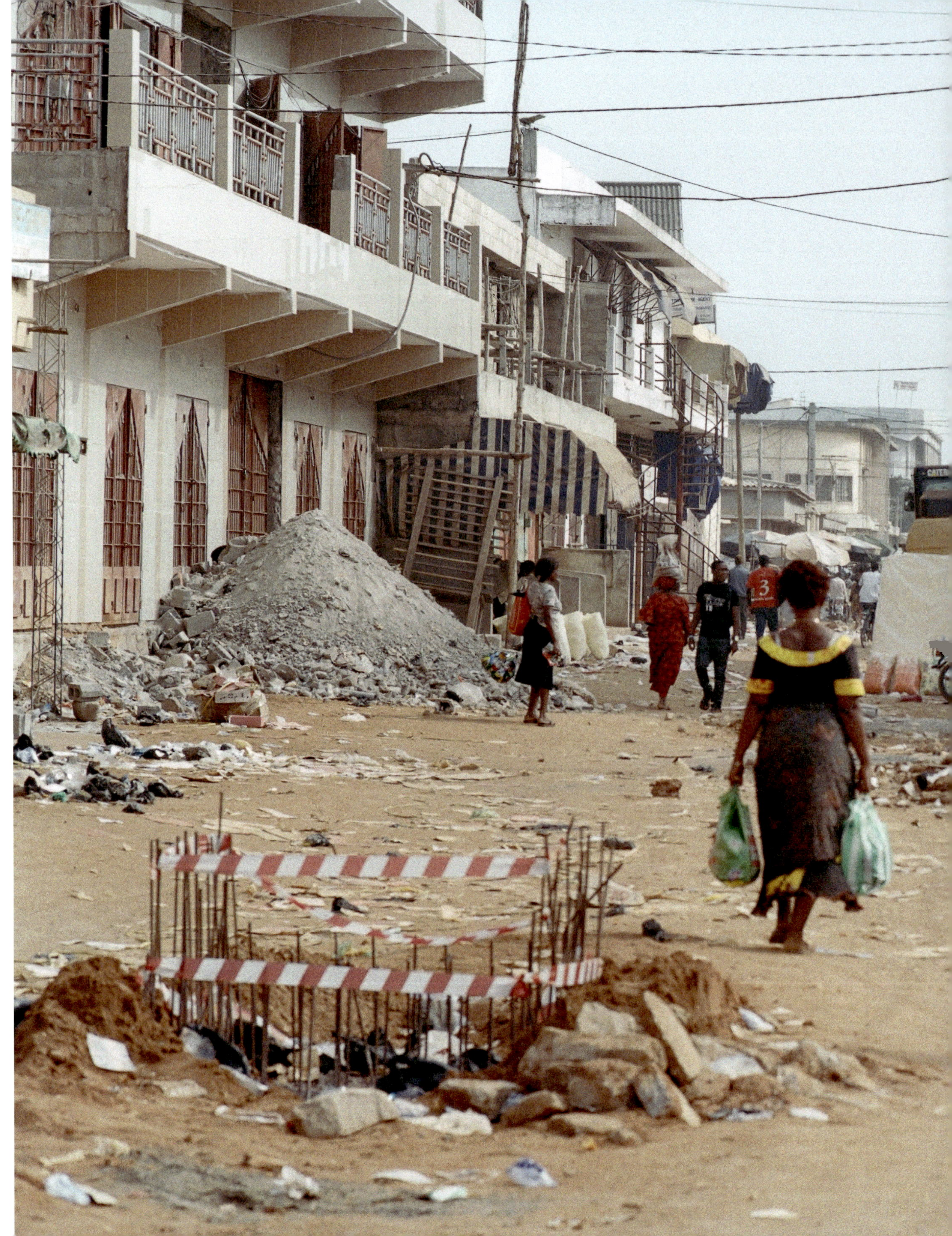

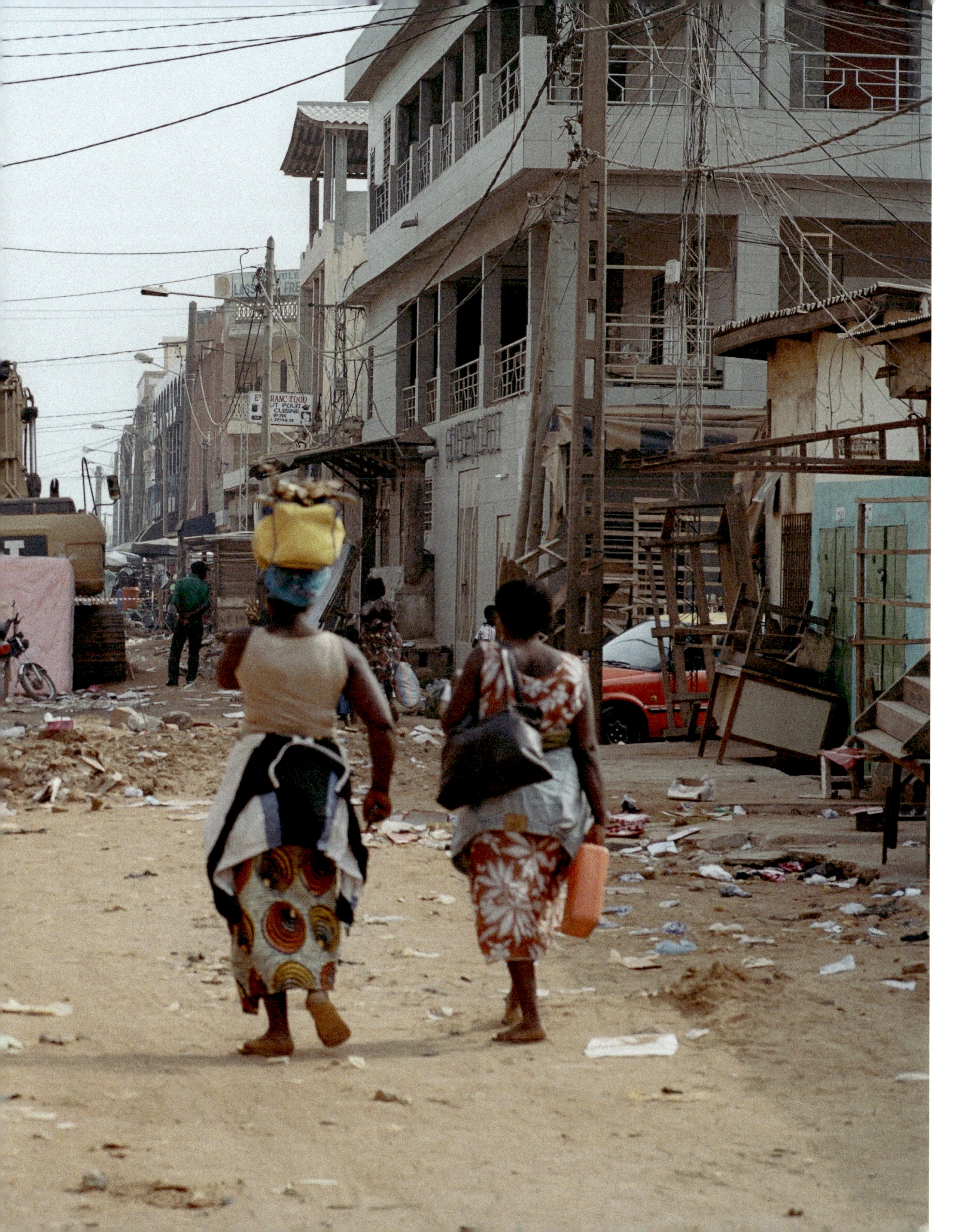
CUISINE

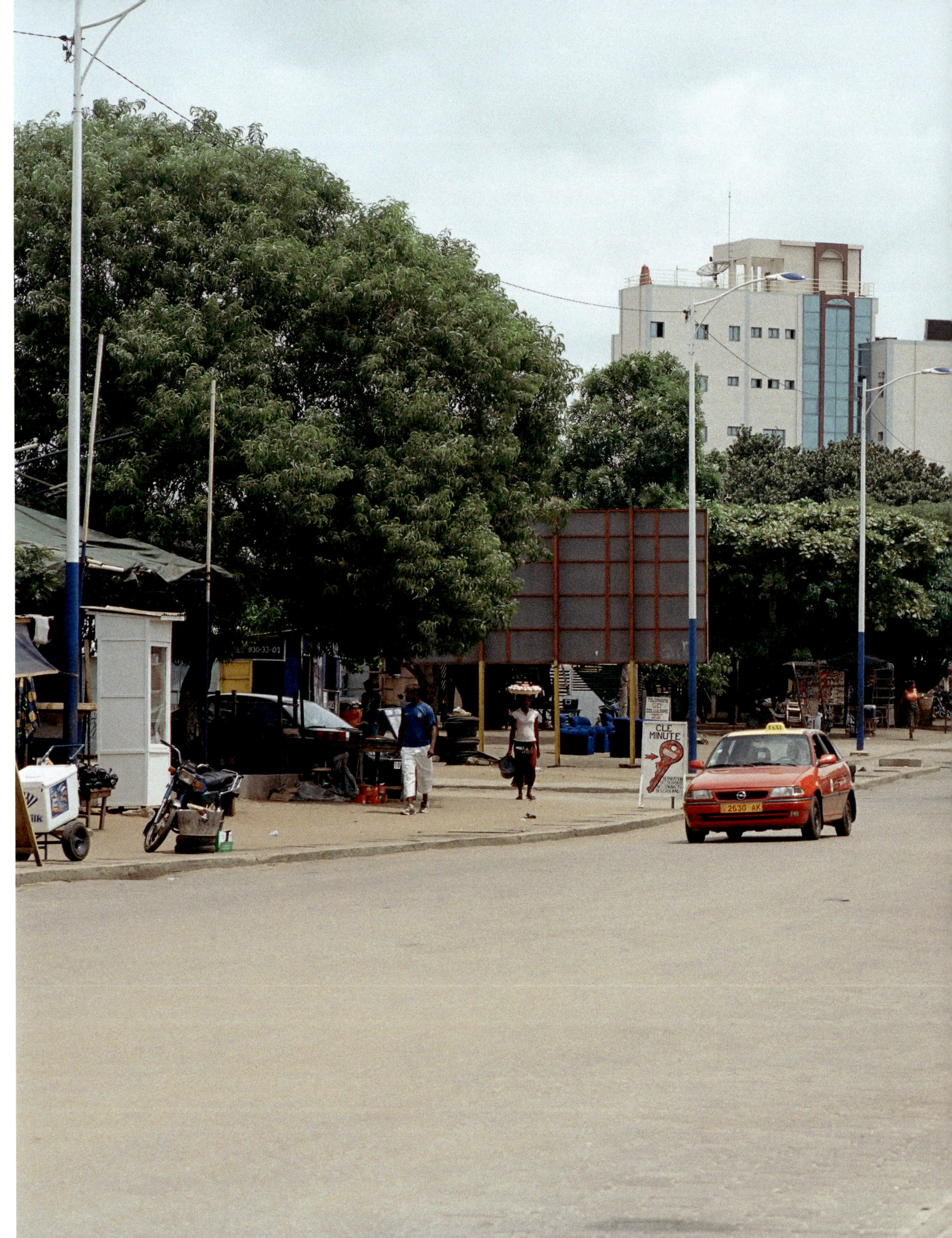
TELEPHONE
50
CELLULAIRE
35
CLE
MINUTE
TAXI
2630 AK

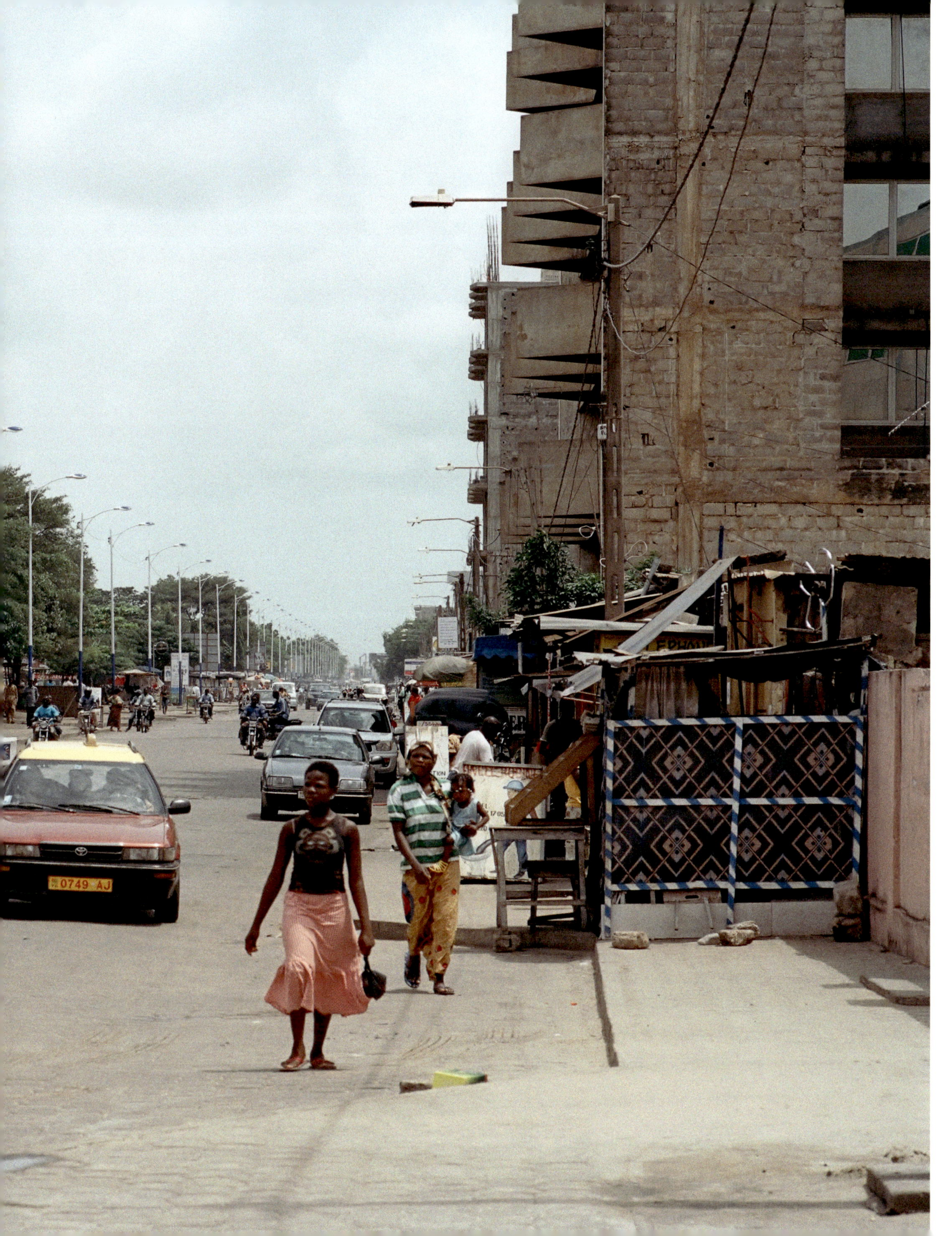
0749 AJ

< Rue de France, 2013
< Bd Felix Houphouët-Boigny, 2011

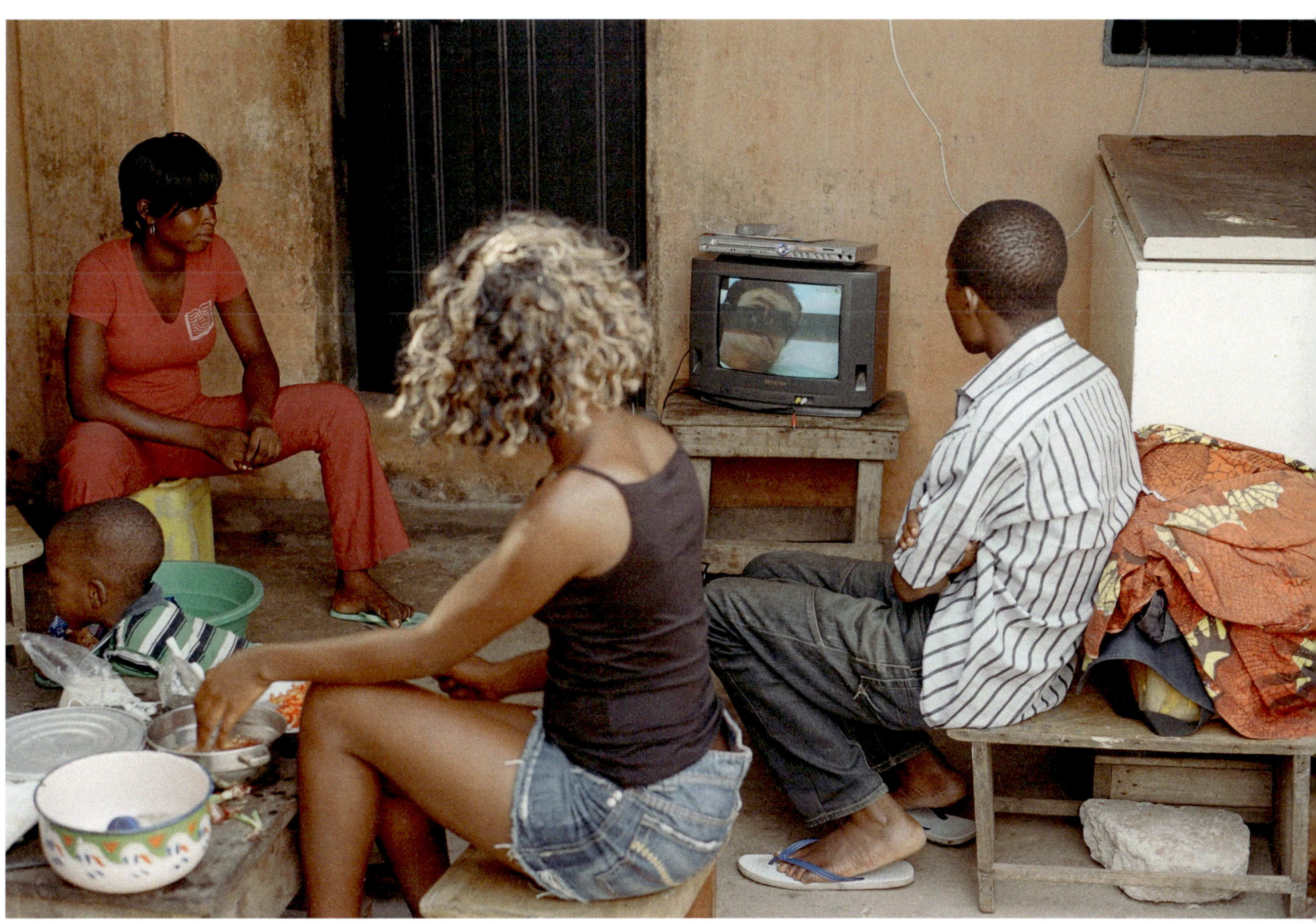

Rue Kpélé, 2010

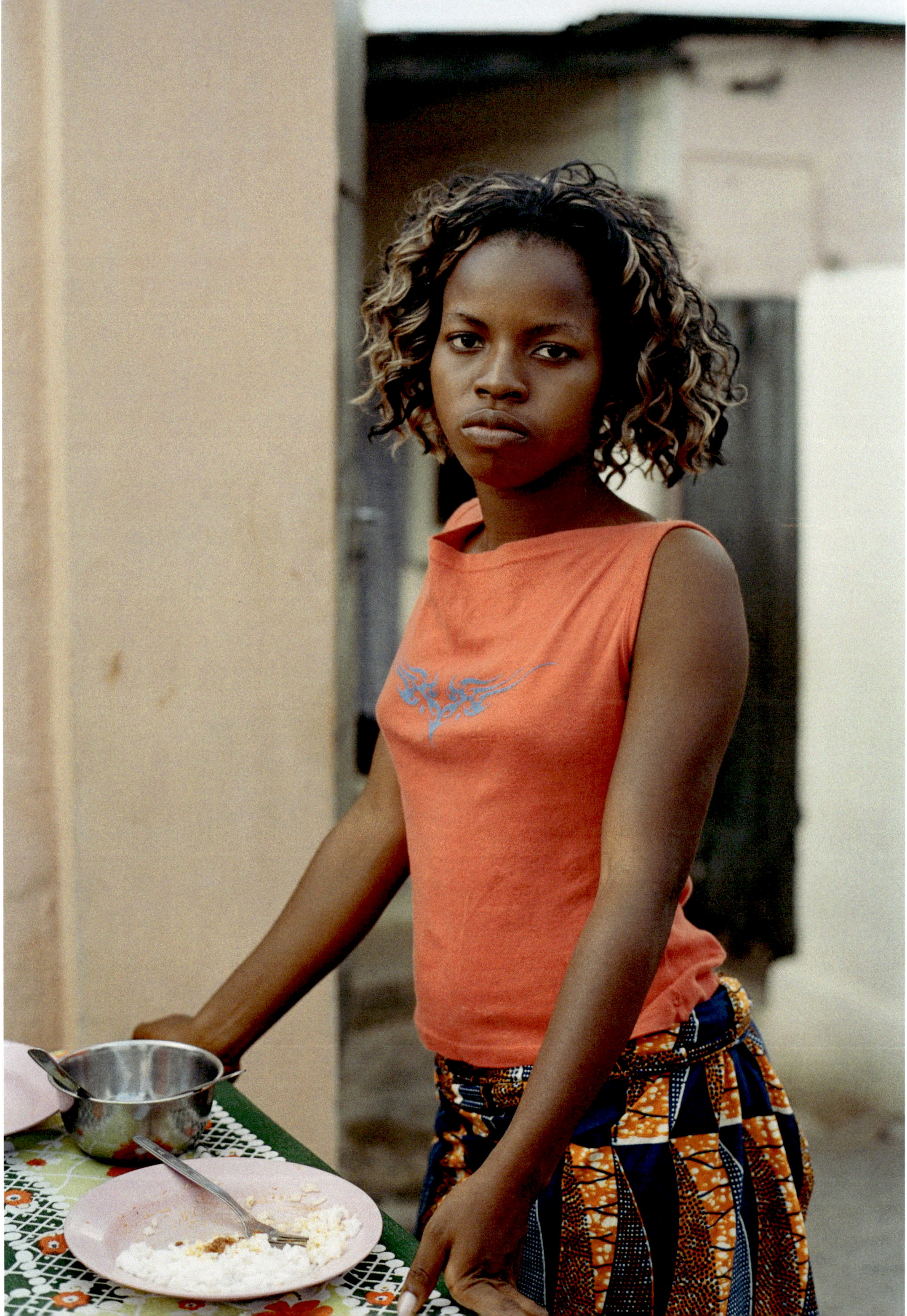

Rue Kpélé, 2010

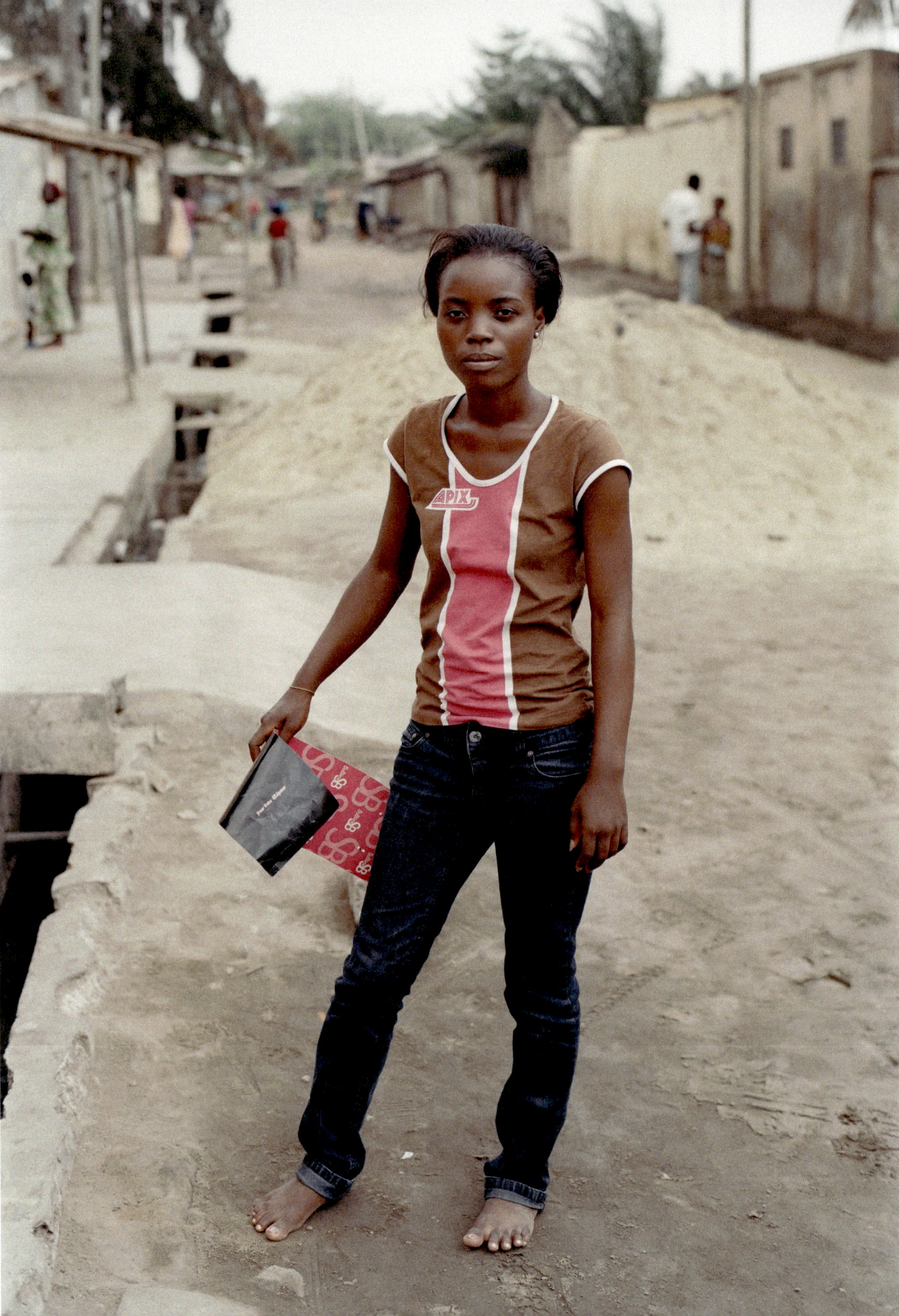
APIX

Rue Kpélé, 2011

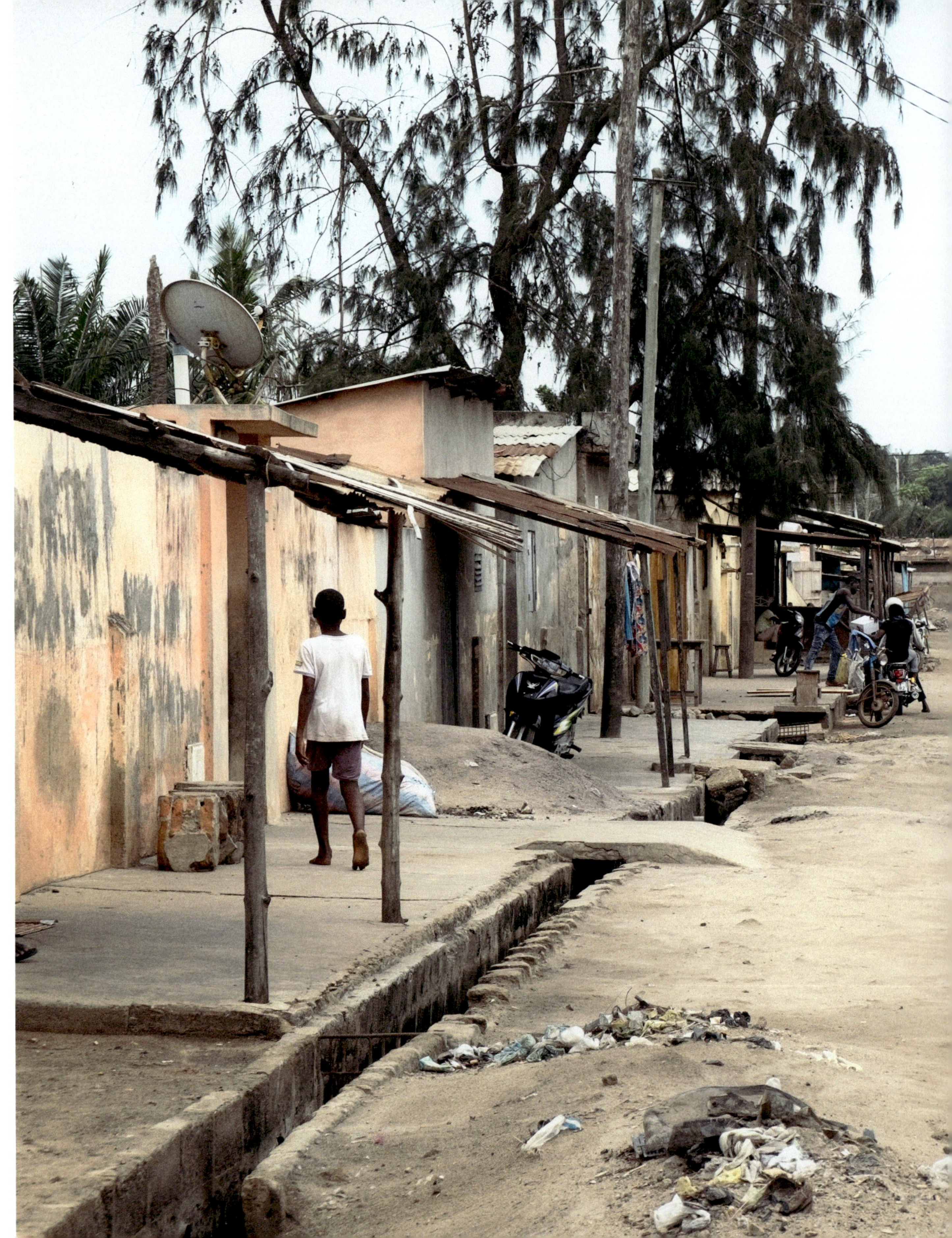

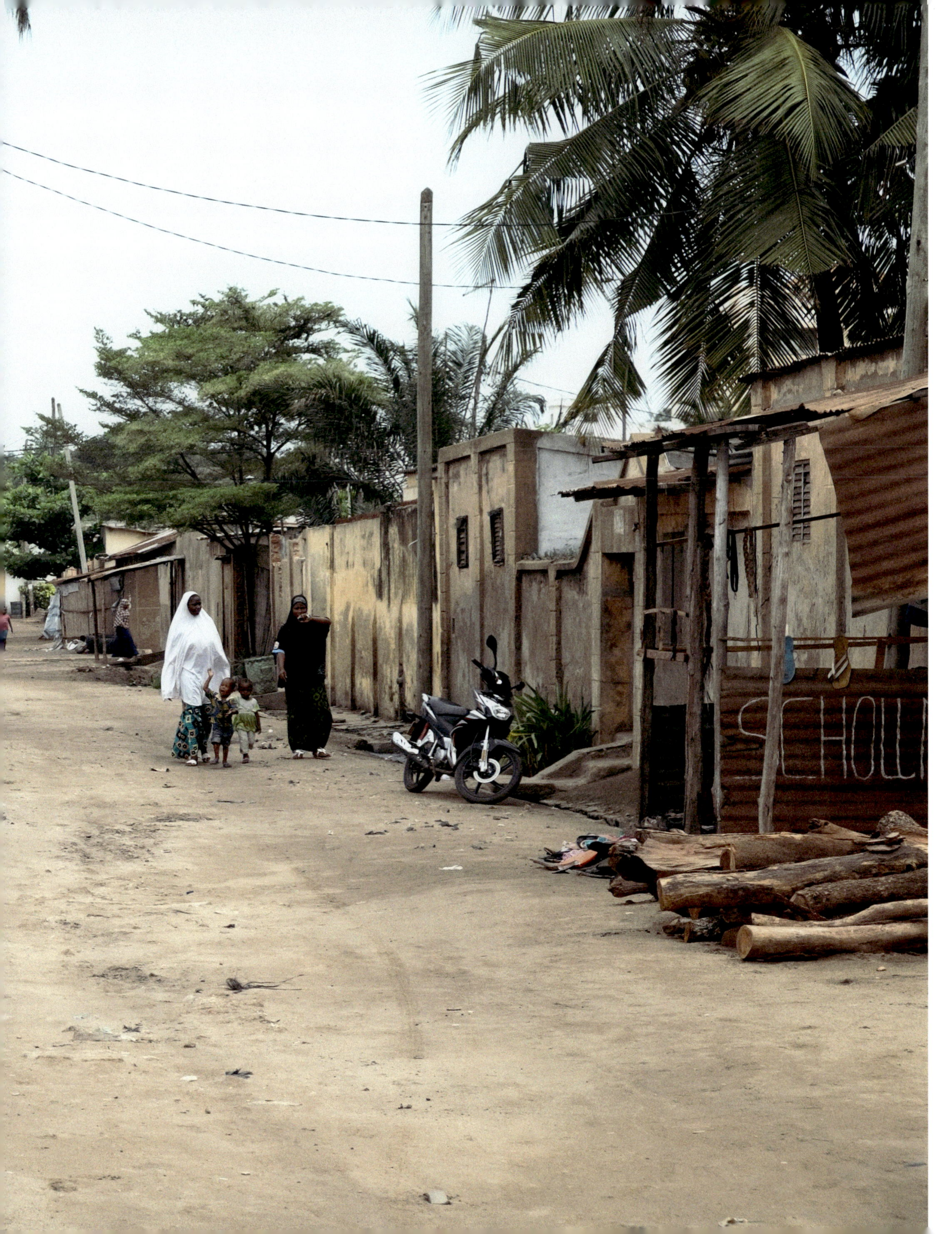

< Rue Kpélé, 2015

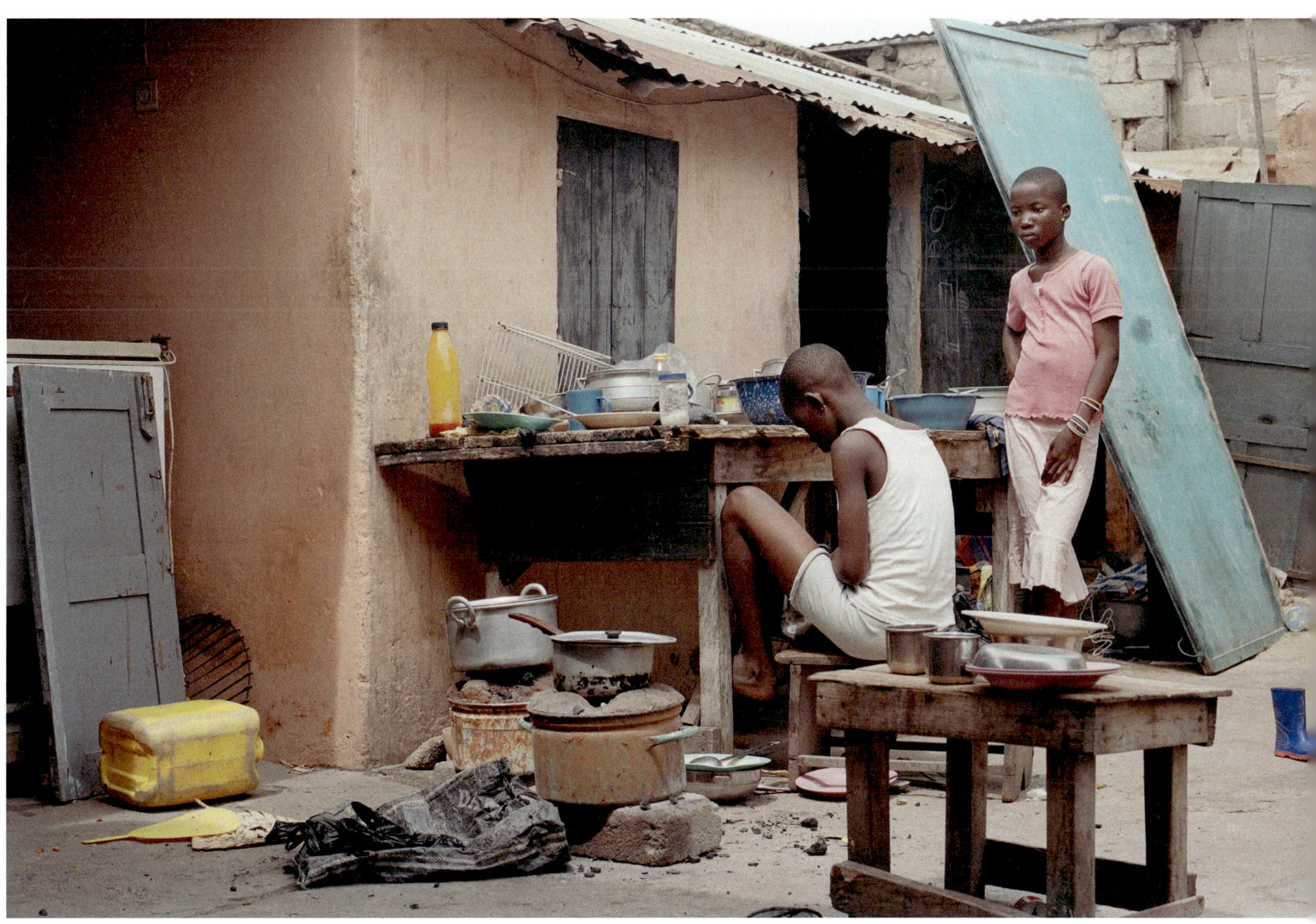

Rue Kpélé, 2010

Rue Kpélé, 2010

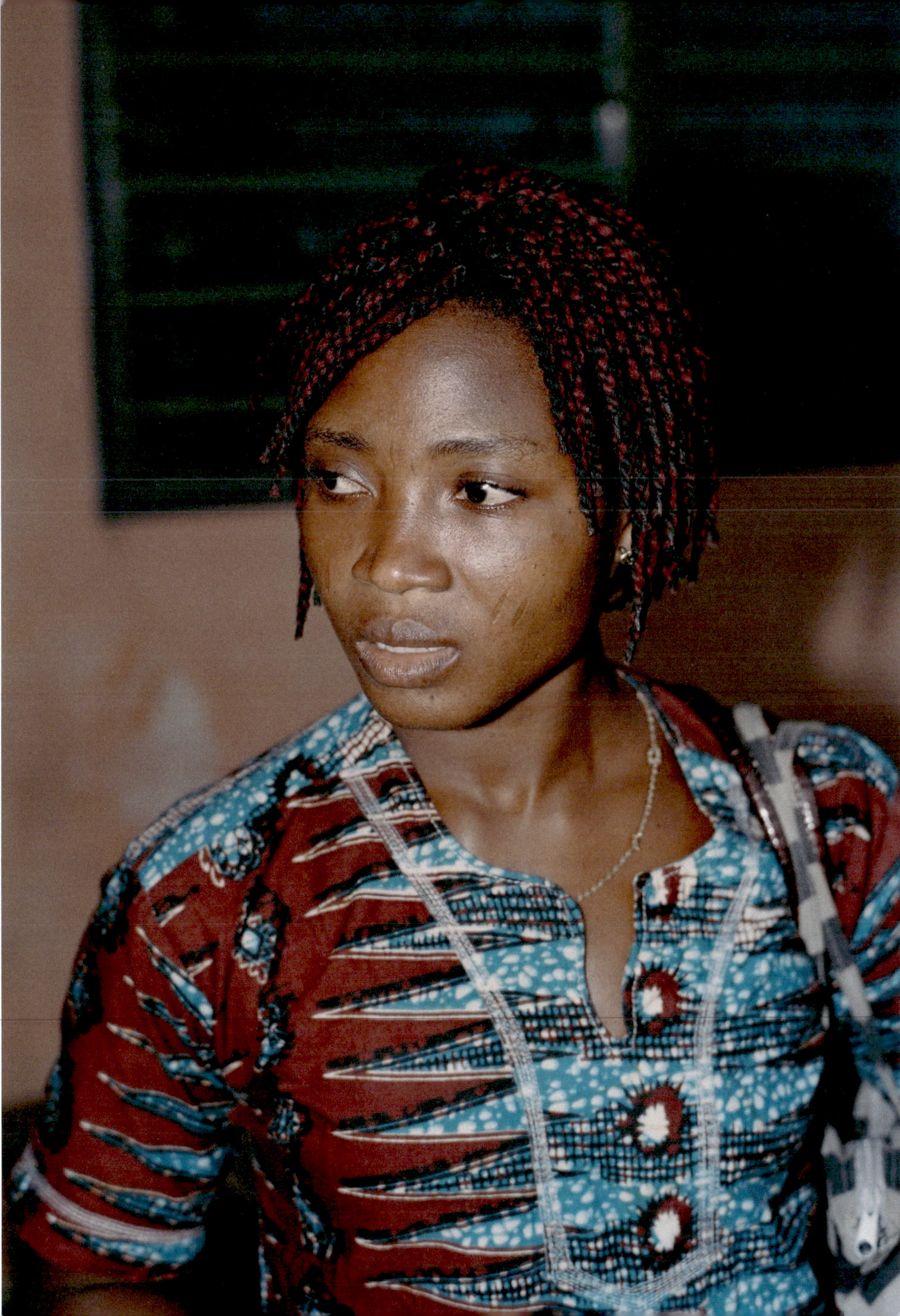

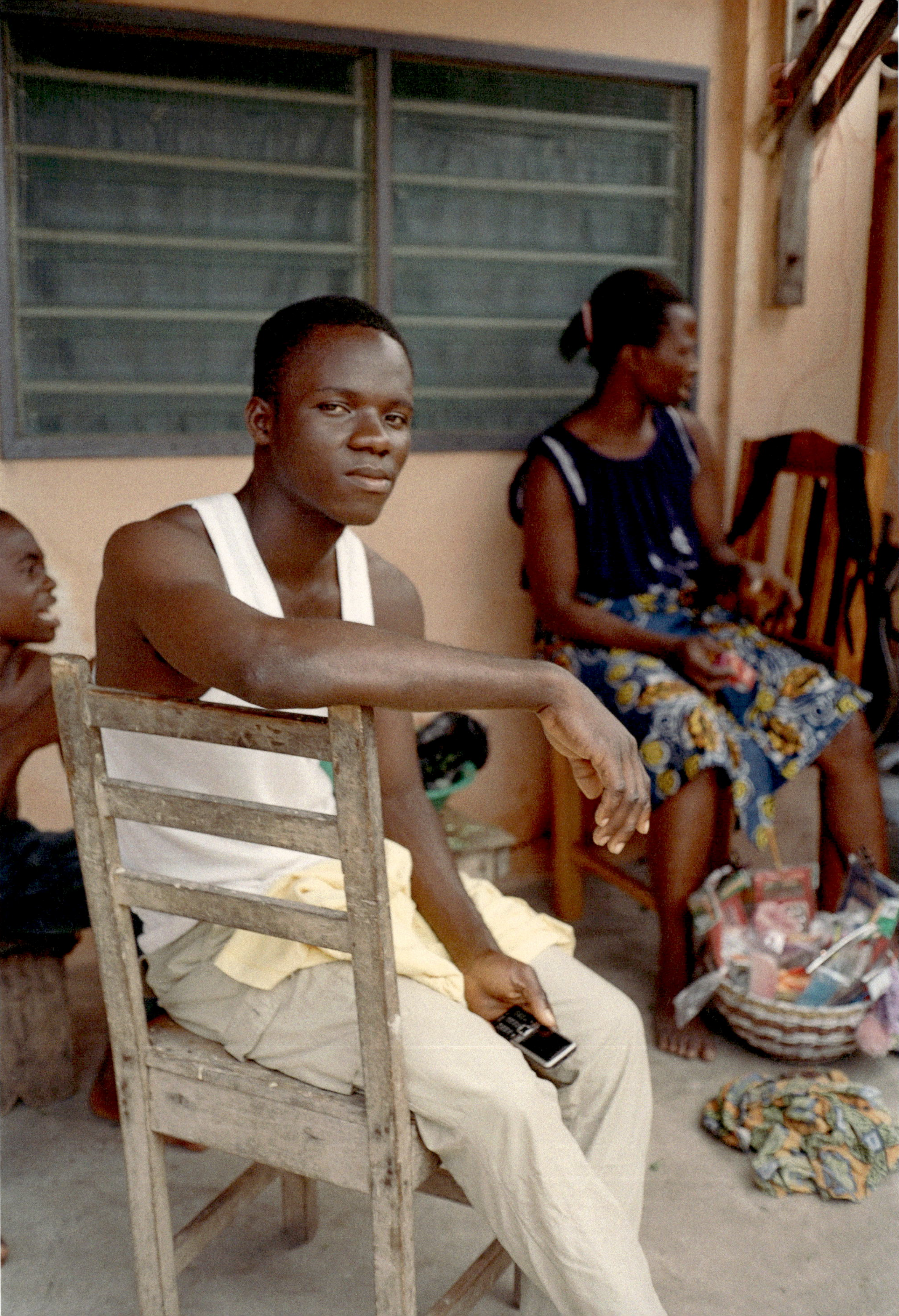

Rue Kpélé, 2010

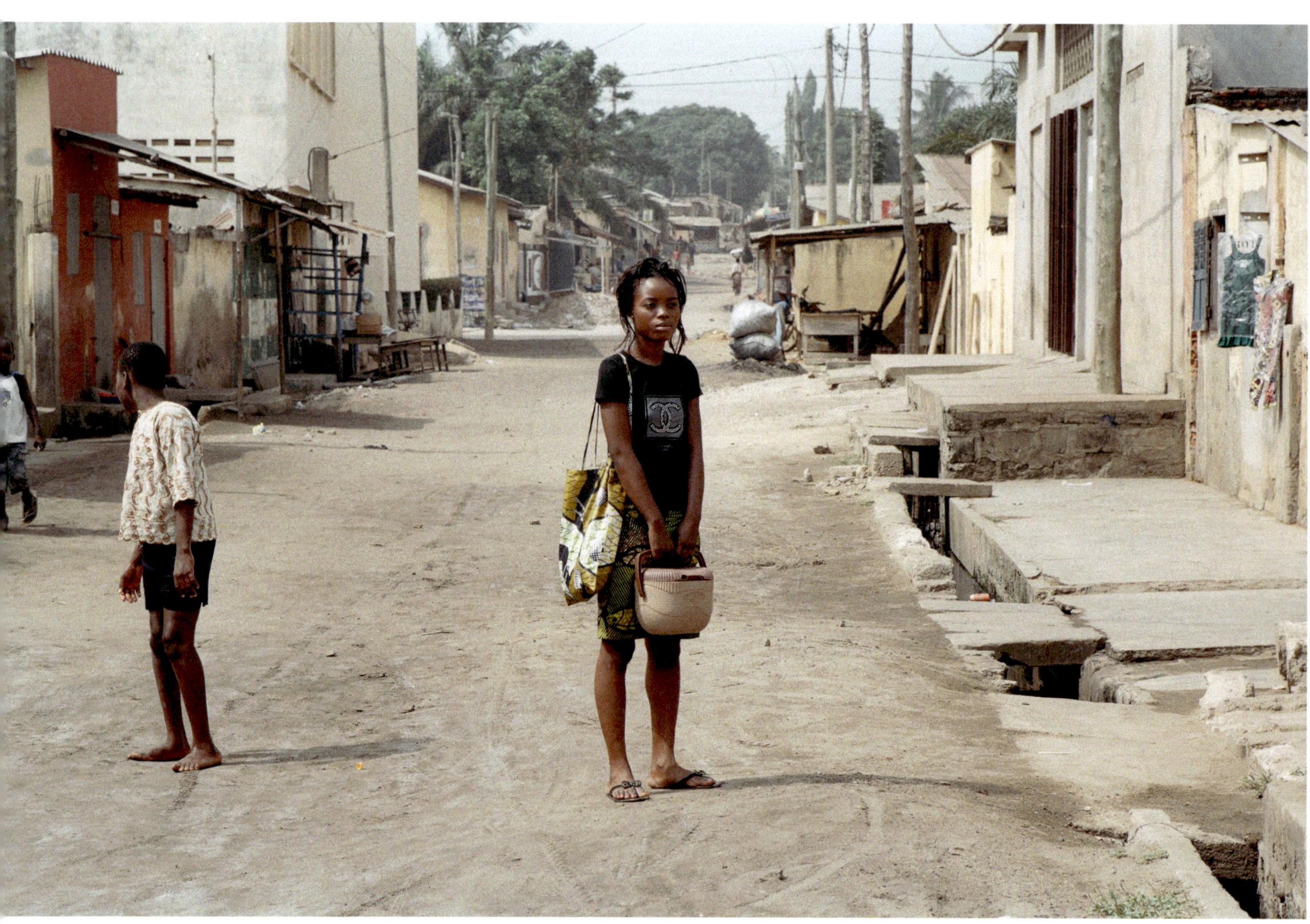

Rue Kpélé, 2011

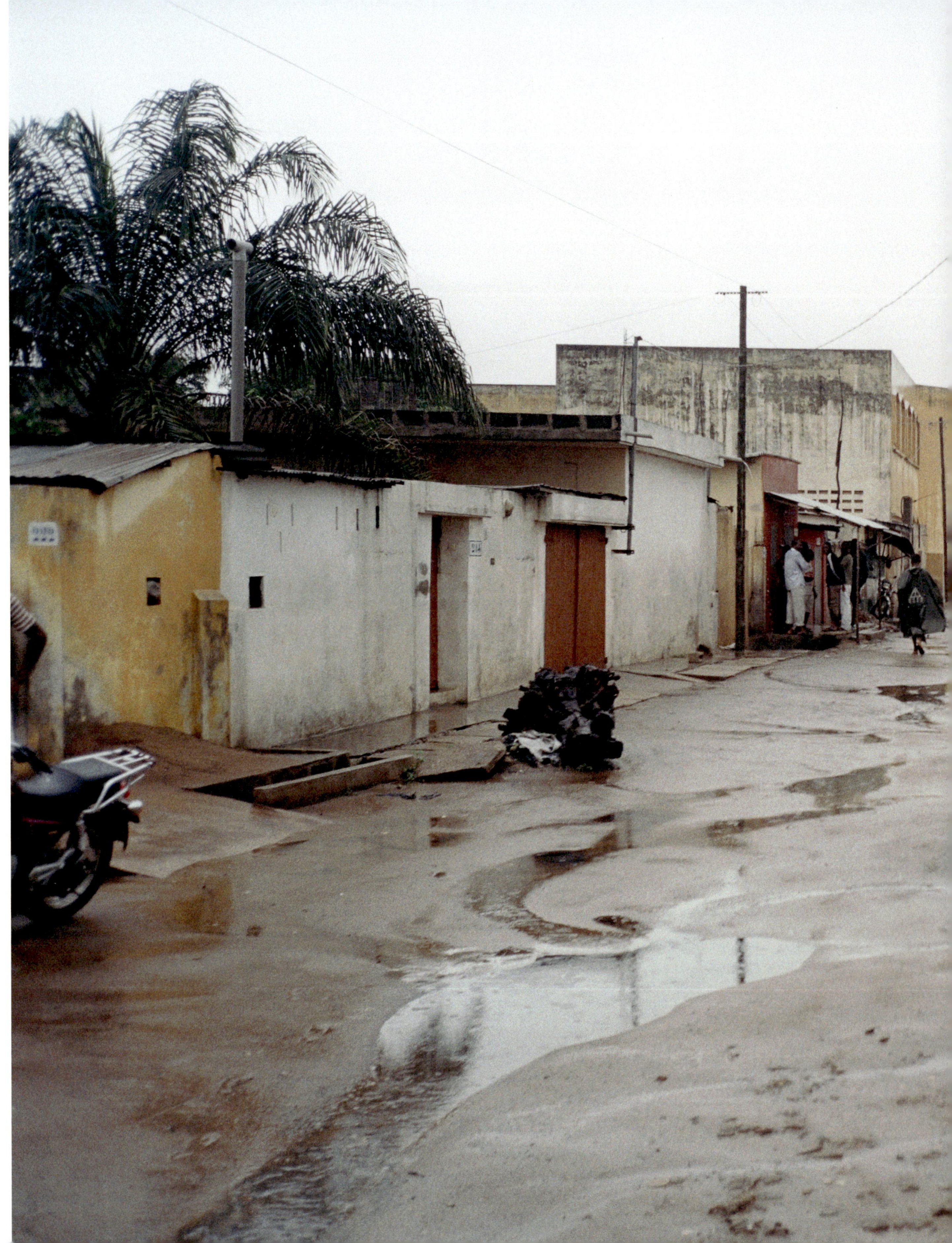

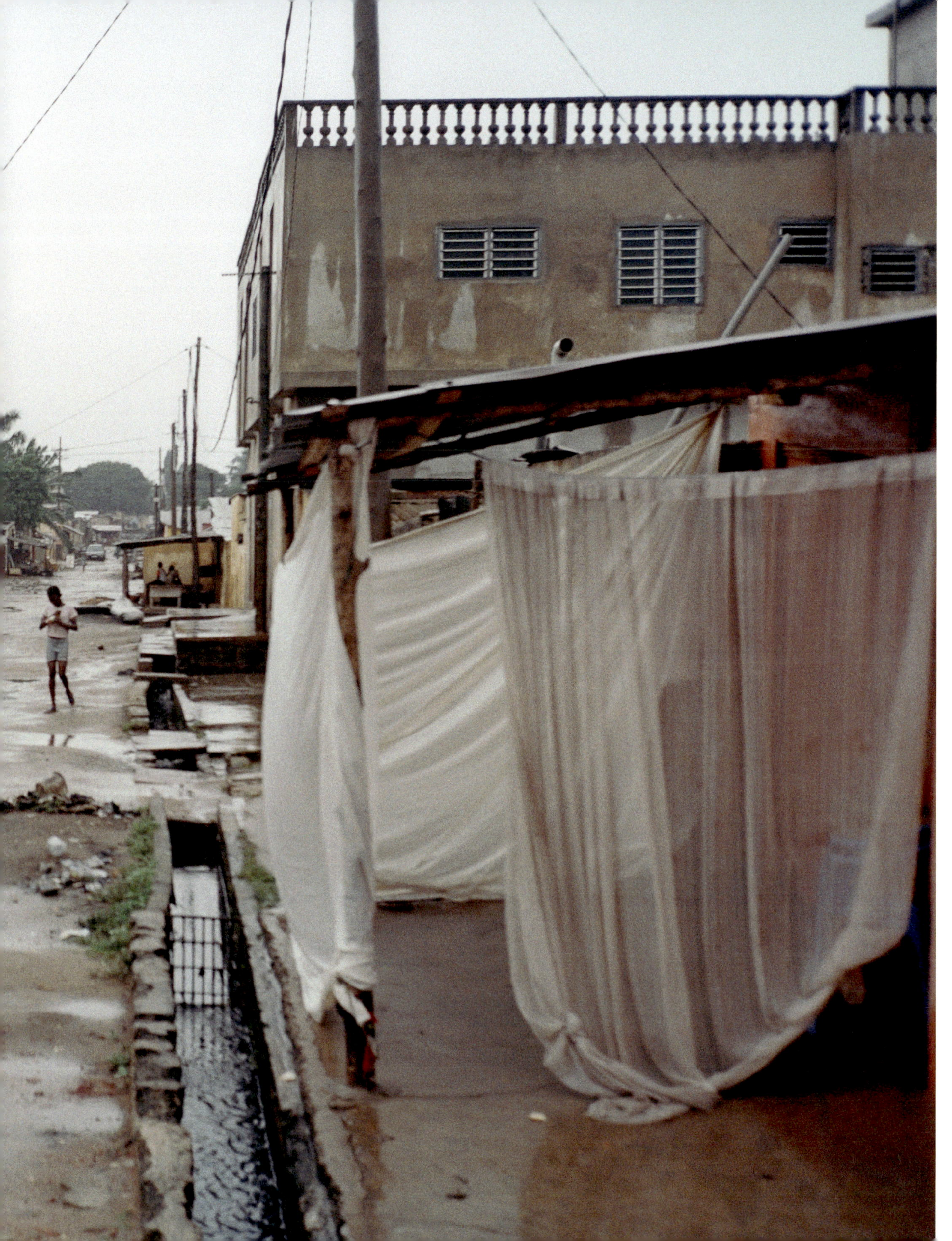

< Rue Kpélé, 2010
Rue Kpélé, 2010

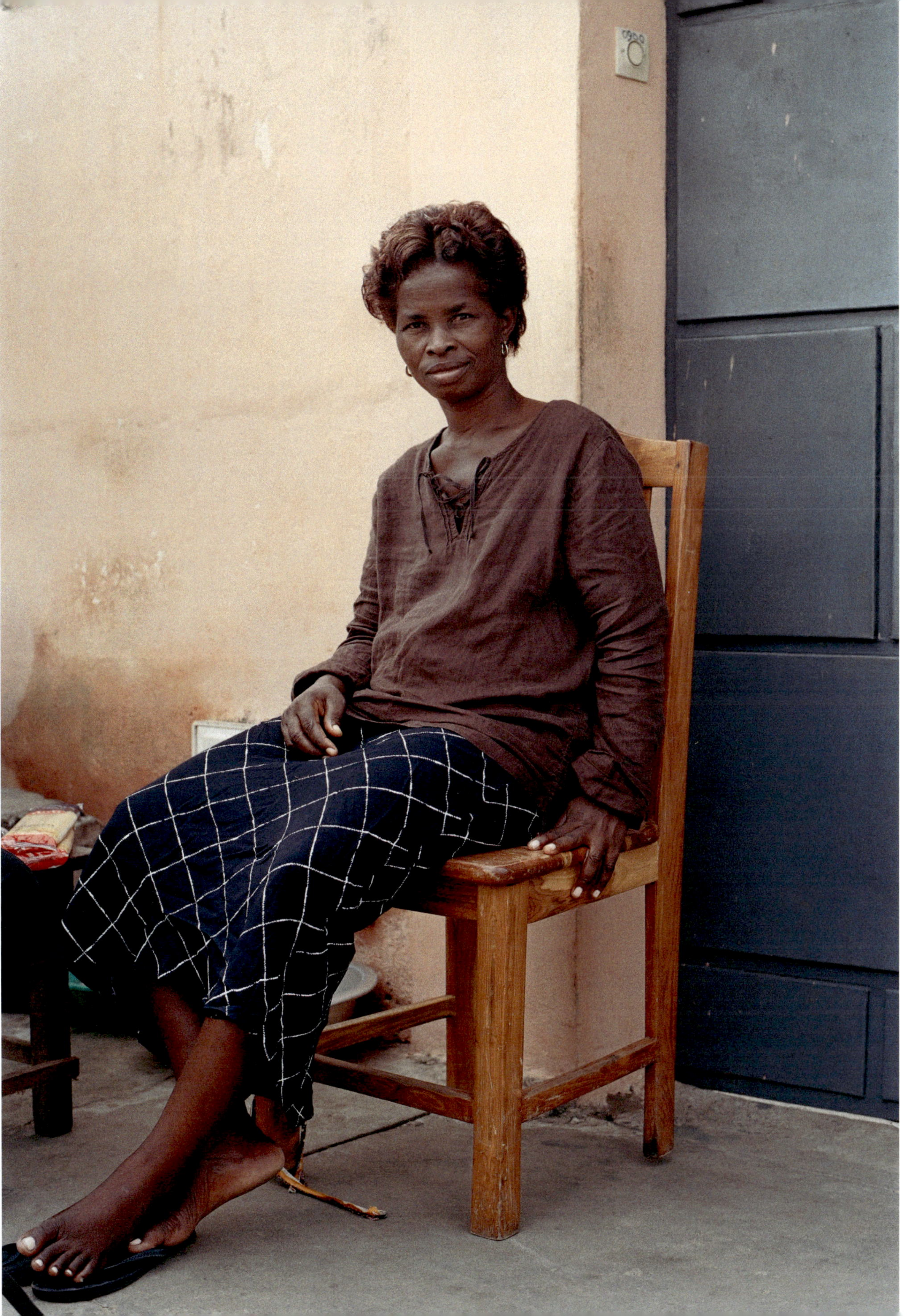

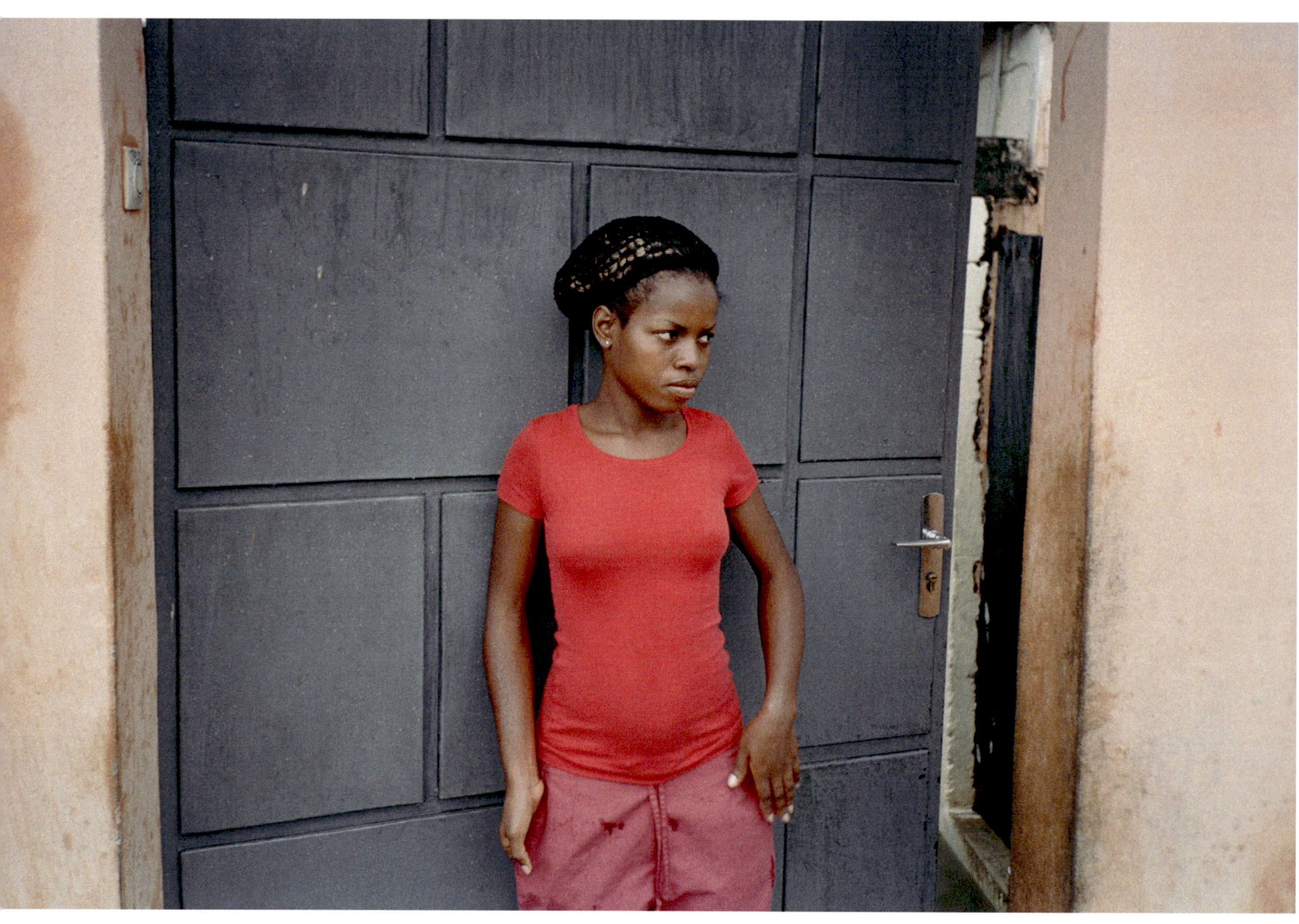

Rue Kpélé, 2010

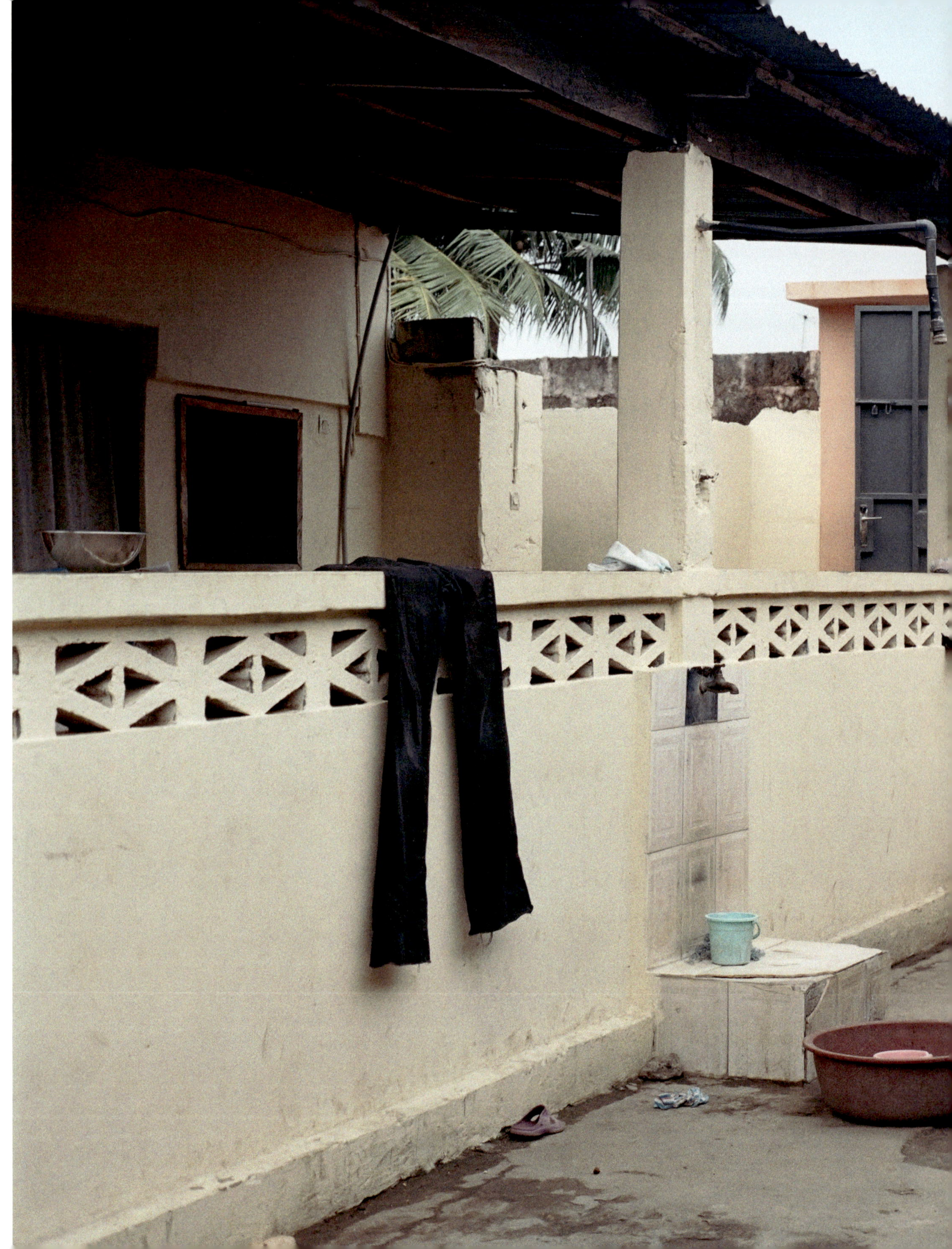

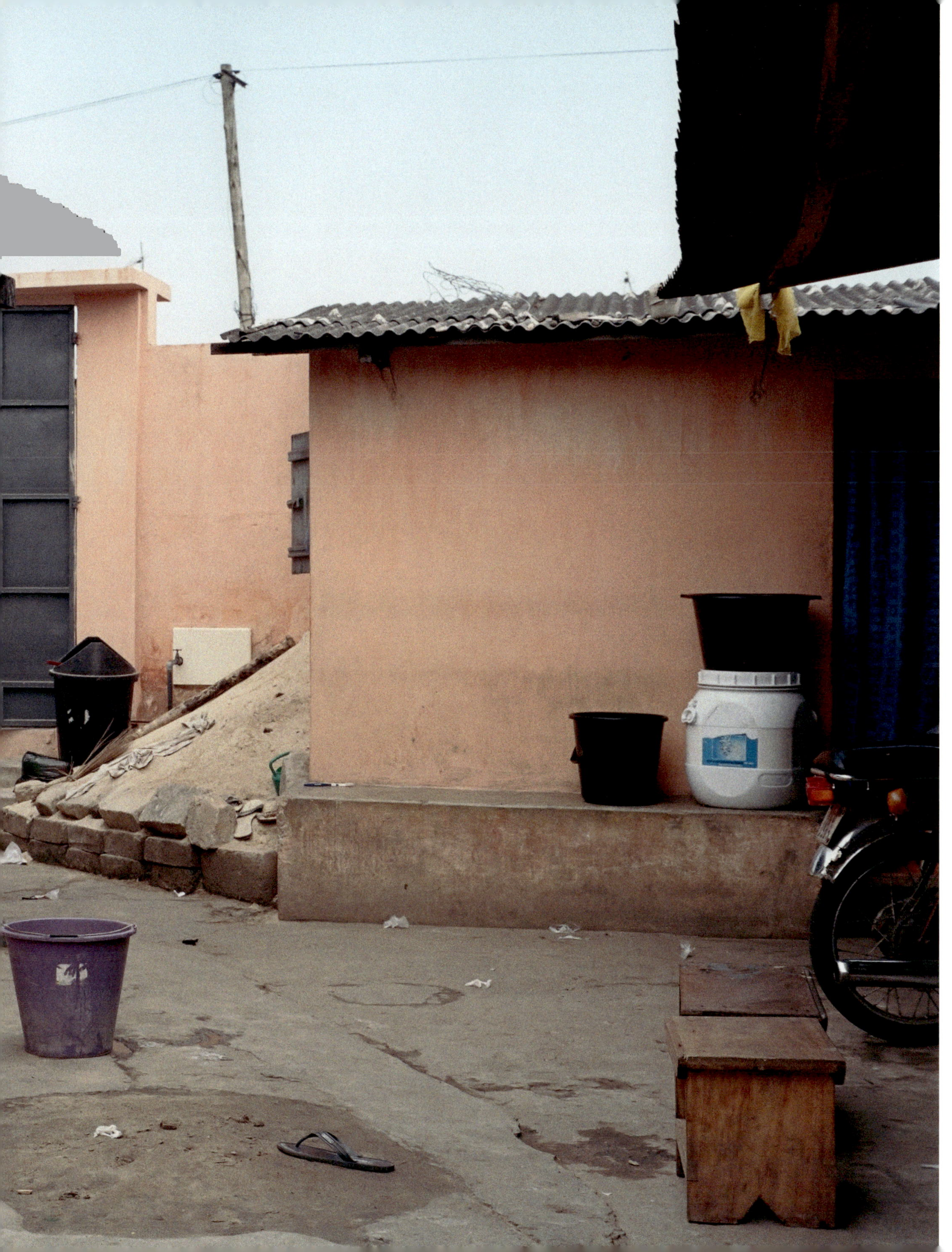

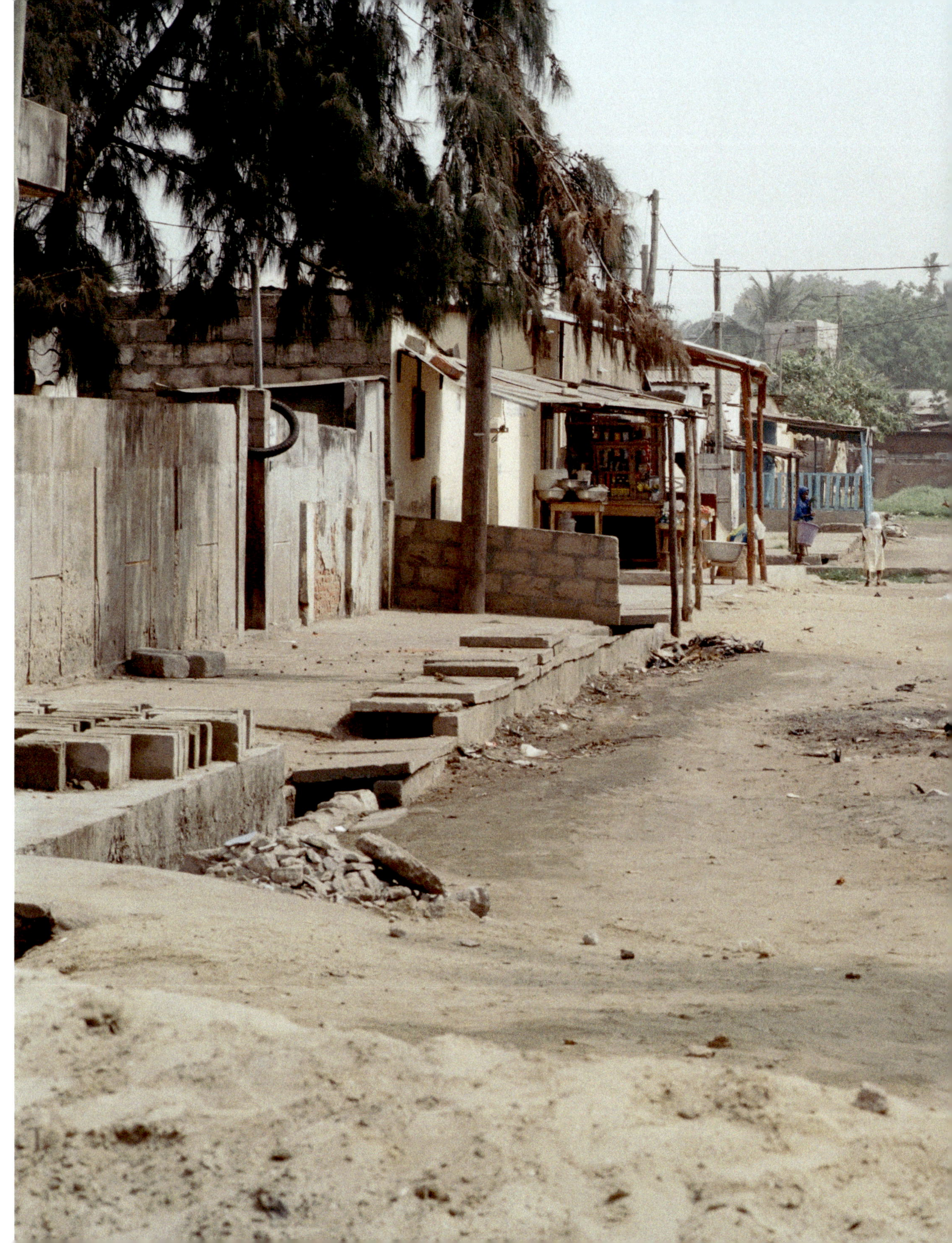

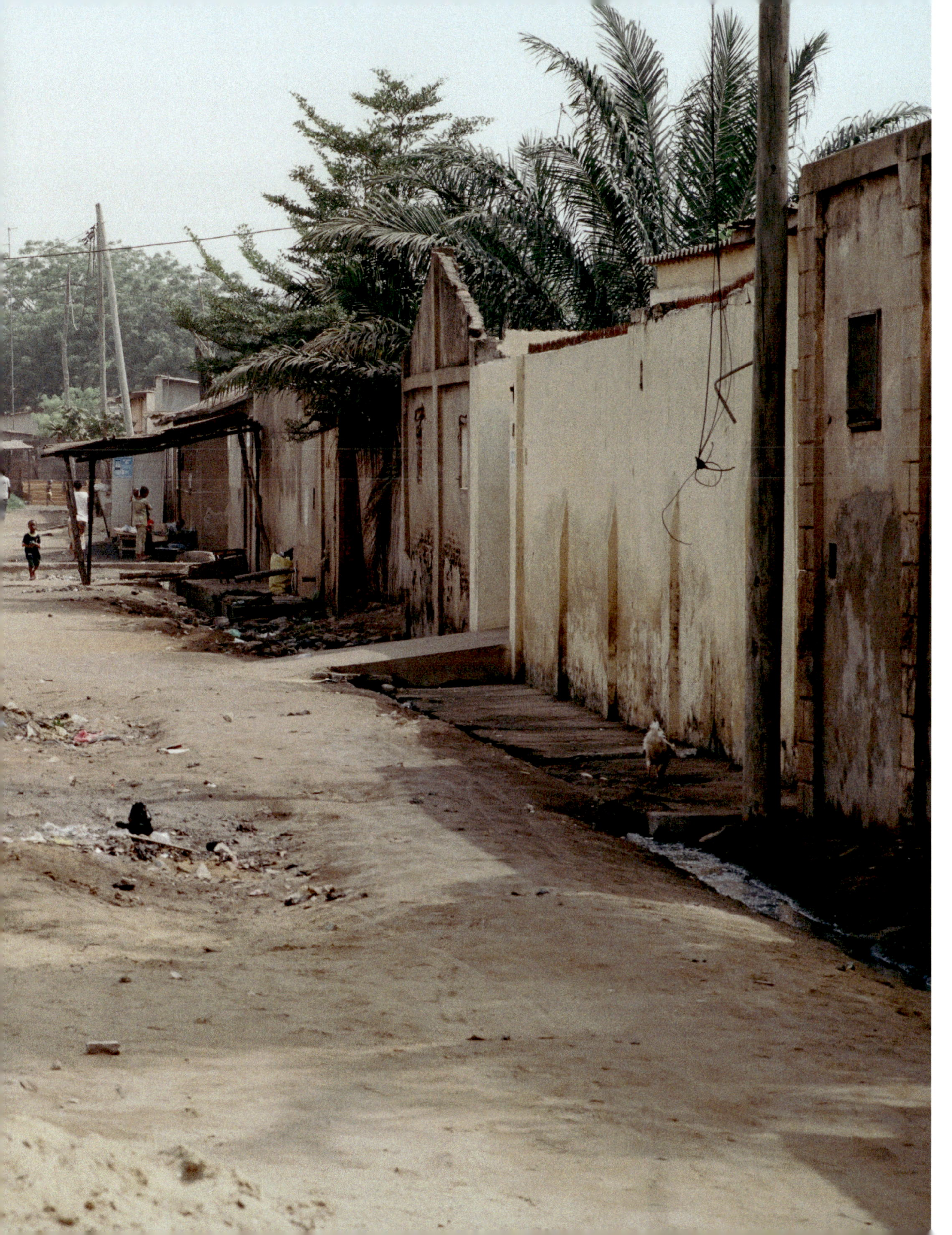

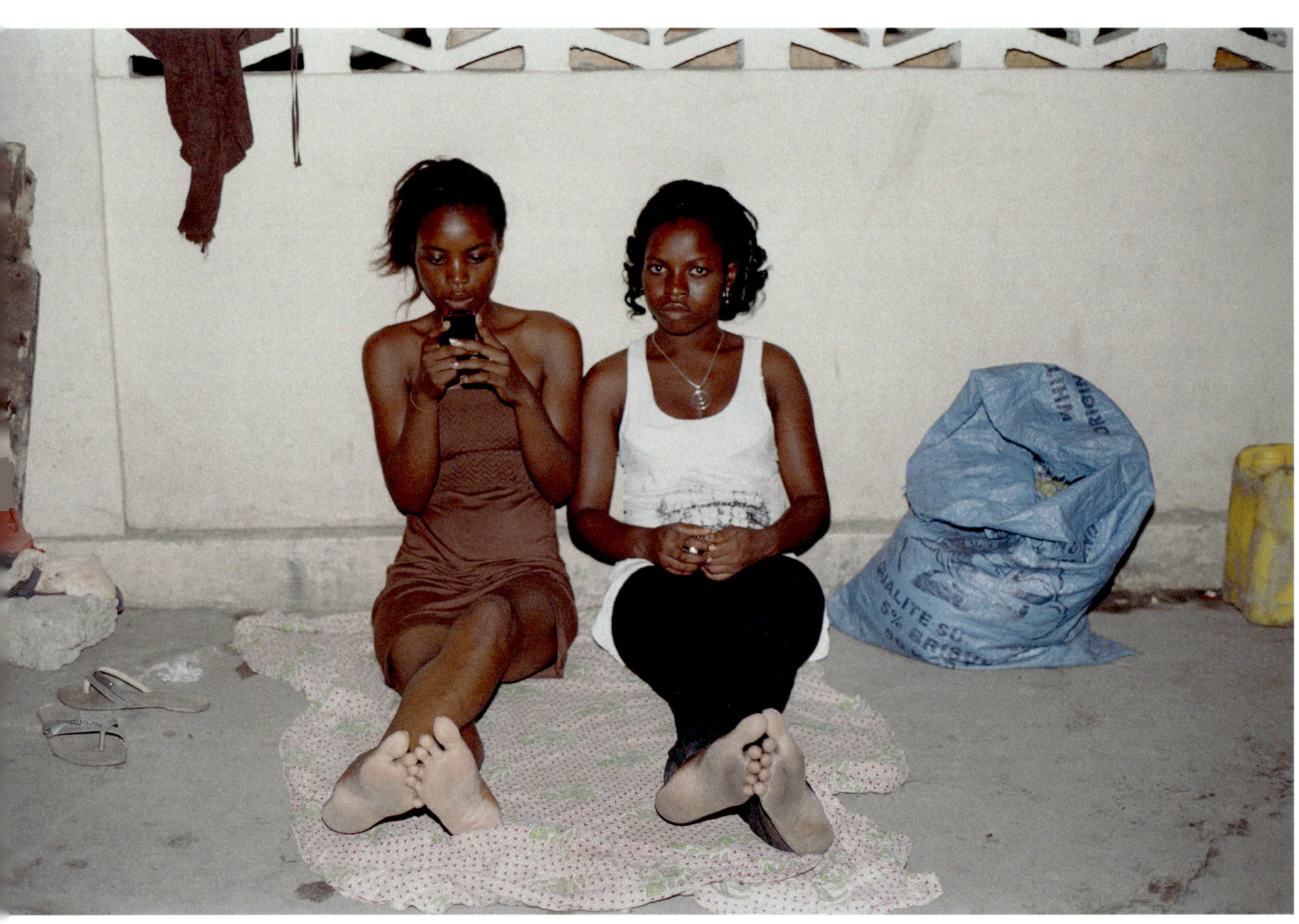

< Rue Kpélé, 2010
< Rue Kpélé, 2011
Rue Kpélé, 2011

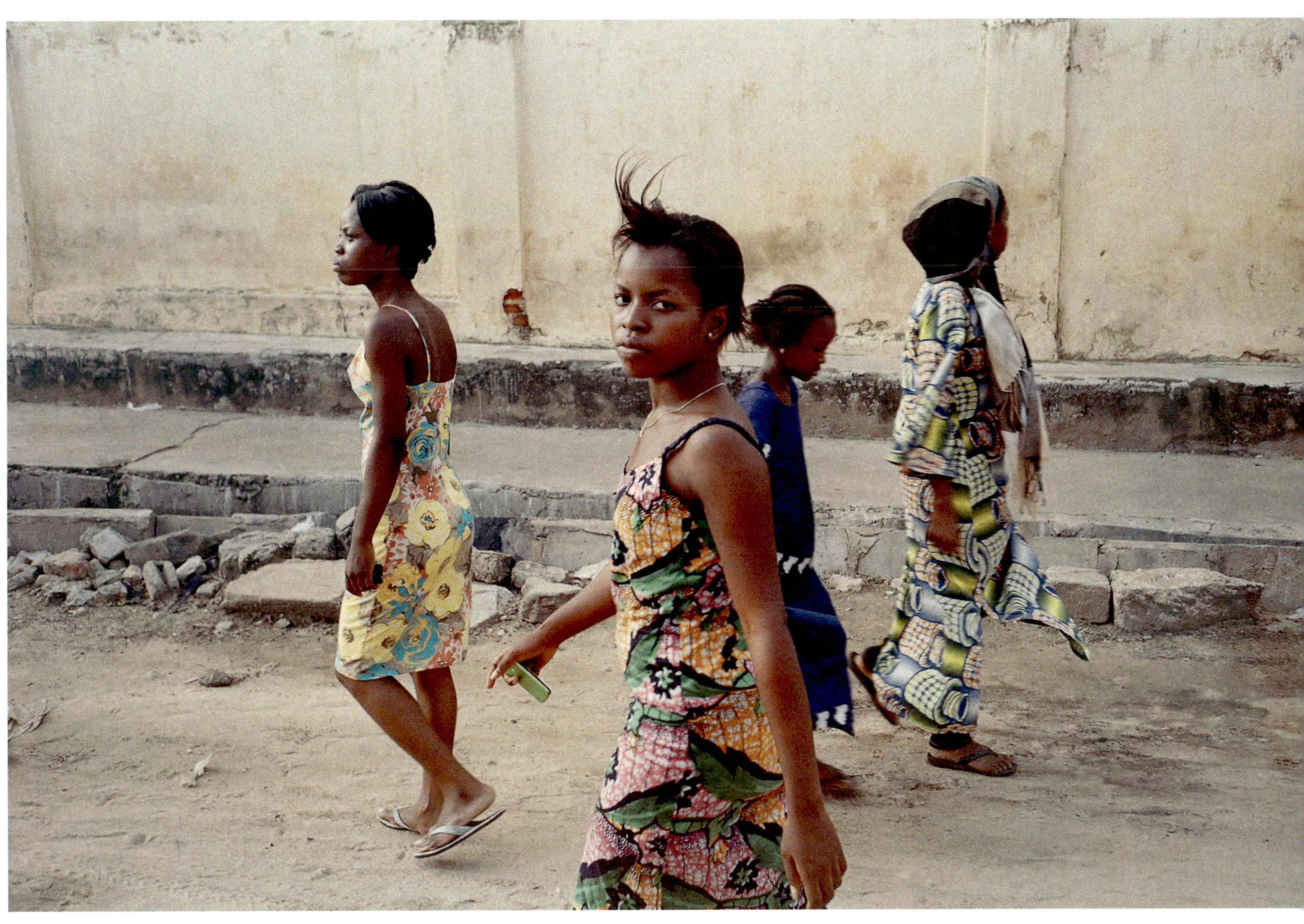

Rue Kpélé, 2010

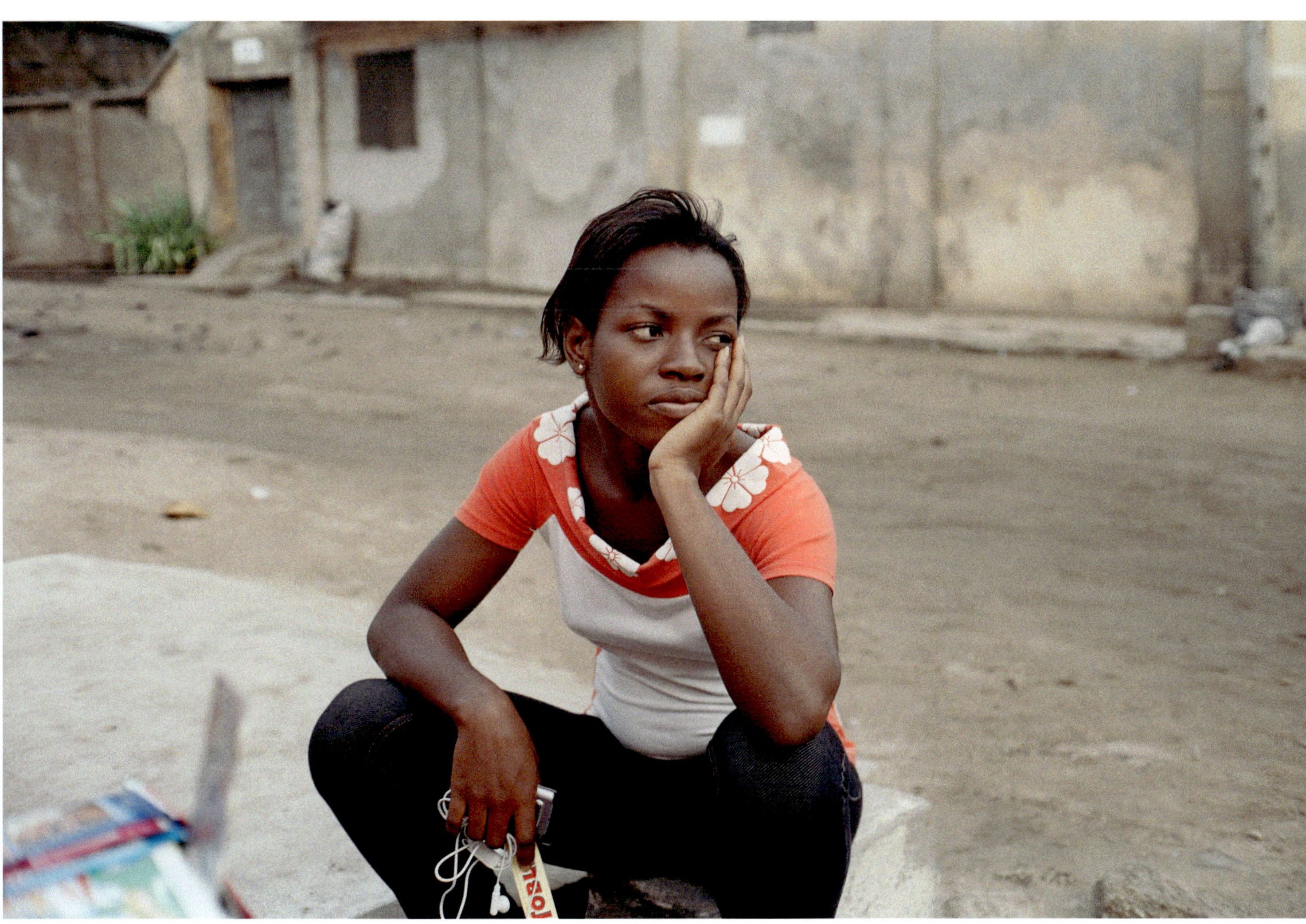

Rue Kpélé, 2010

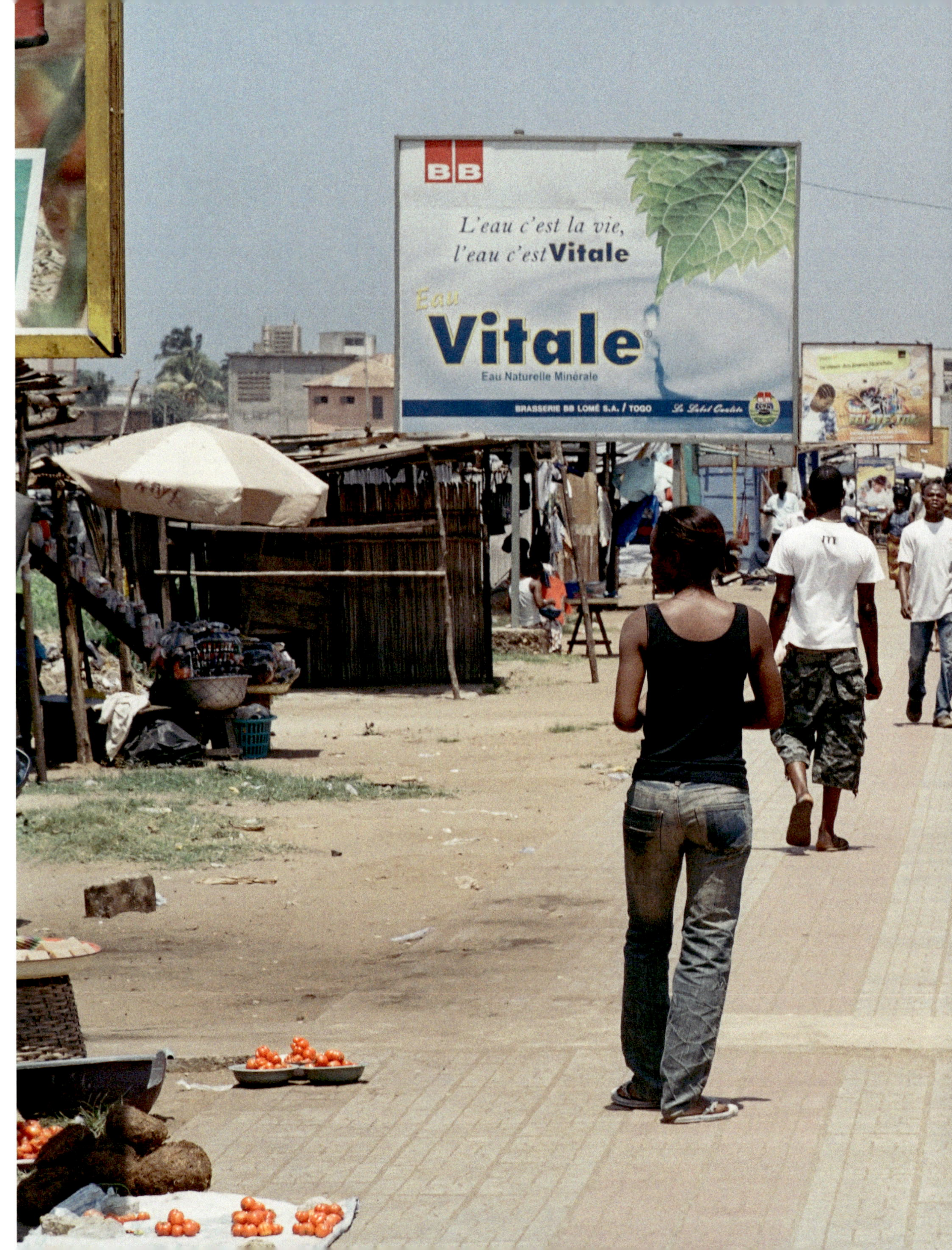
BB
L'eau c'est la vie,
l'eau c'est Vitale
Eau
Vitale
Eau Naturelle Minérale
BRASSERIE BB LOMÉ S.A. / TOGO

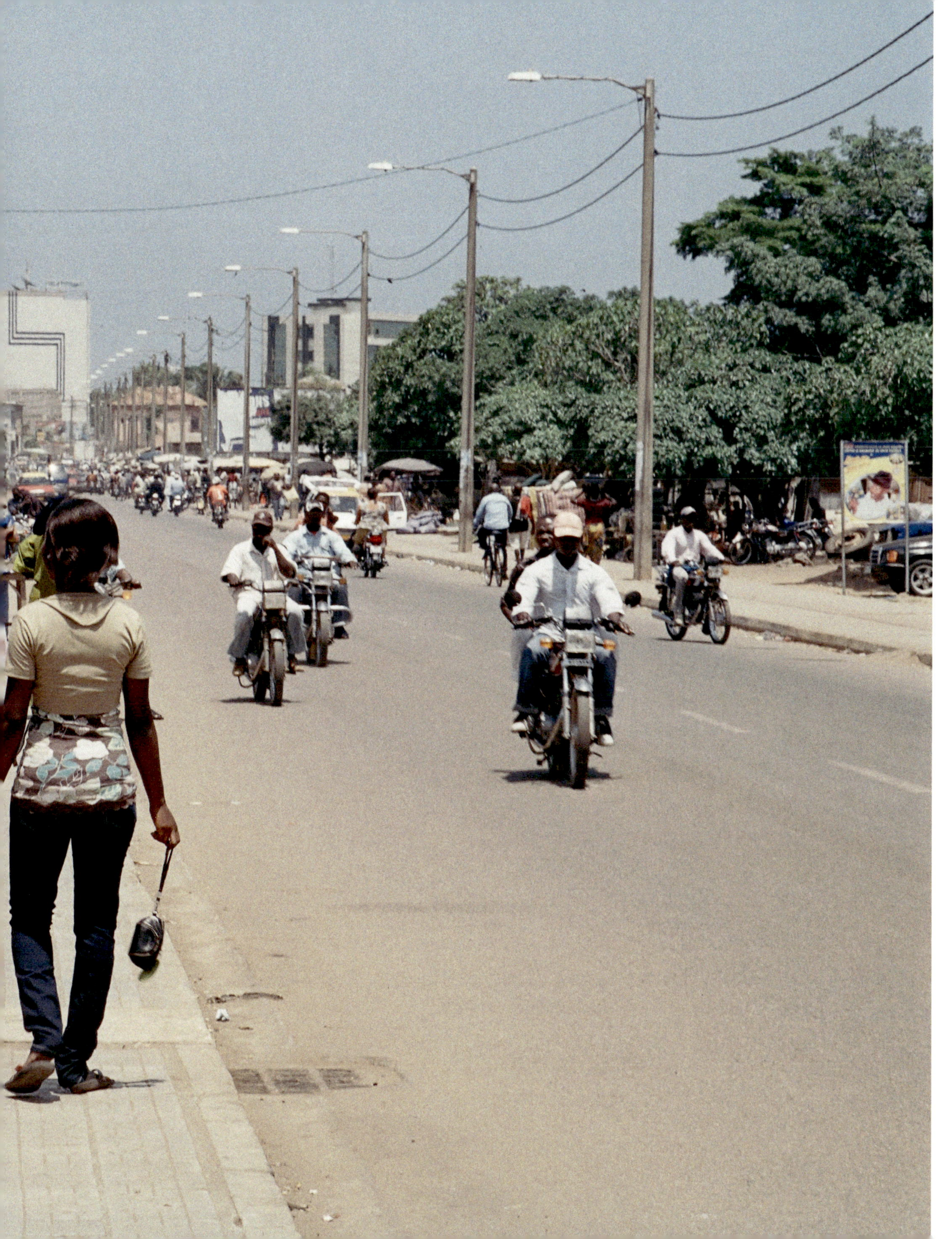

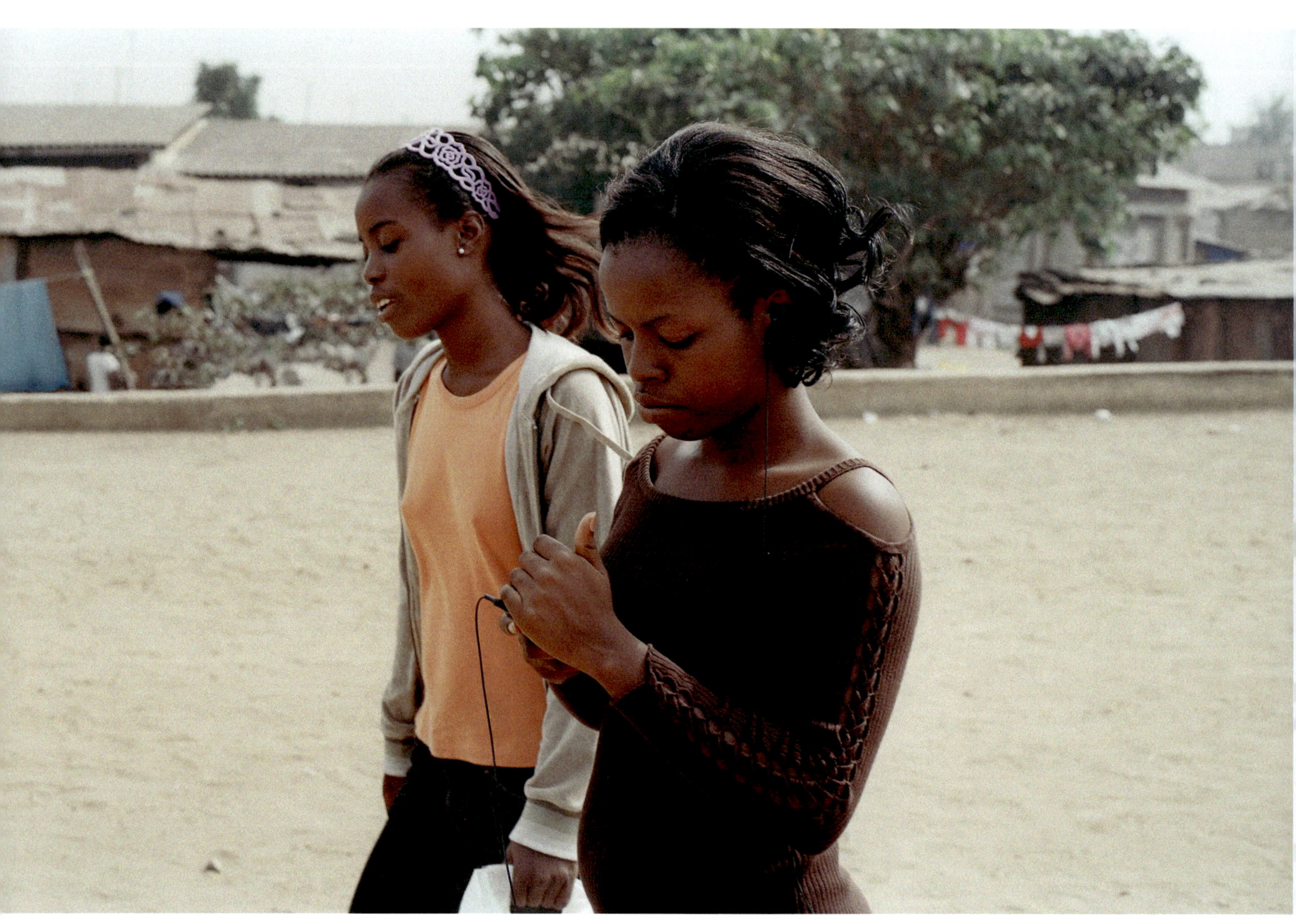

< Av. de la Nouvelle Marche, 2010
Tokoin-Simé, 2011

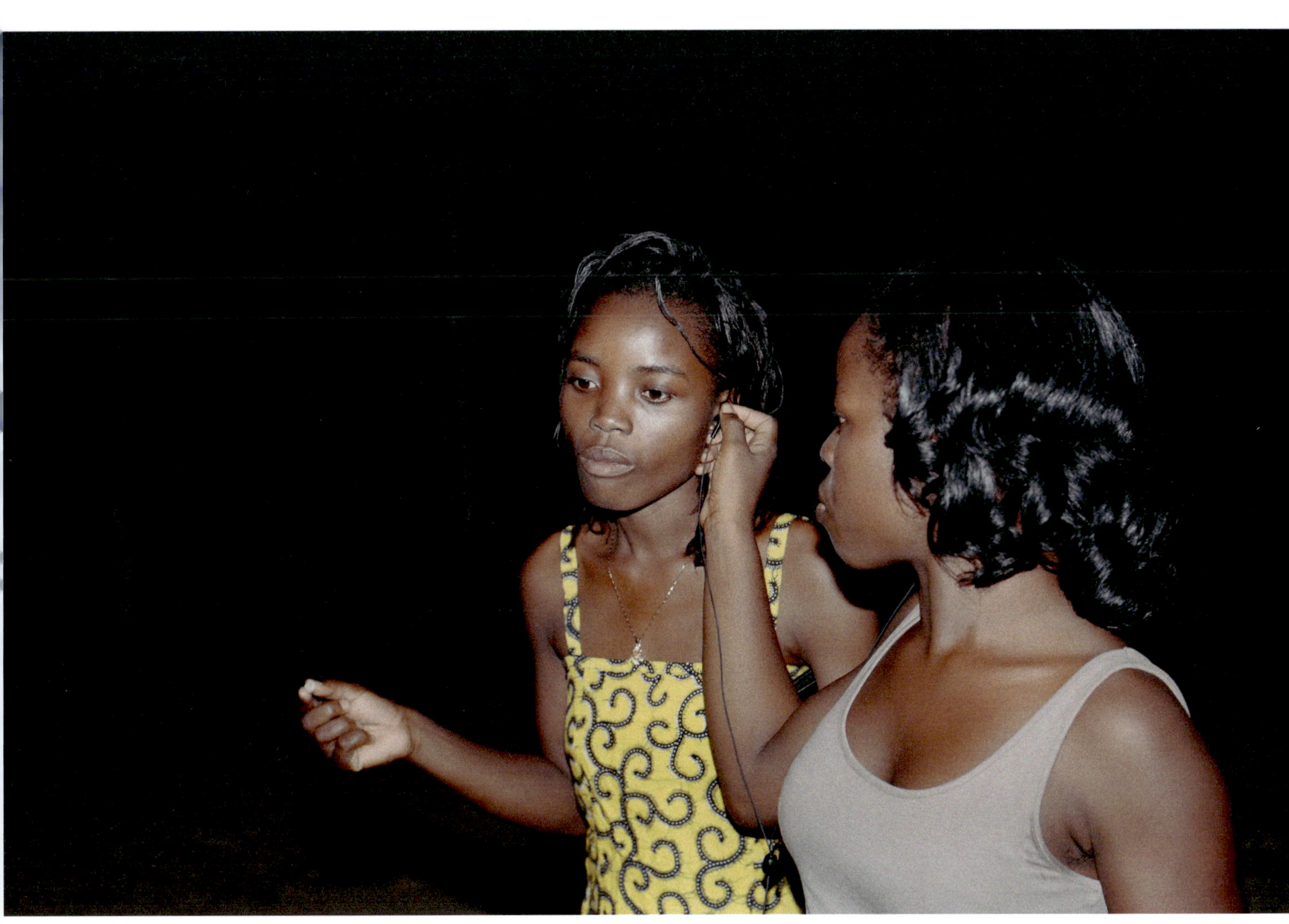

Tokoin-Simé, 2011

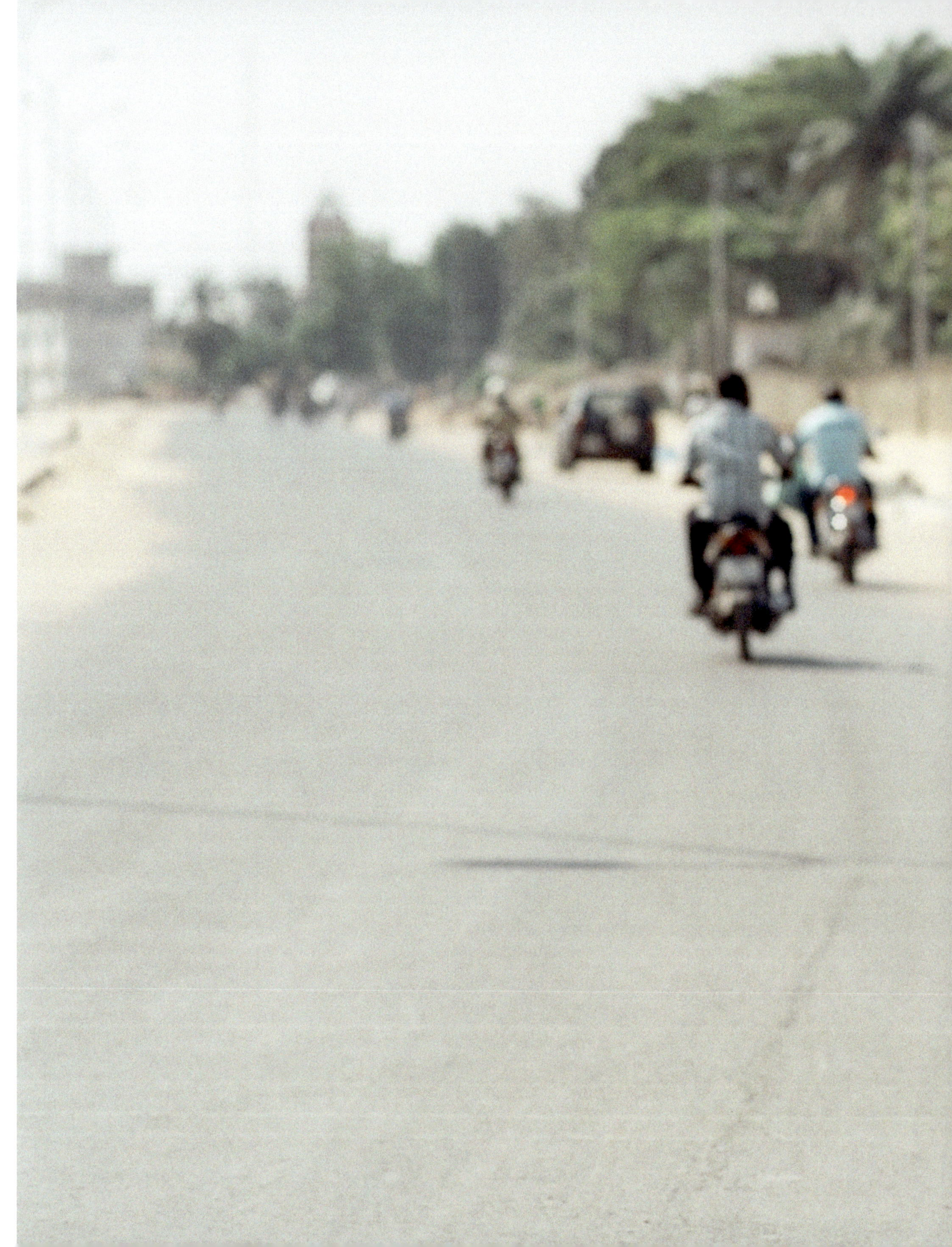

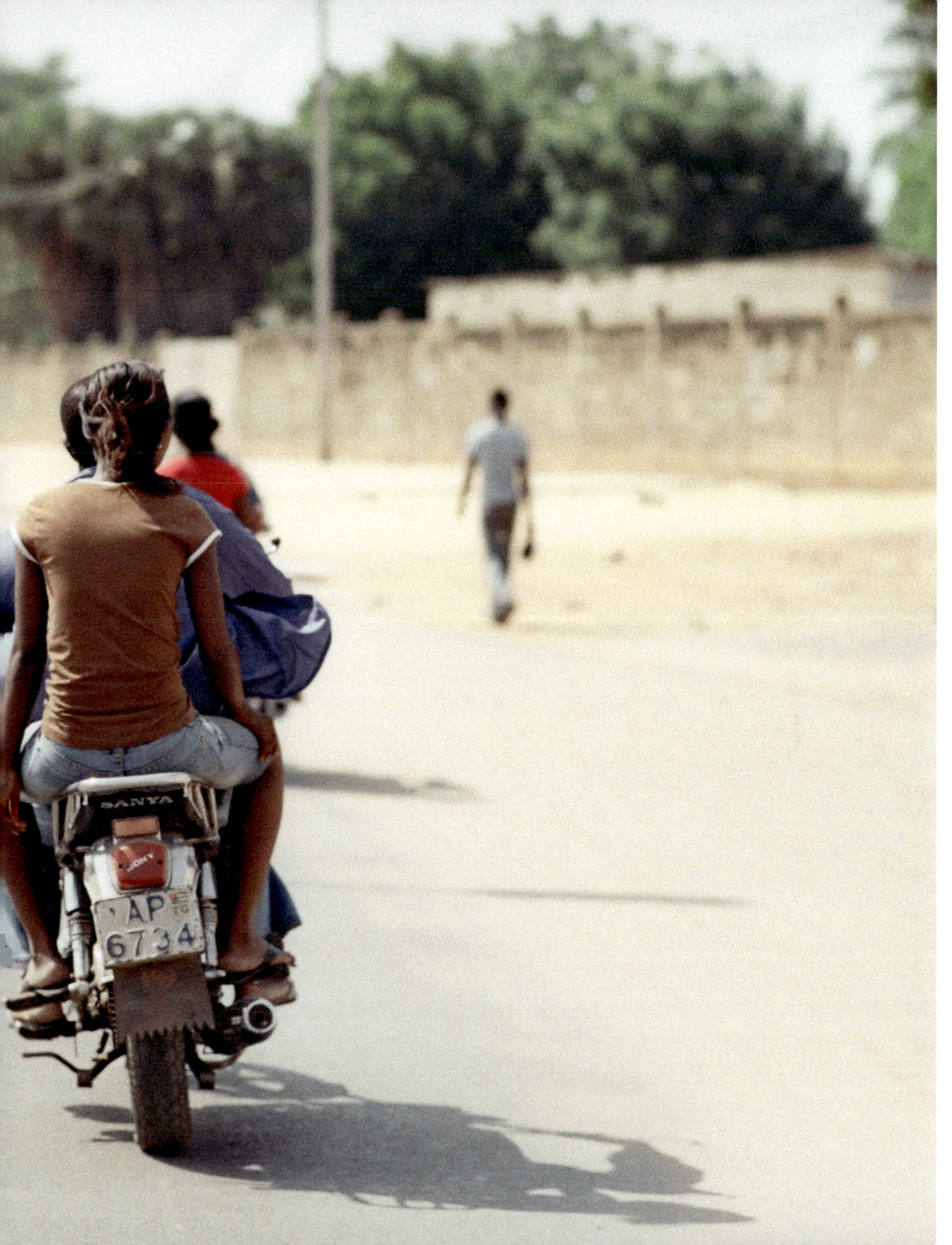
SANYA
AP
6734

< Bd du 13 Janvier, 2011

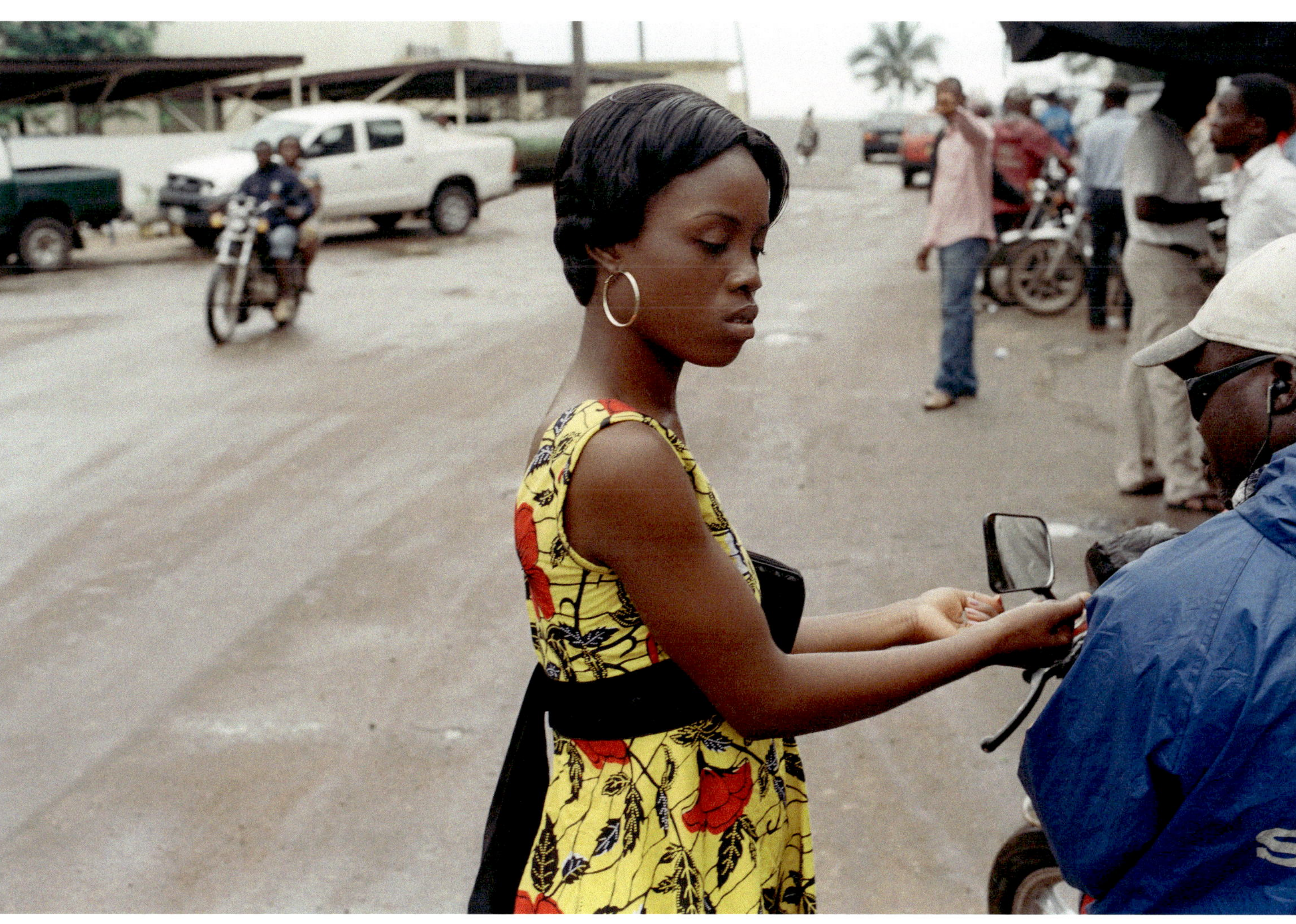

Av. Georges Pompidou, 2010

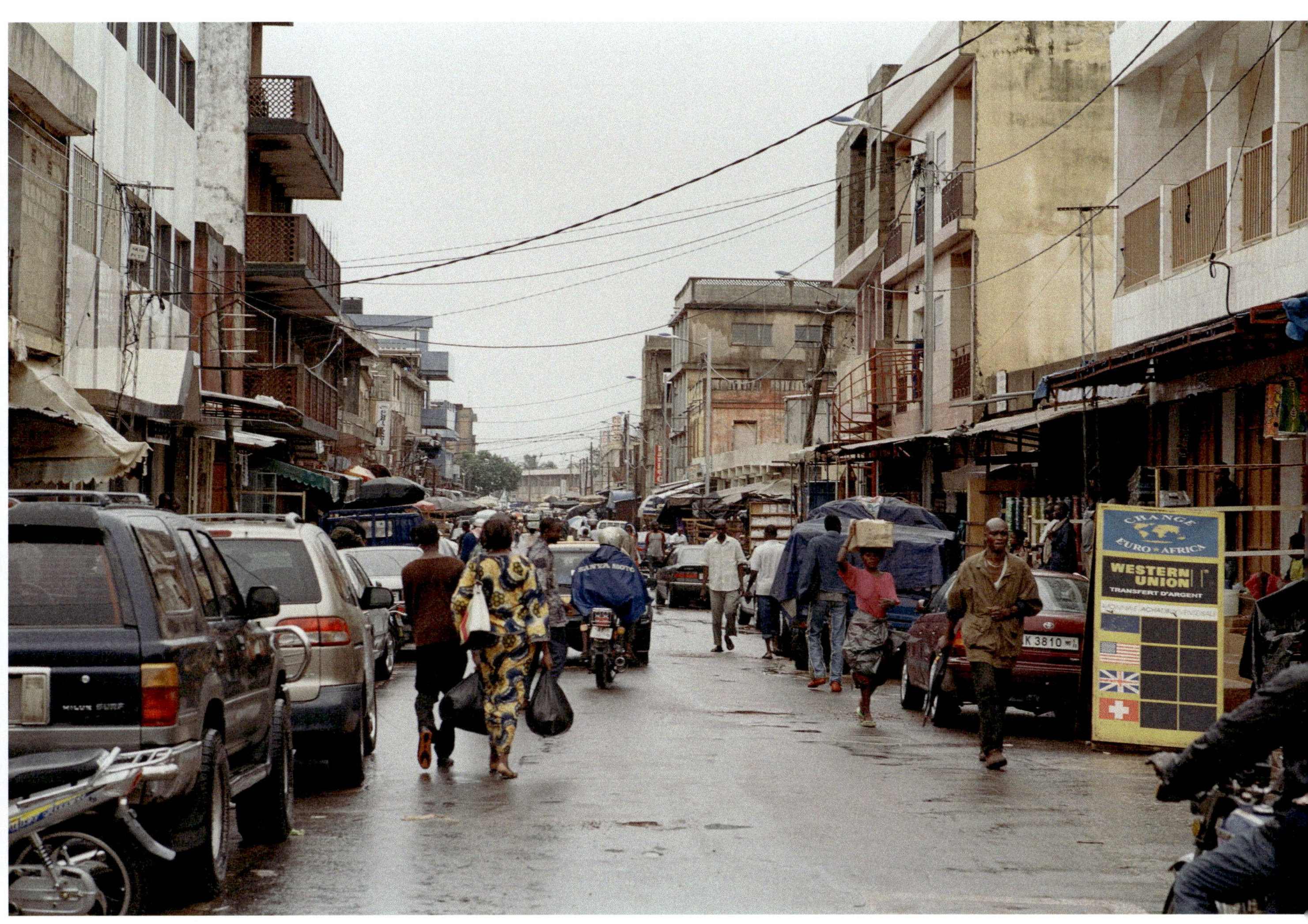

Av. de la Libération, 2010

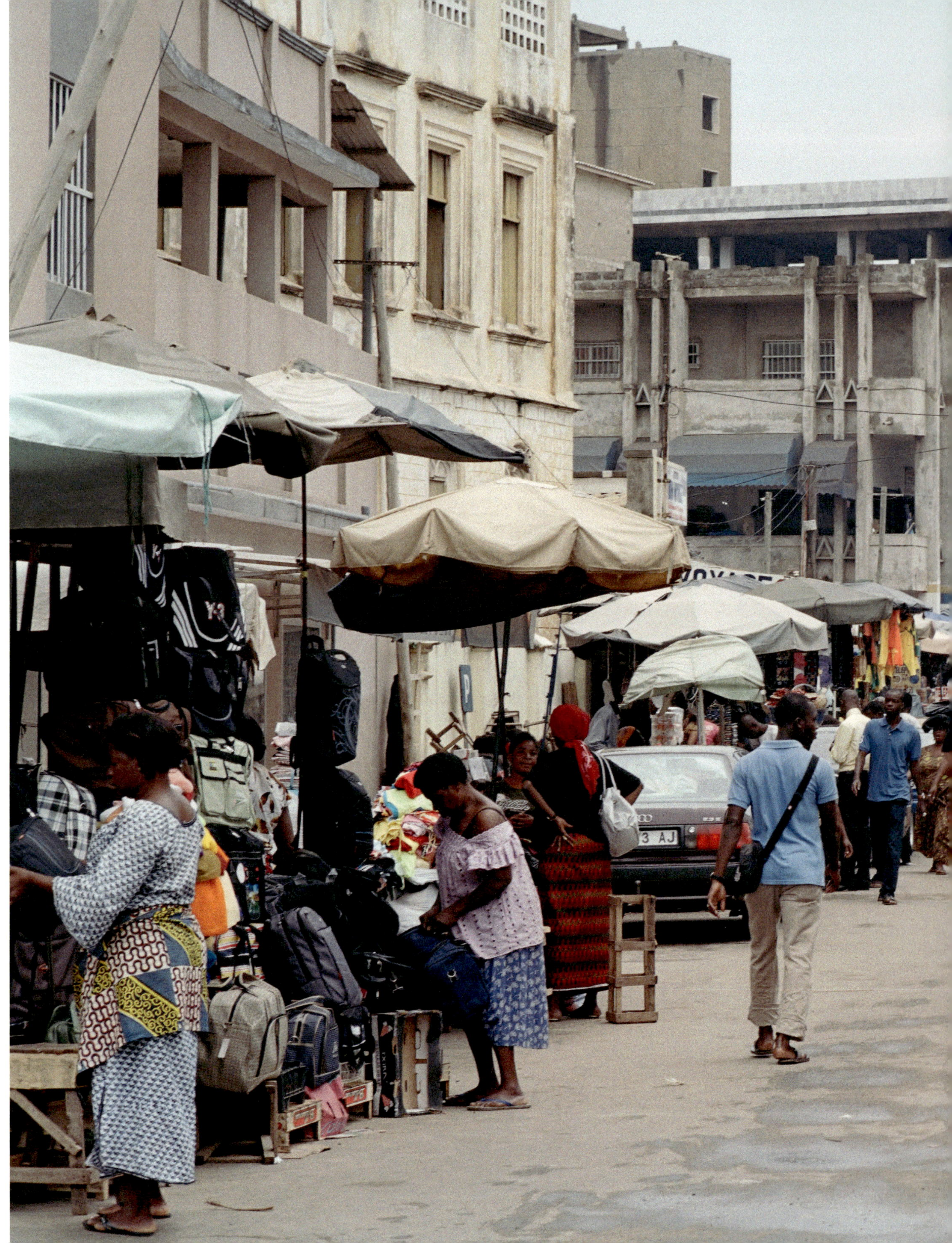
P
3 AJ

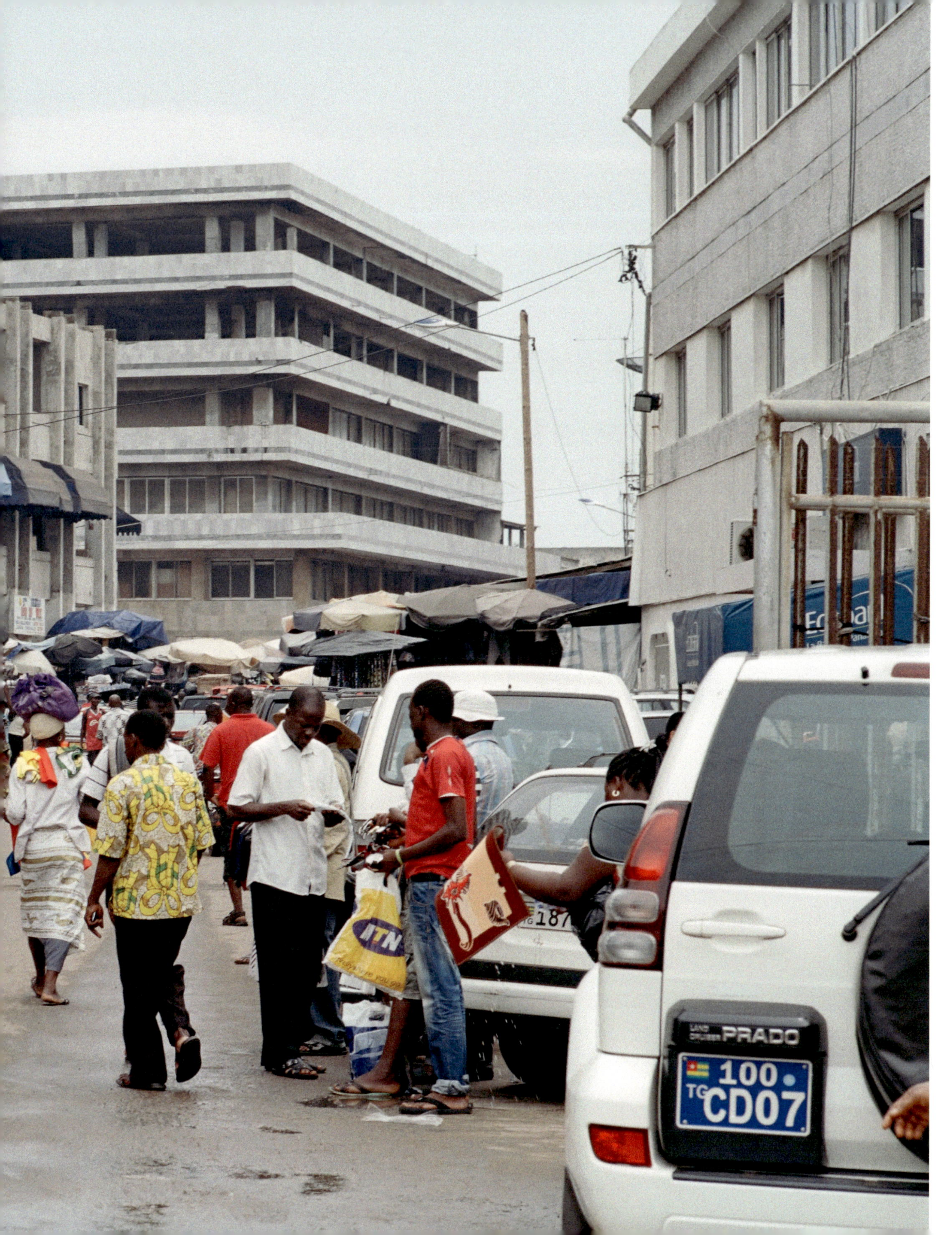
MTN
PRADO
100
TG CD07

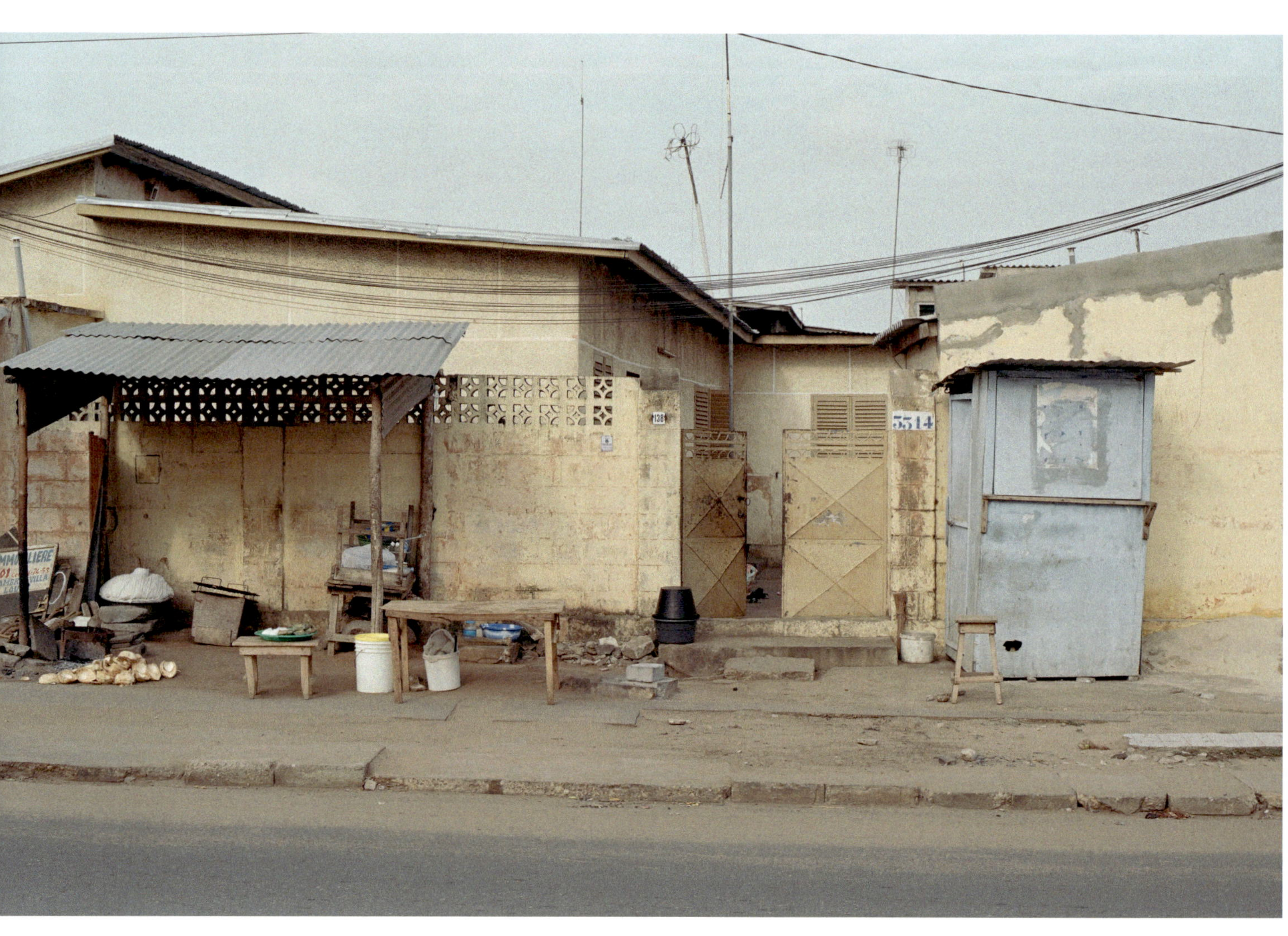

< Rue de Commerce, 2010
For Ever, 2011

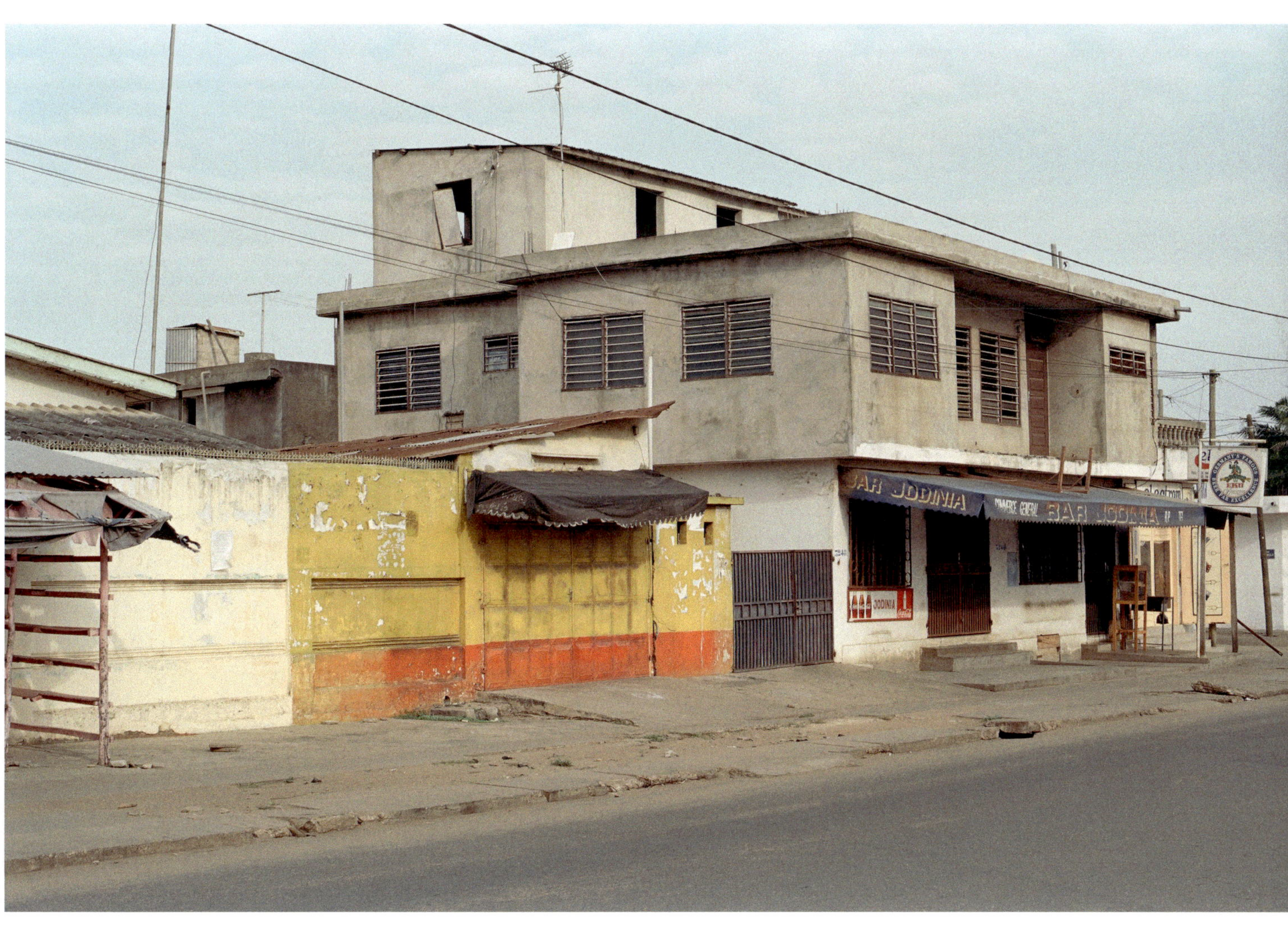

For Ever, 2011

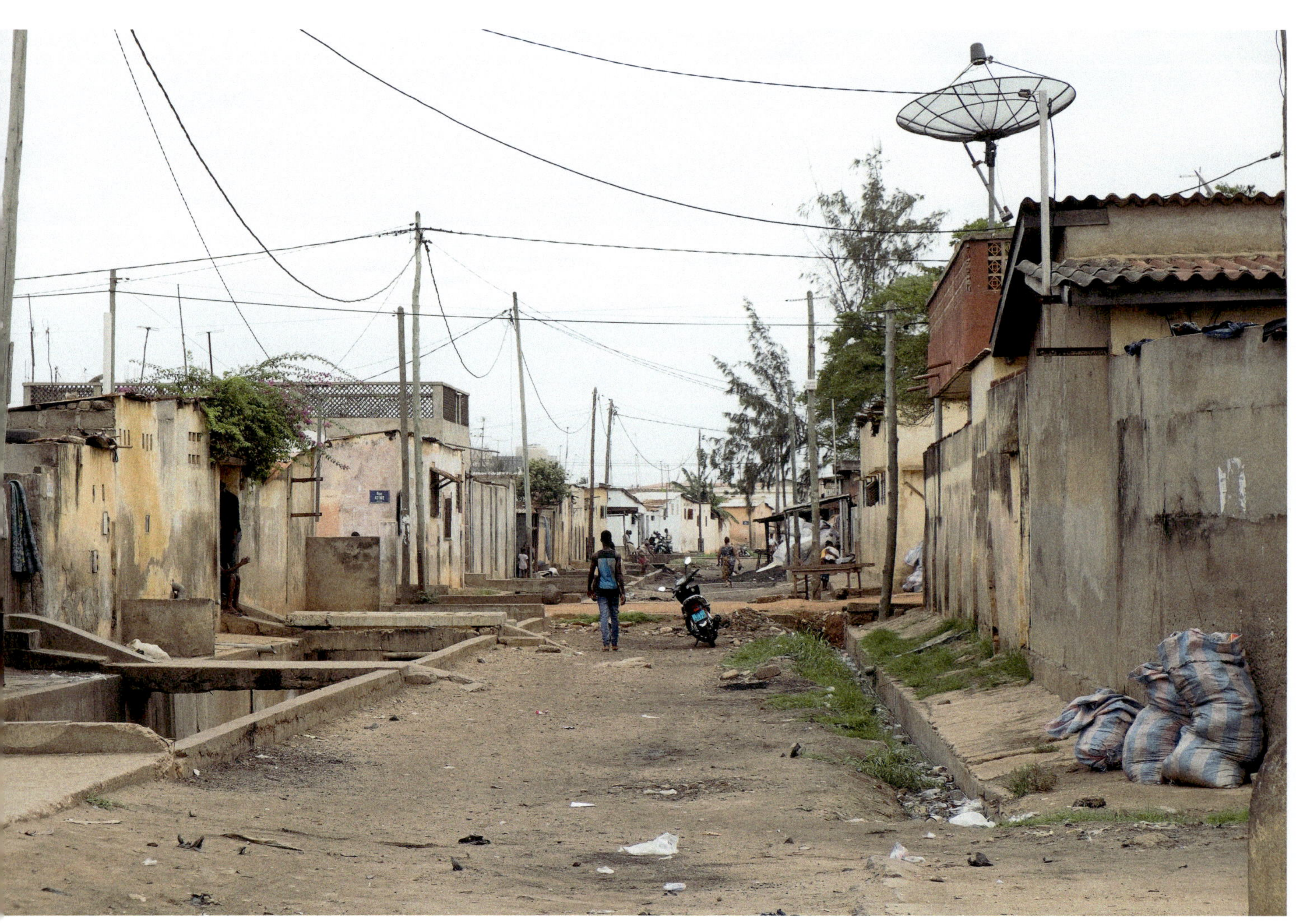

Rue Apéyéyé, 2016

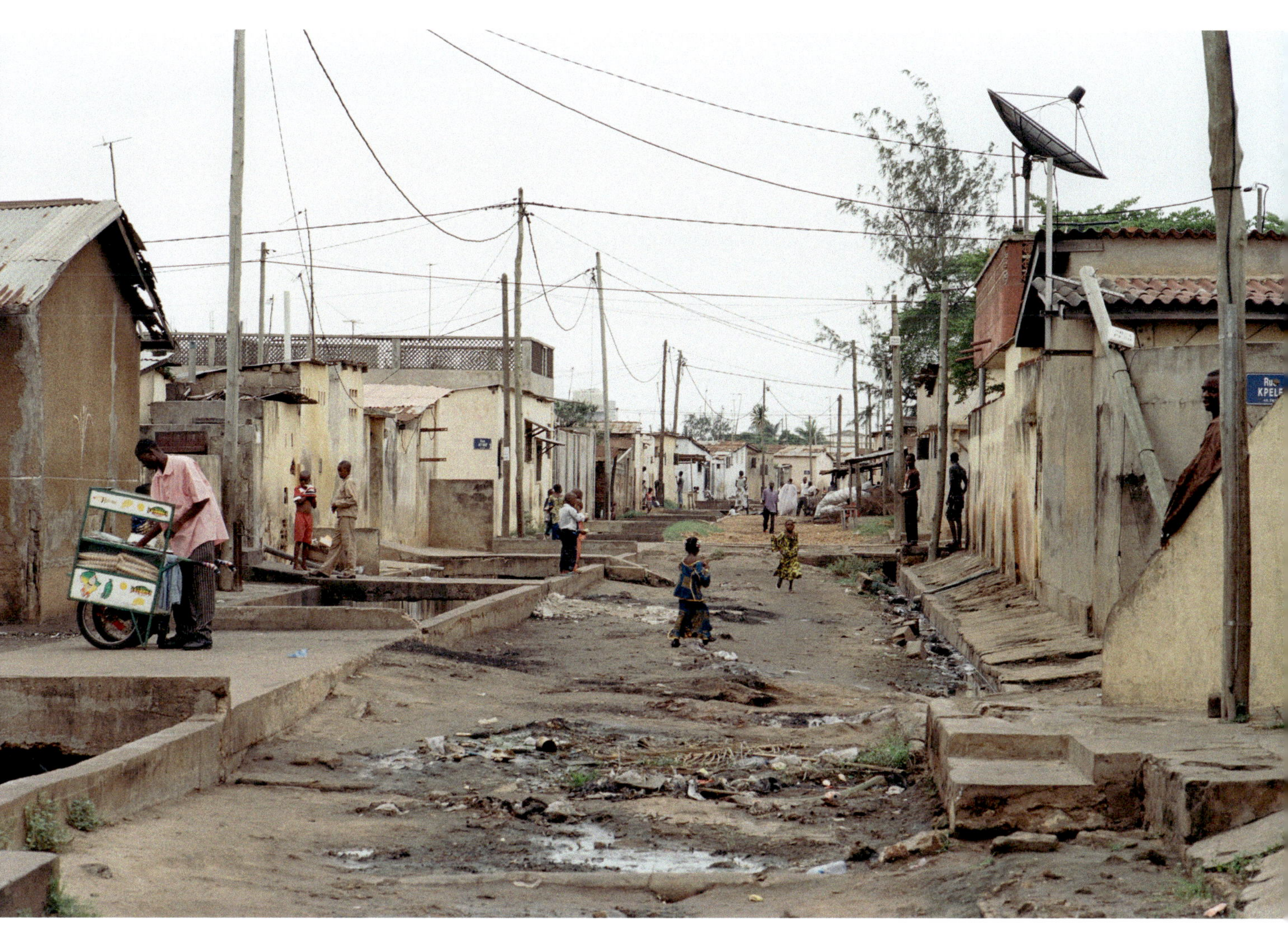

Rue Apéyéyé, 2010

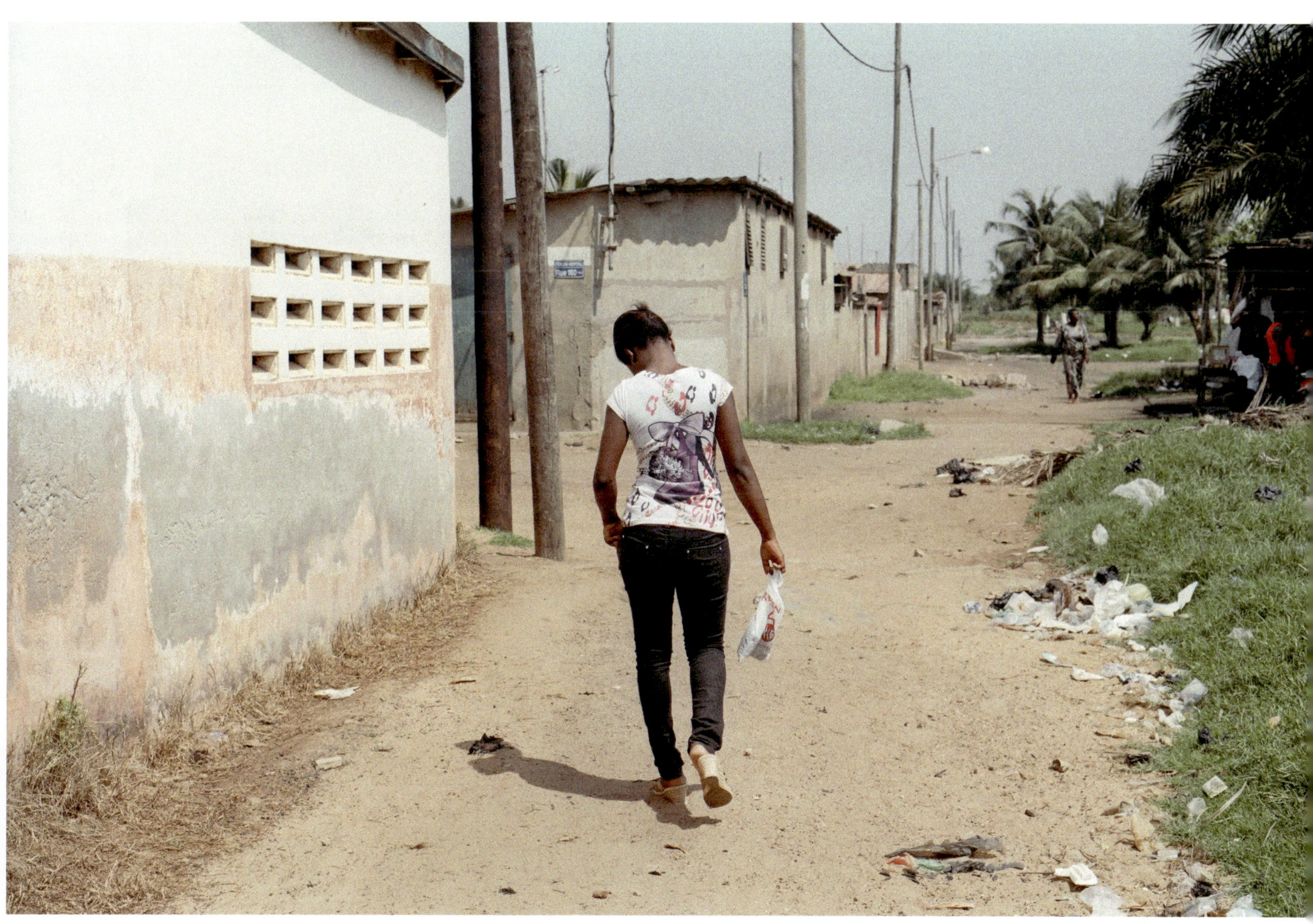

Rue Ogaro, 2011

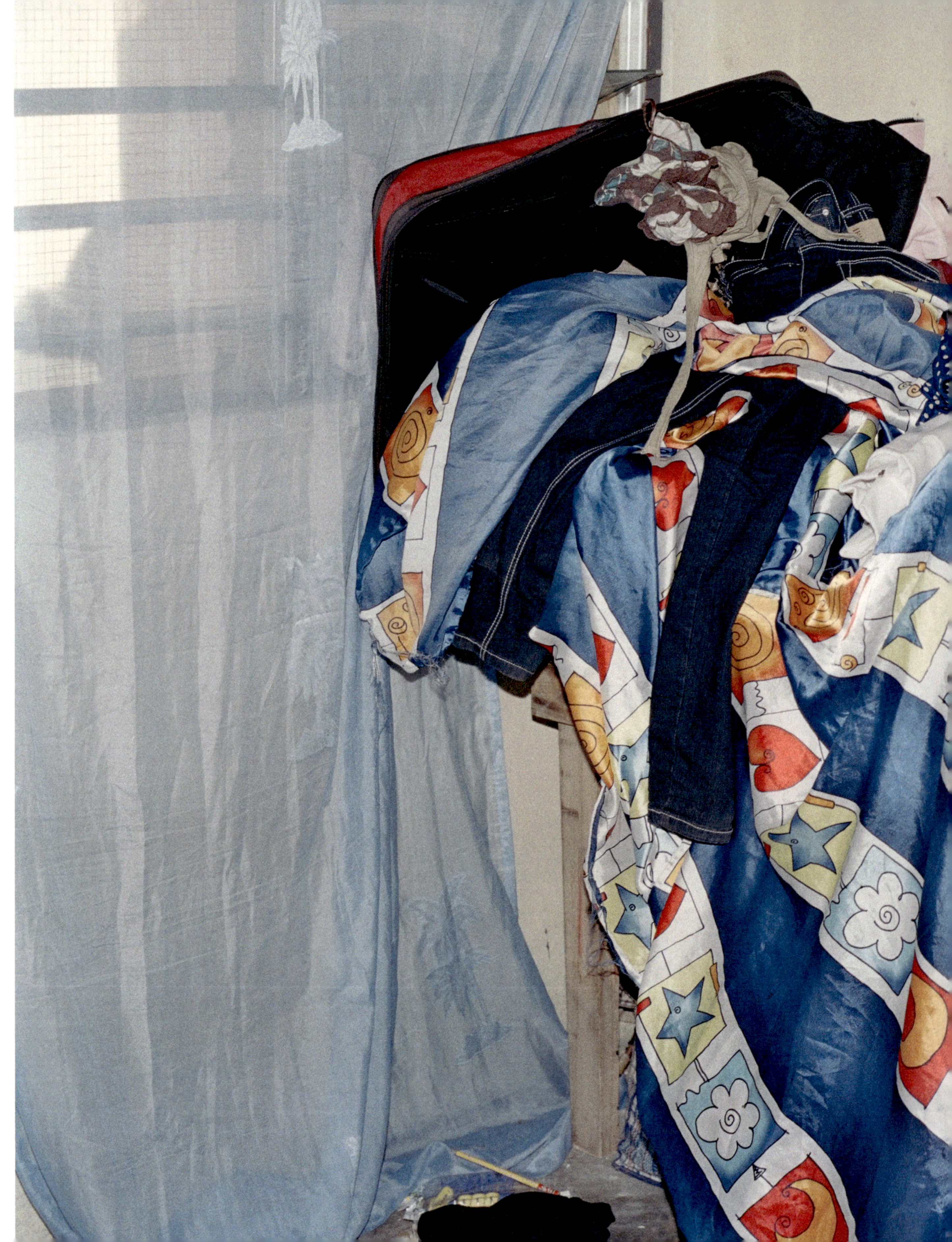

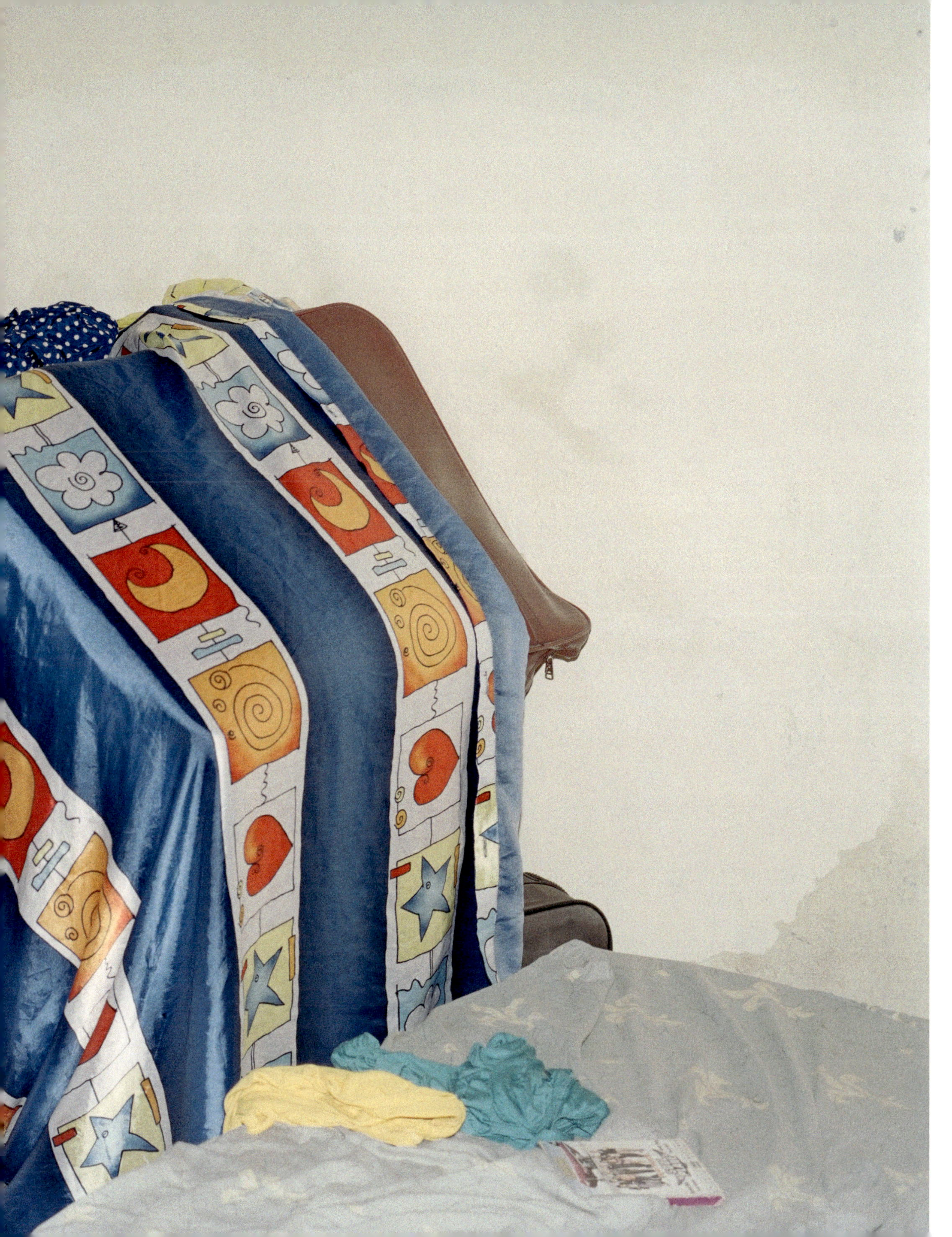

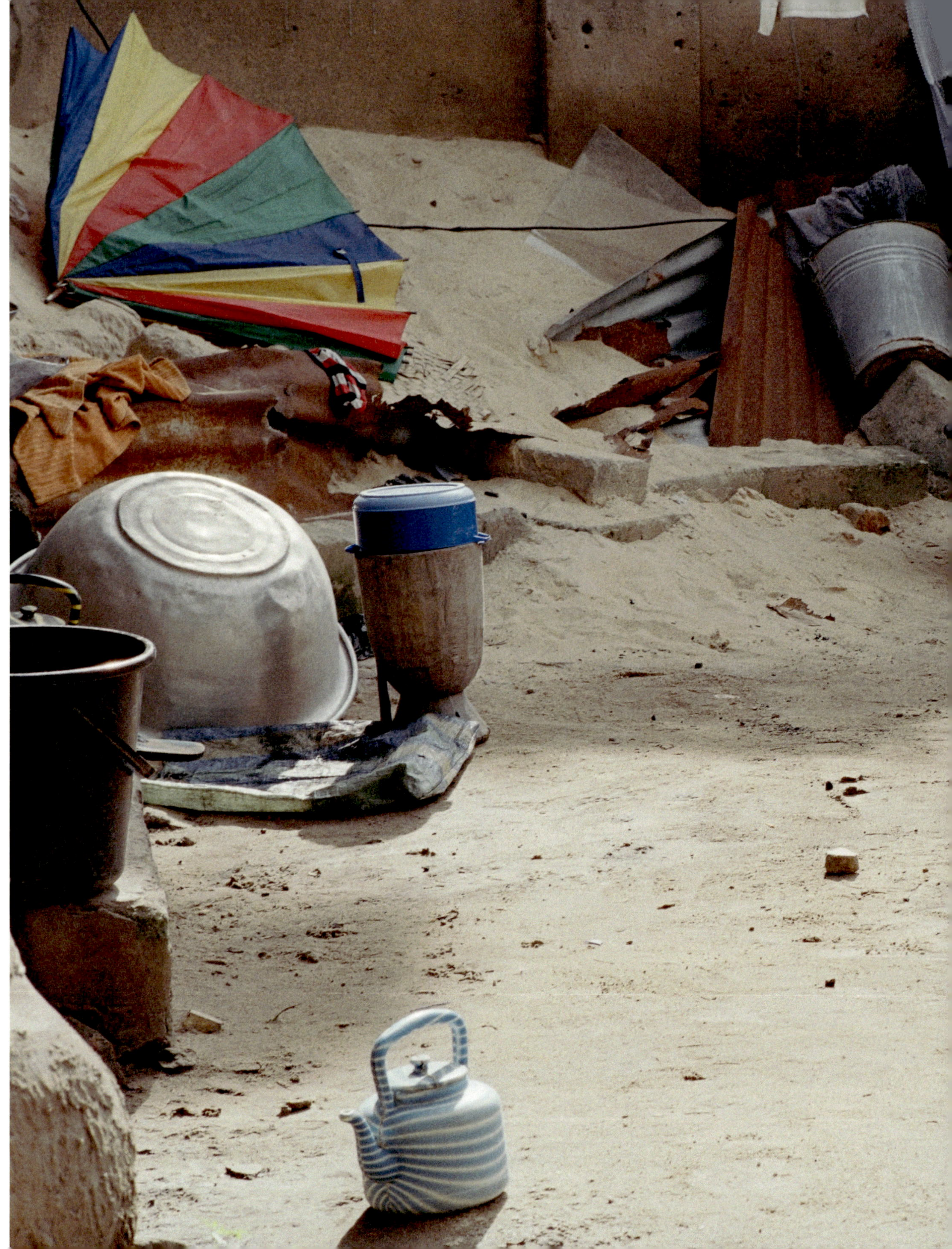

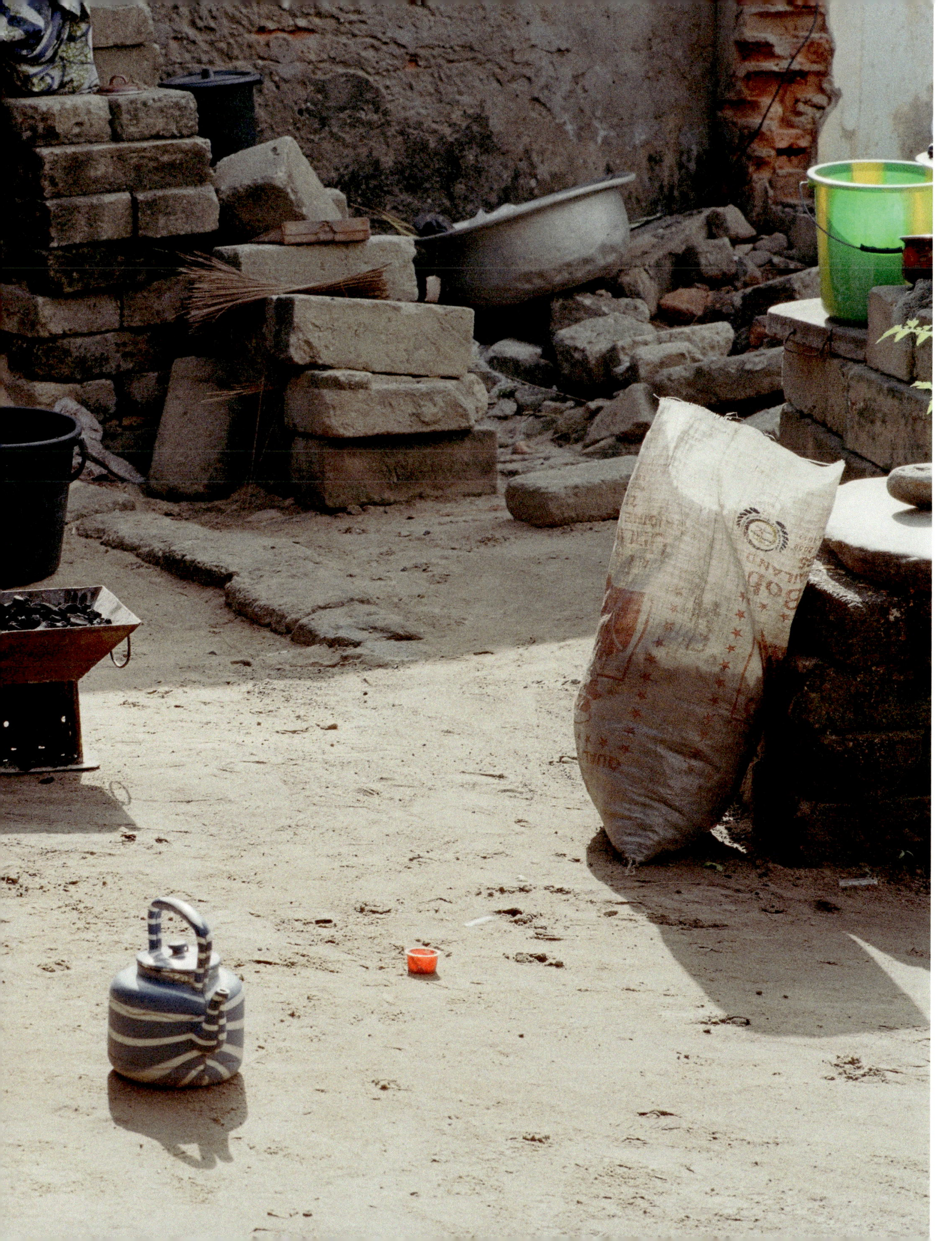

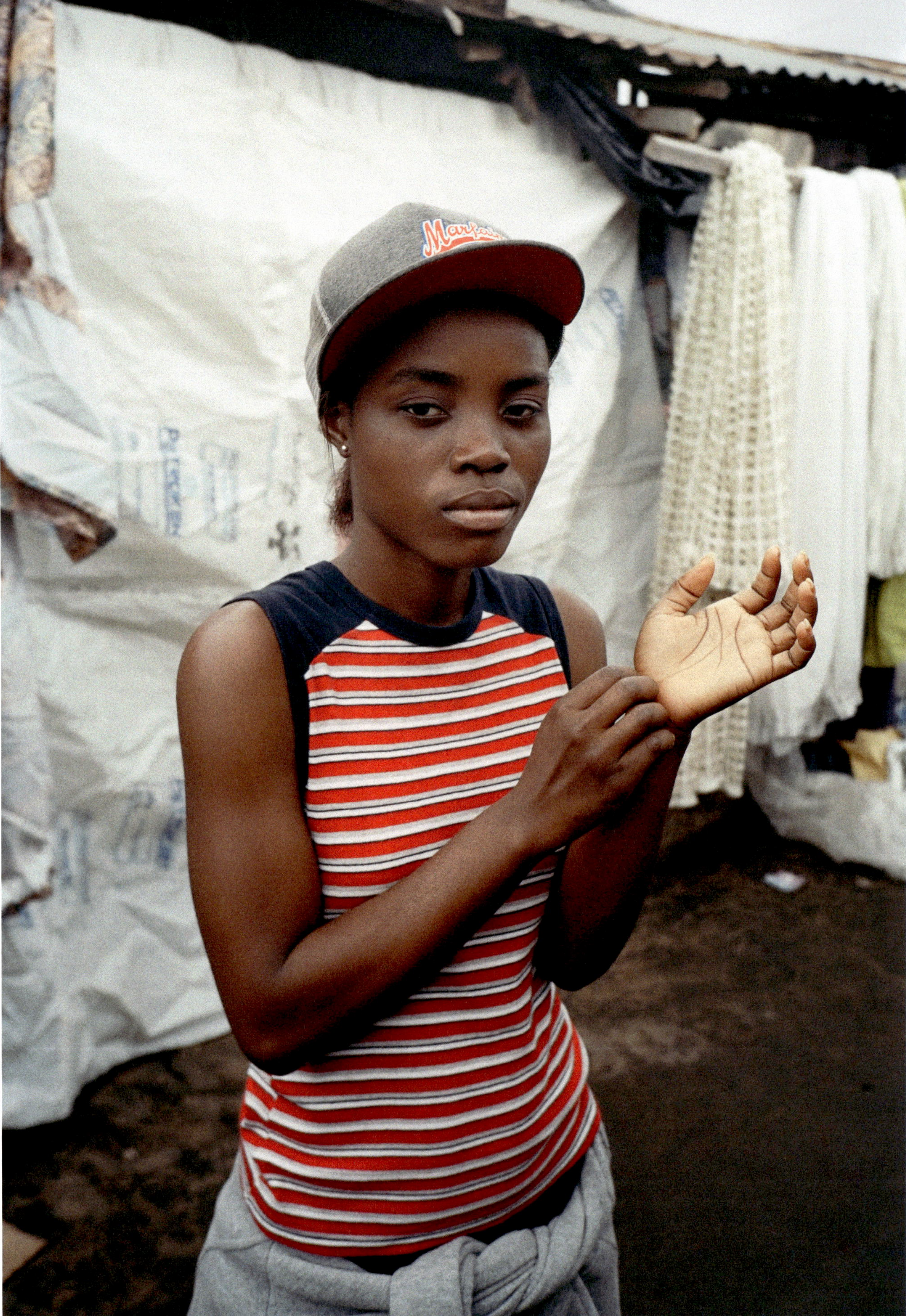

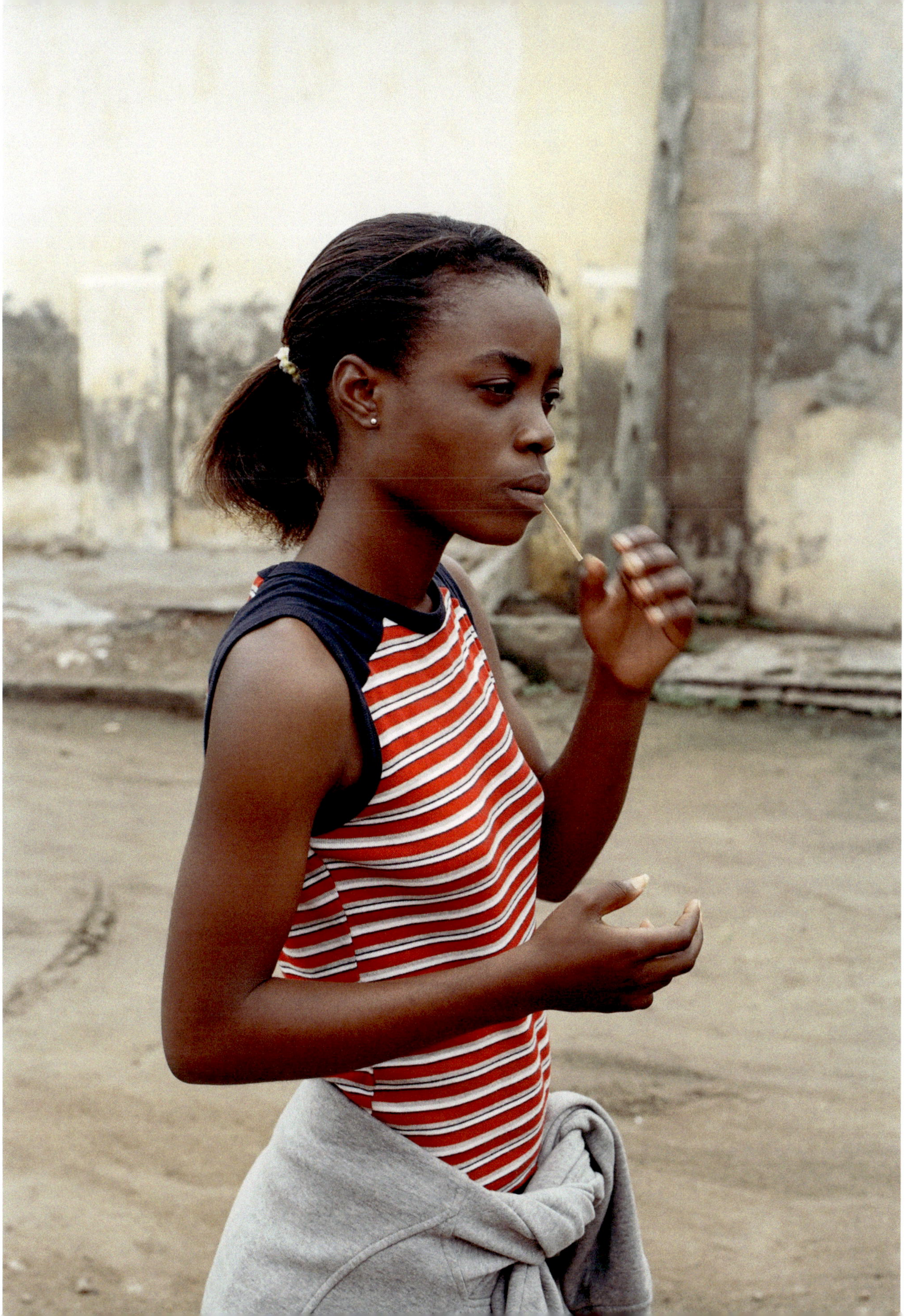

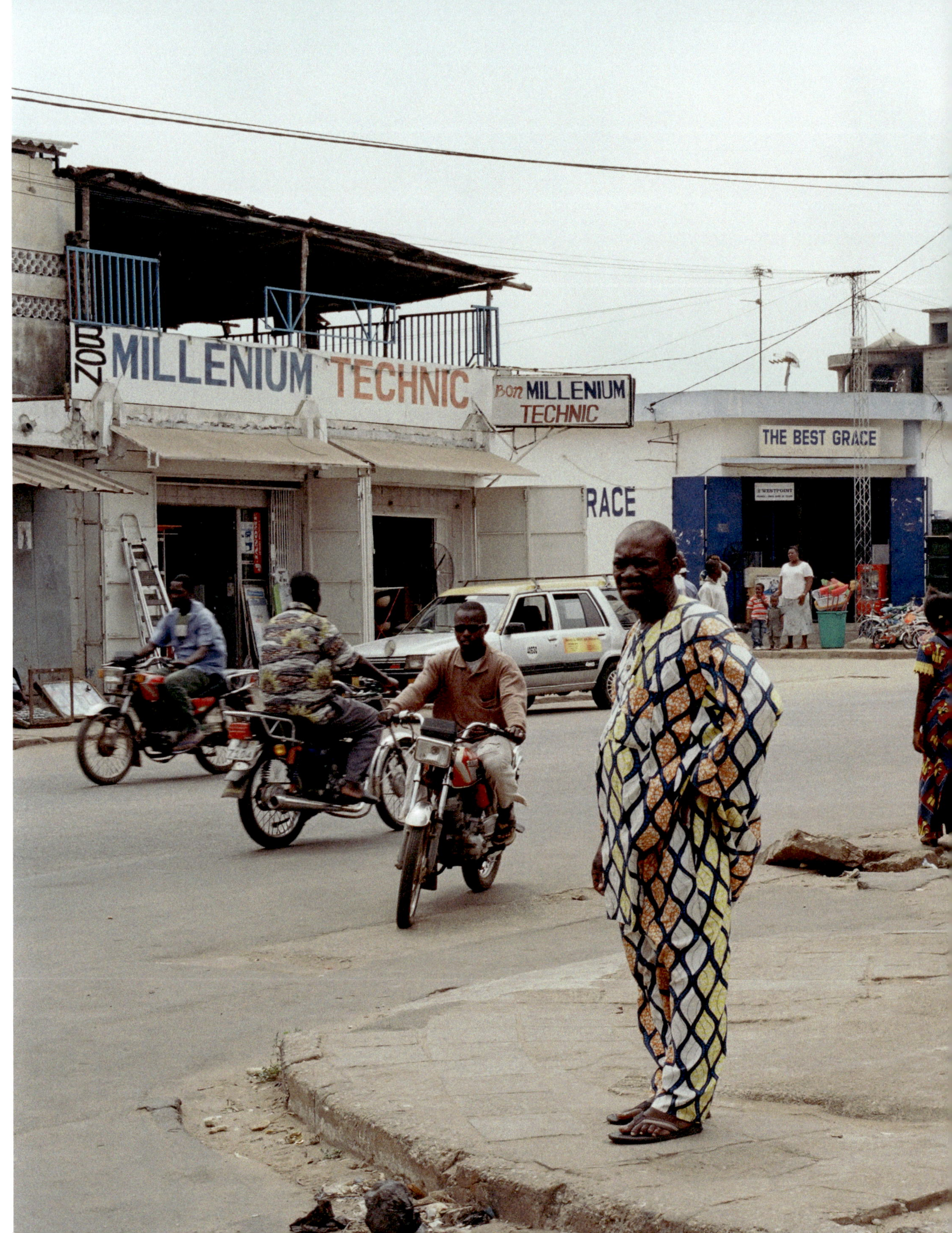
BON MILLENIUM TECHNIC
Bon MILLENIUM
TECHNIC
THE BEST GRACE
RACE

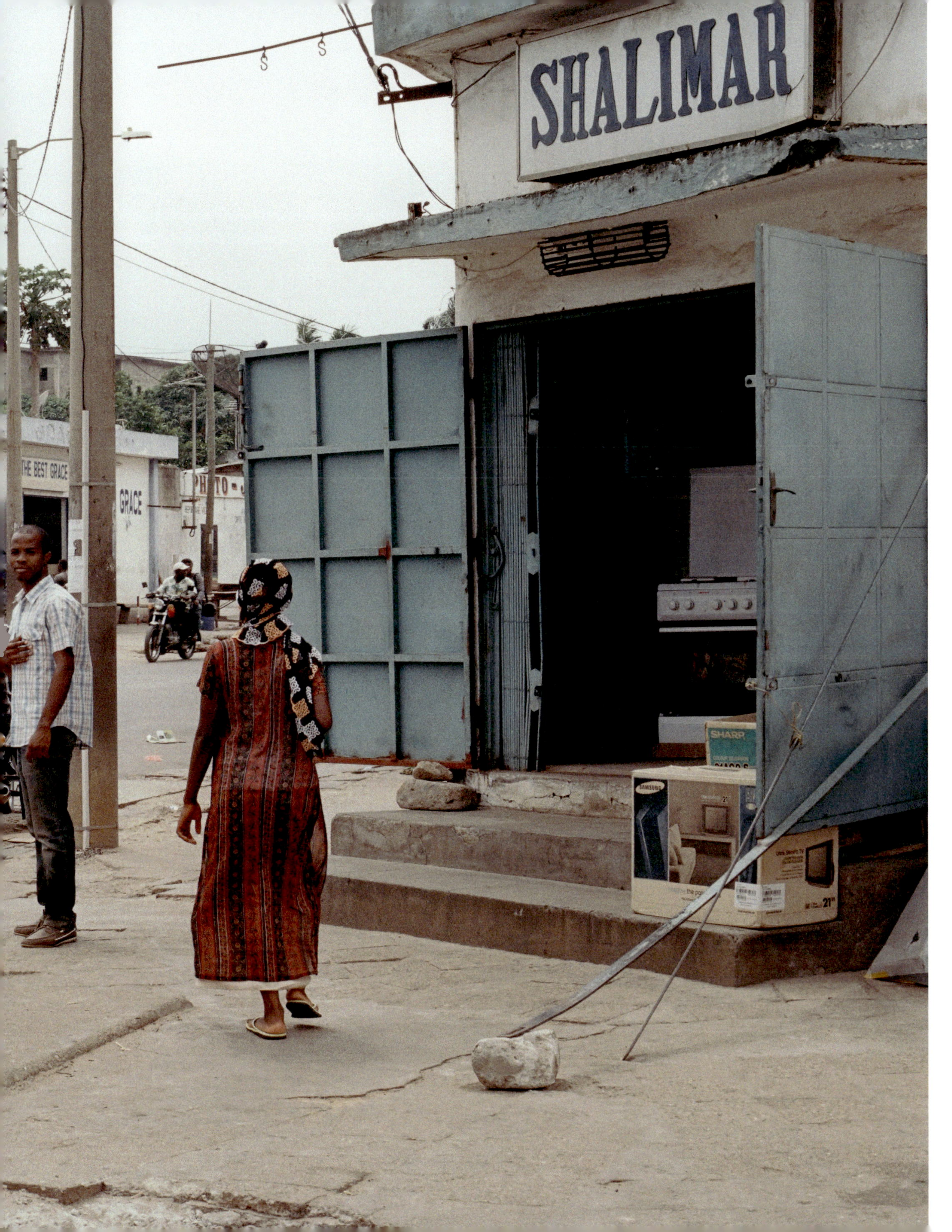
SHALIMAR
THE BEST GRACE
GRACE
PHOTO
SHARP
SAMSUNG

< Rue Kpélé, 2010
< Rue Kpélé, 2010
< Hédzranawoé, 2010
< Rue Kpélé, 2010
< Bd des Armées, 2010
Tokoin-Séminaire, 2010

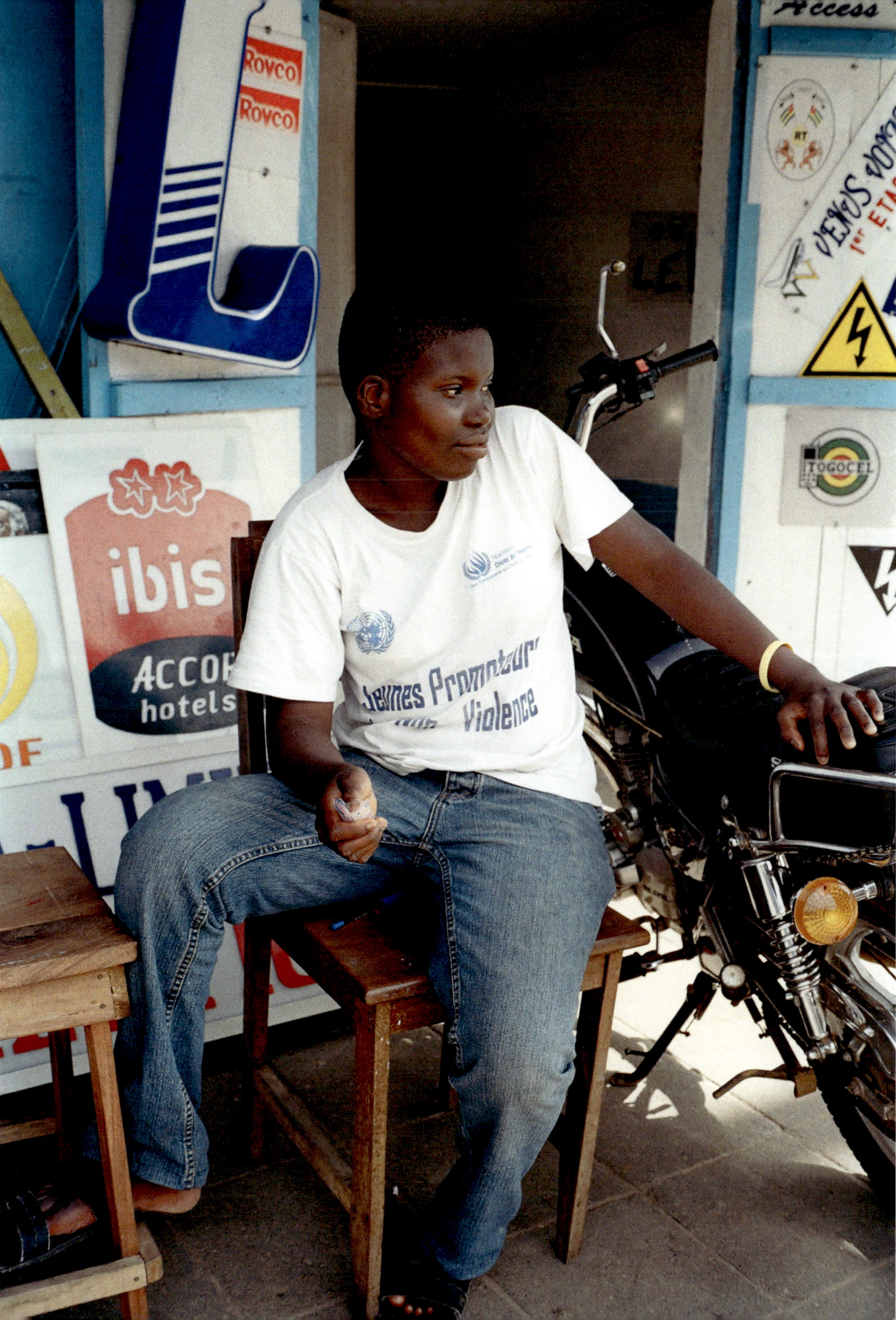

Access
Rovco
Rovco
ibis
hotels
TOGOCEL
Violence

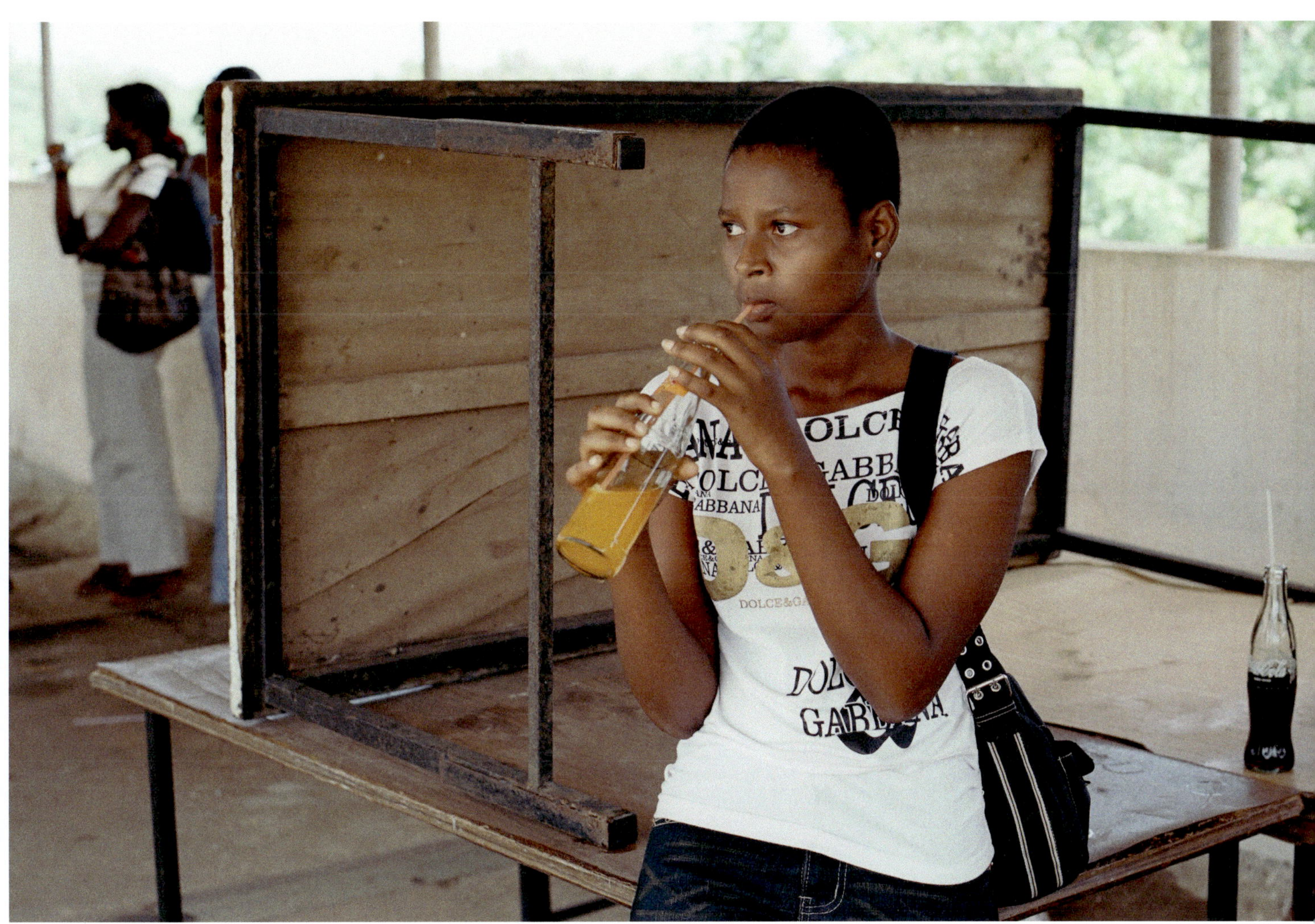

Université de Lomé, 2010

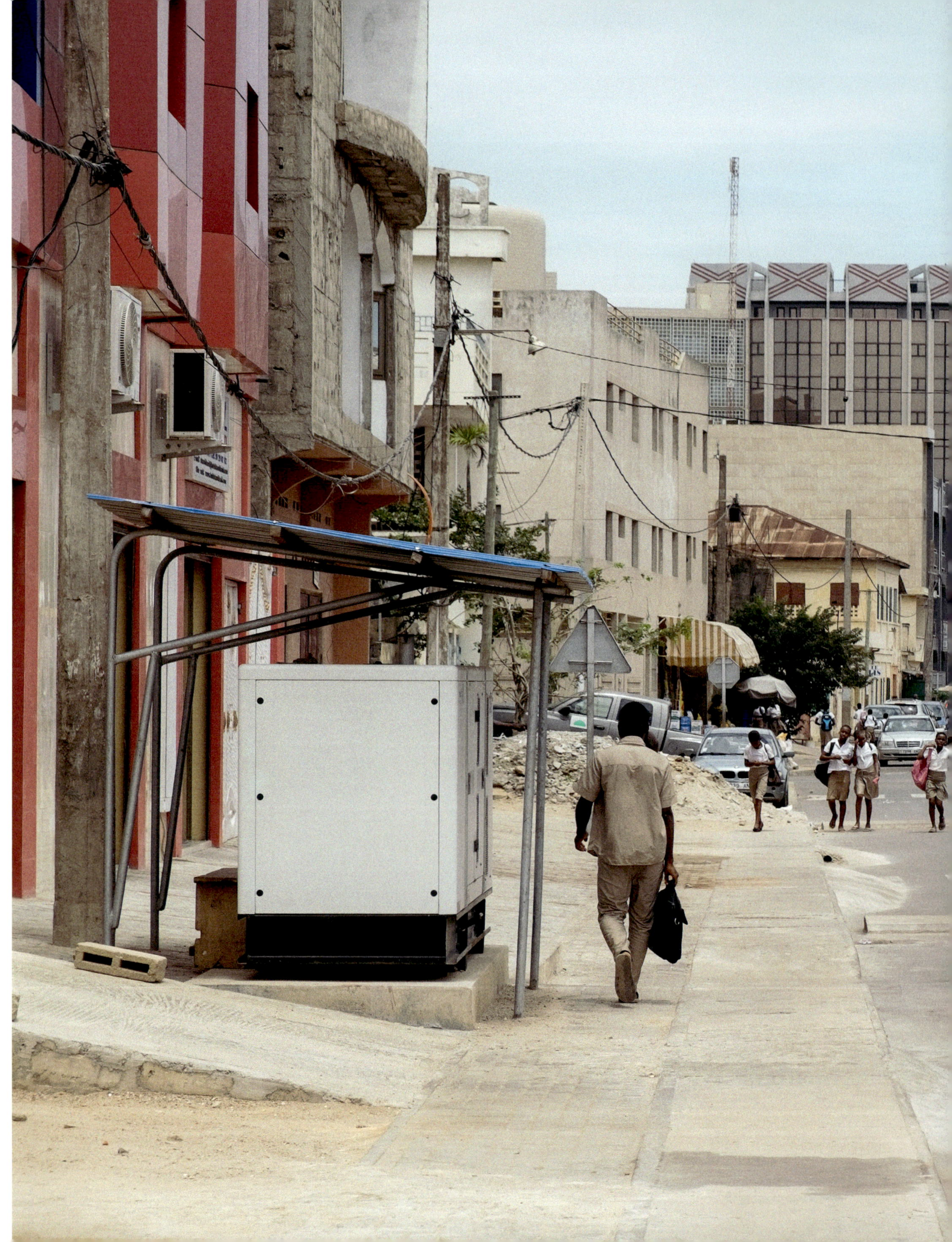

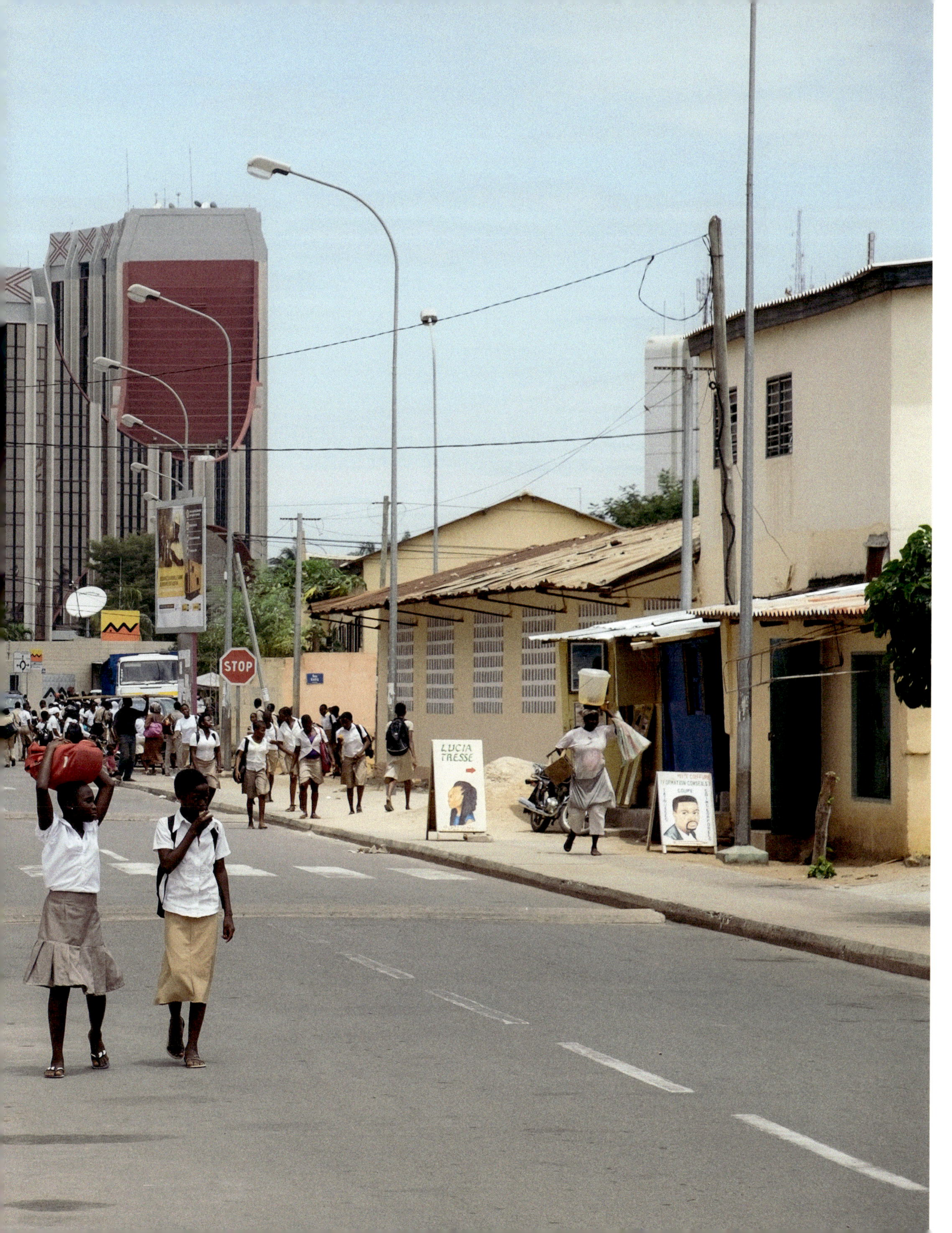
STOP
LUCIA
TRESSE

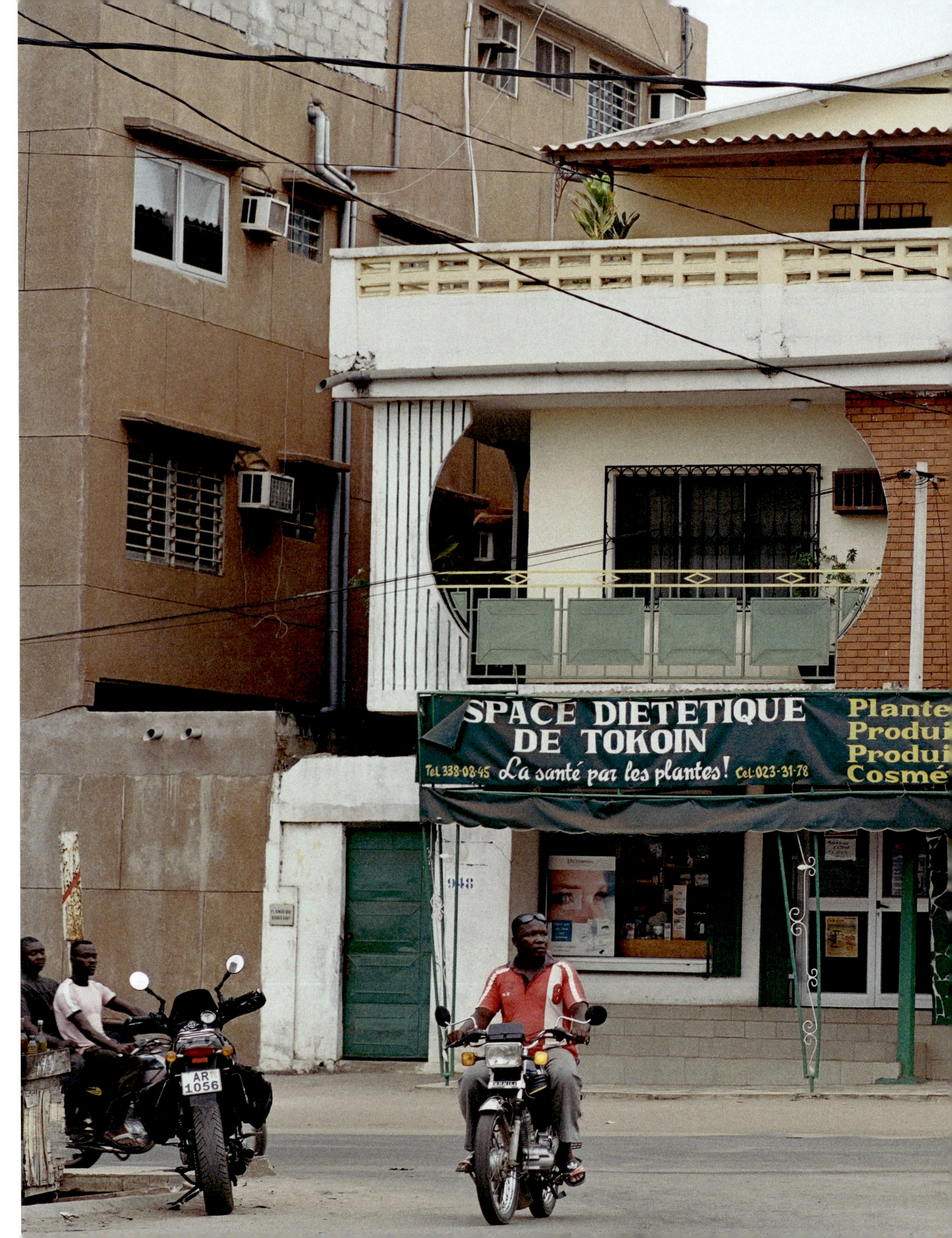
SPACE DIETETIQUE
DE TOKOIN
Tel 338-08-45 La santé par les plantes! Cel 023-31-78
948
AR 1056

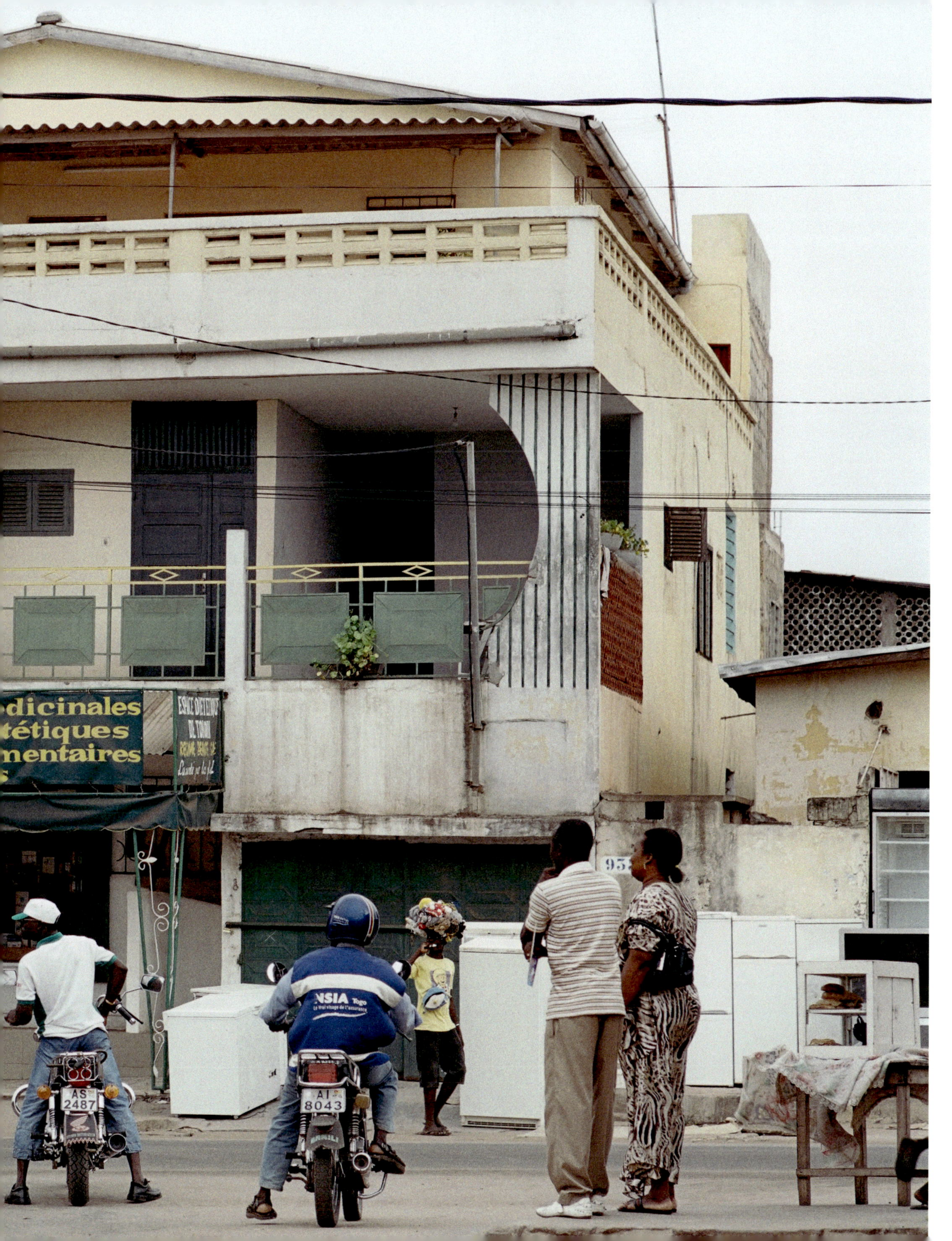
dicinales
tétiques
mentaires
NSIA Togo
AS 2487
AI 8043

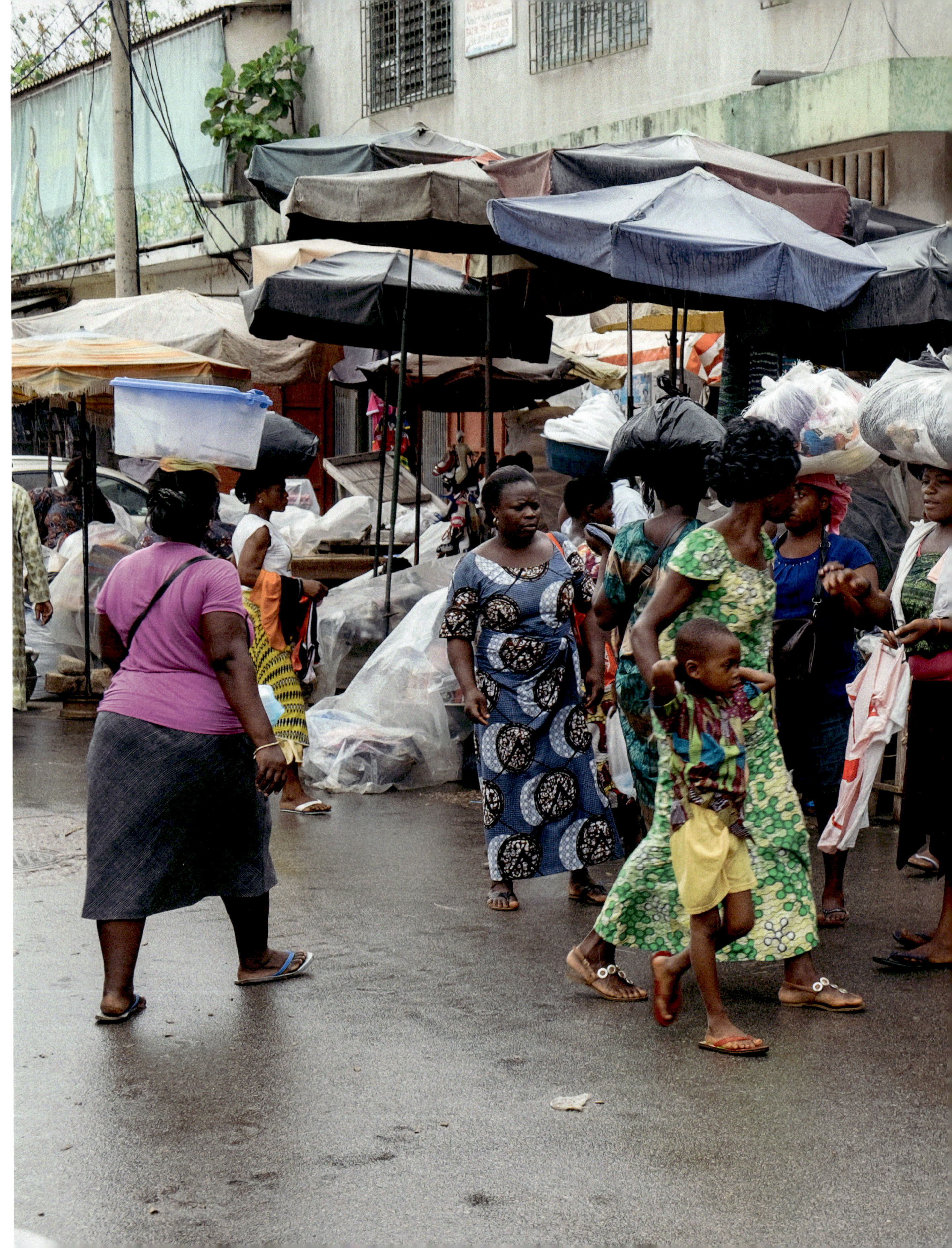

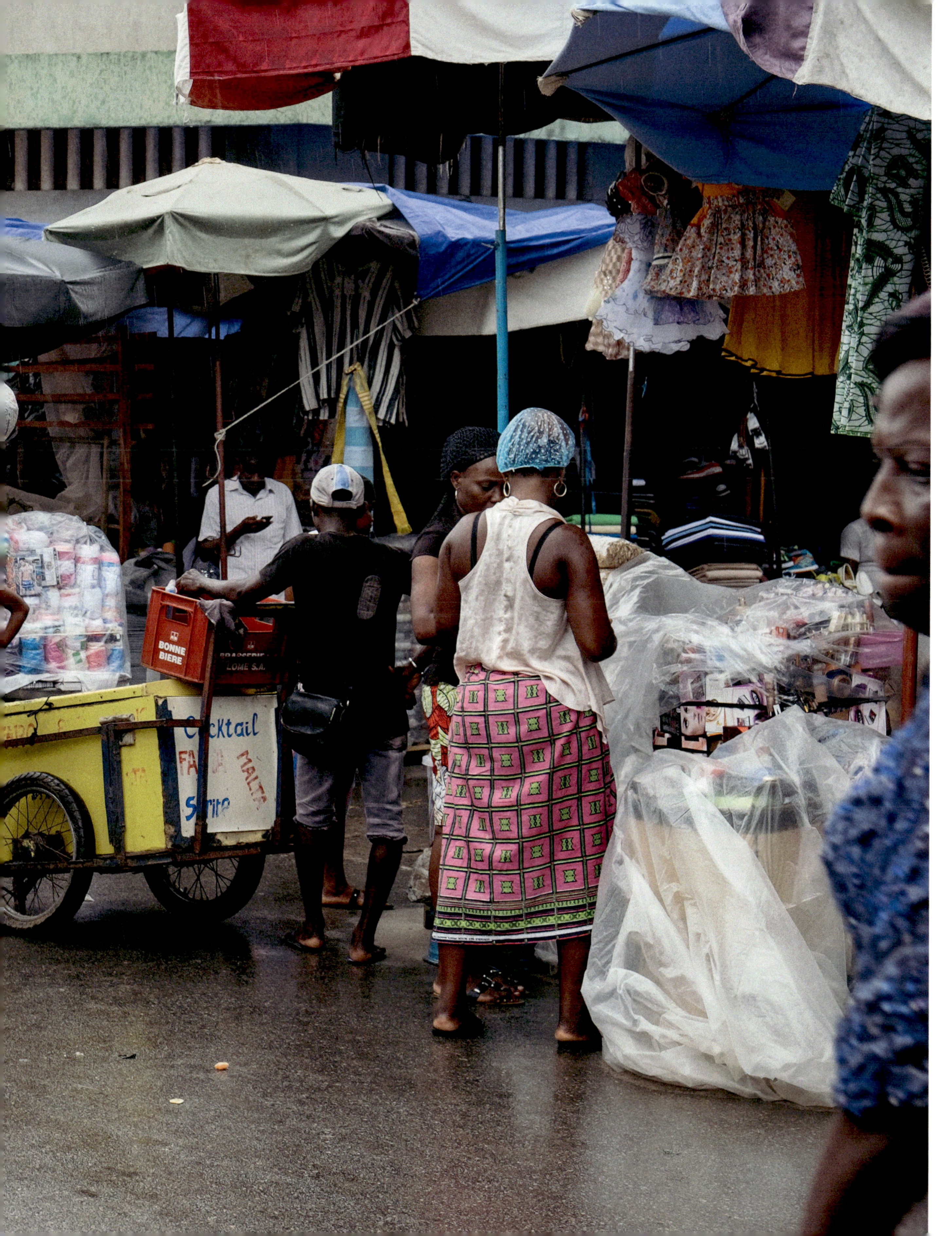
BONNE
BIERE
LOME S.A.
MALTA

< Rue de l’Espérance, 2015
< Bd des Armées, 2010
< Rue de Commerce, 2015

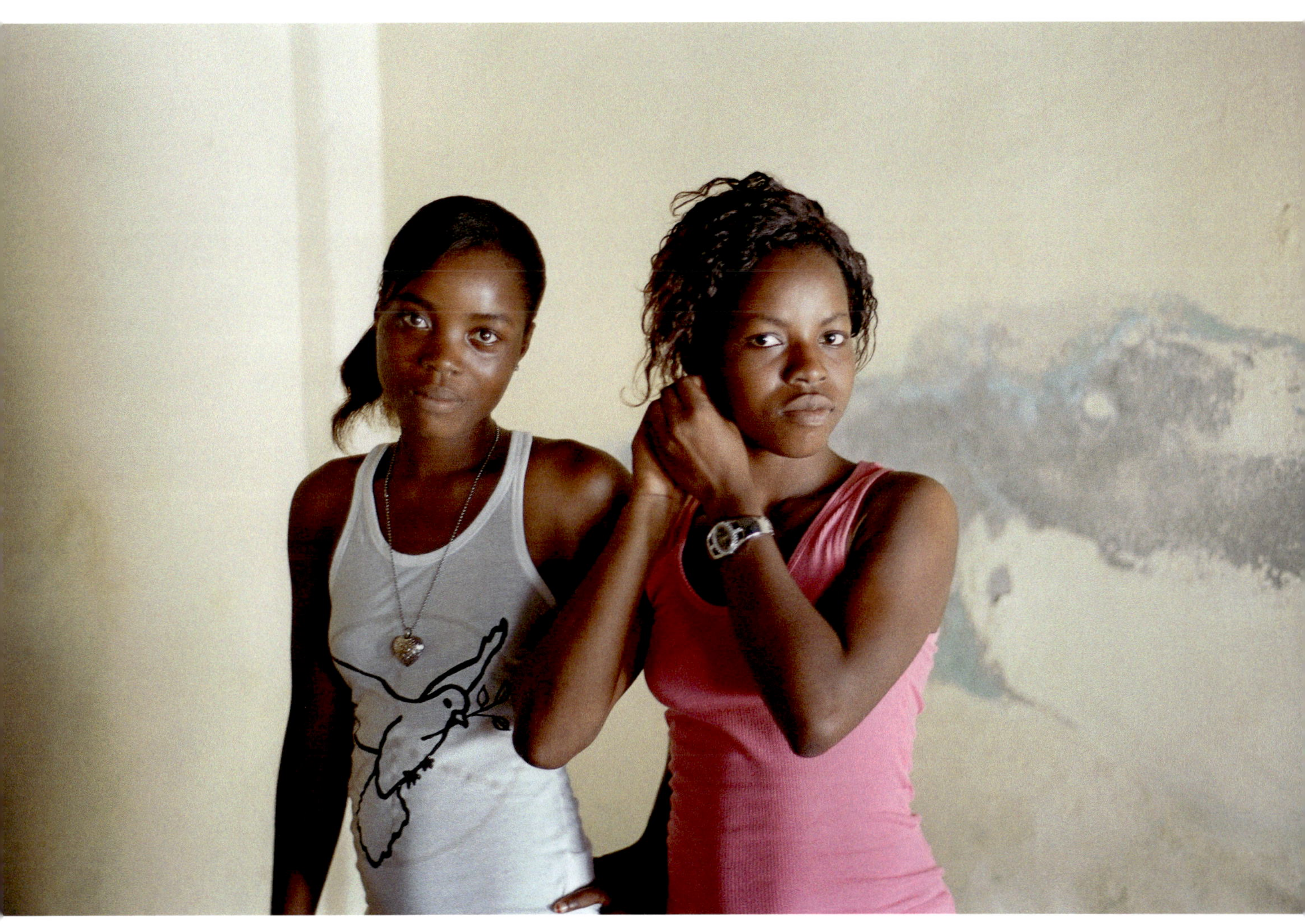

Rue Kpélé, 2011

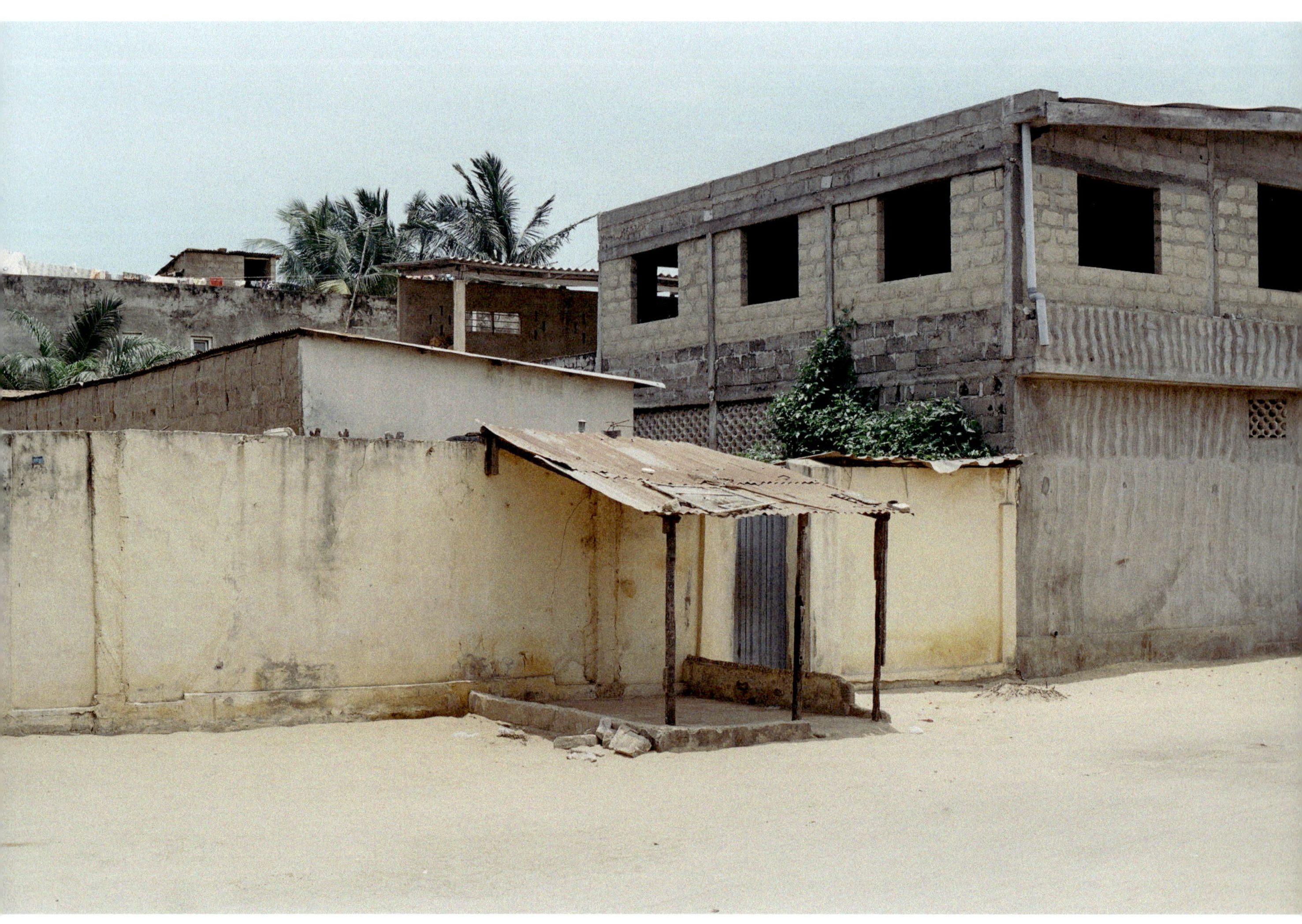

Baguida, 2016

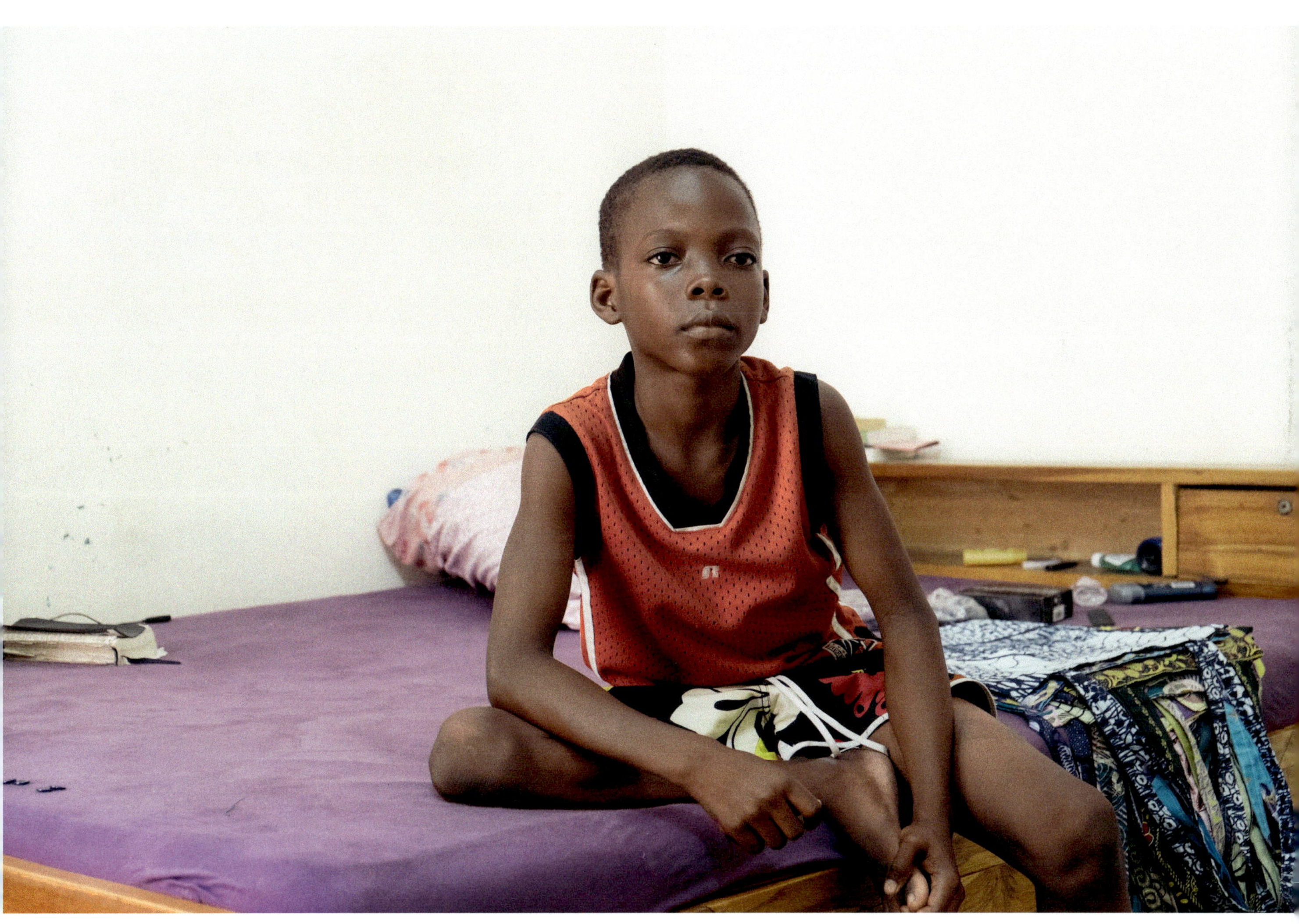

Baguida, 2016

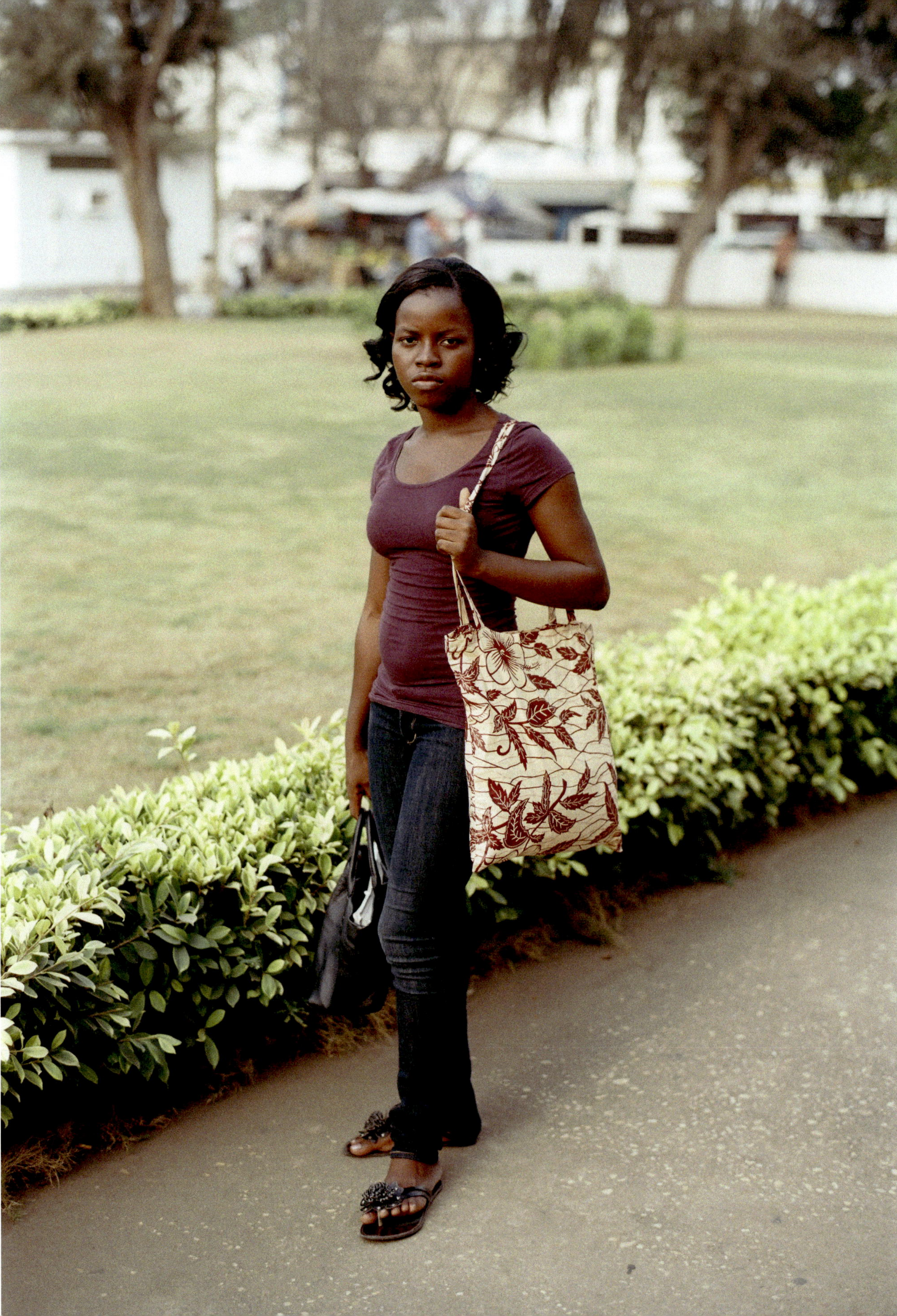

Rue de Kouromé, 2011

Avépozo, 2010

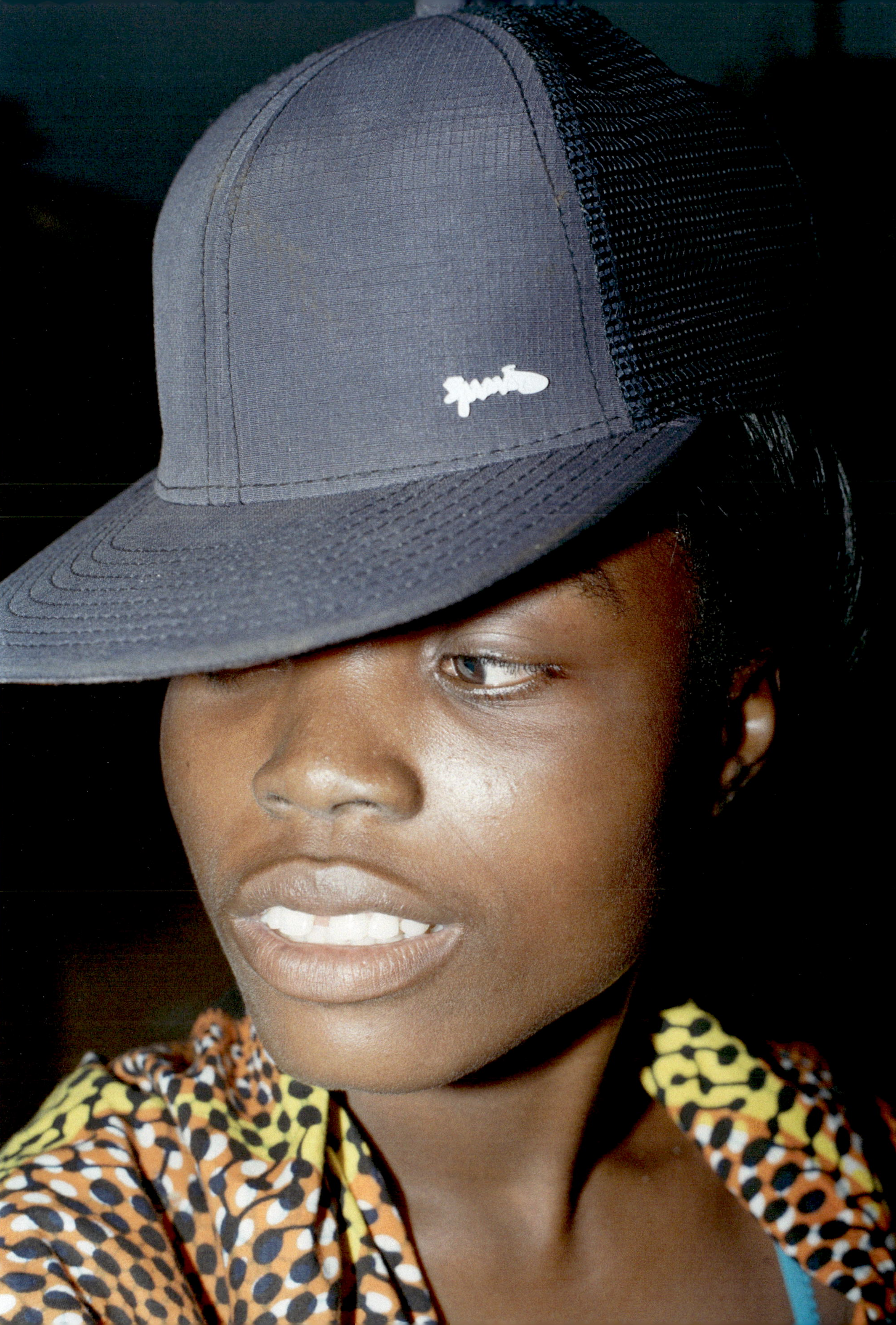

Wiesentheid, 2011

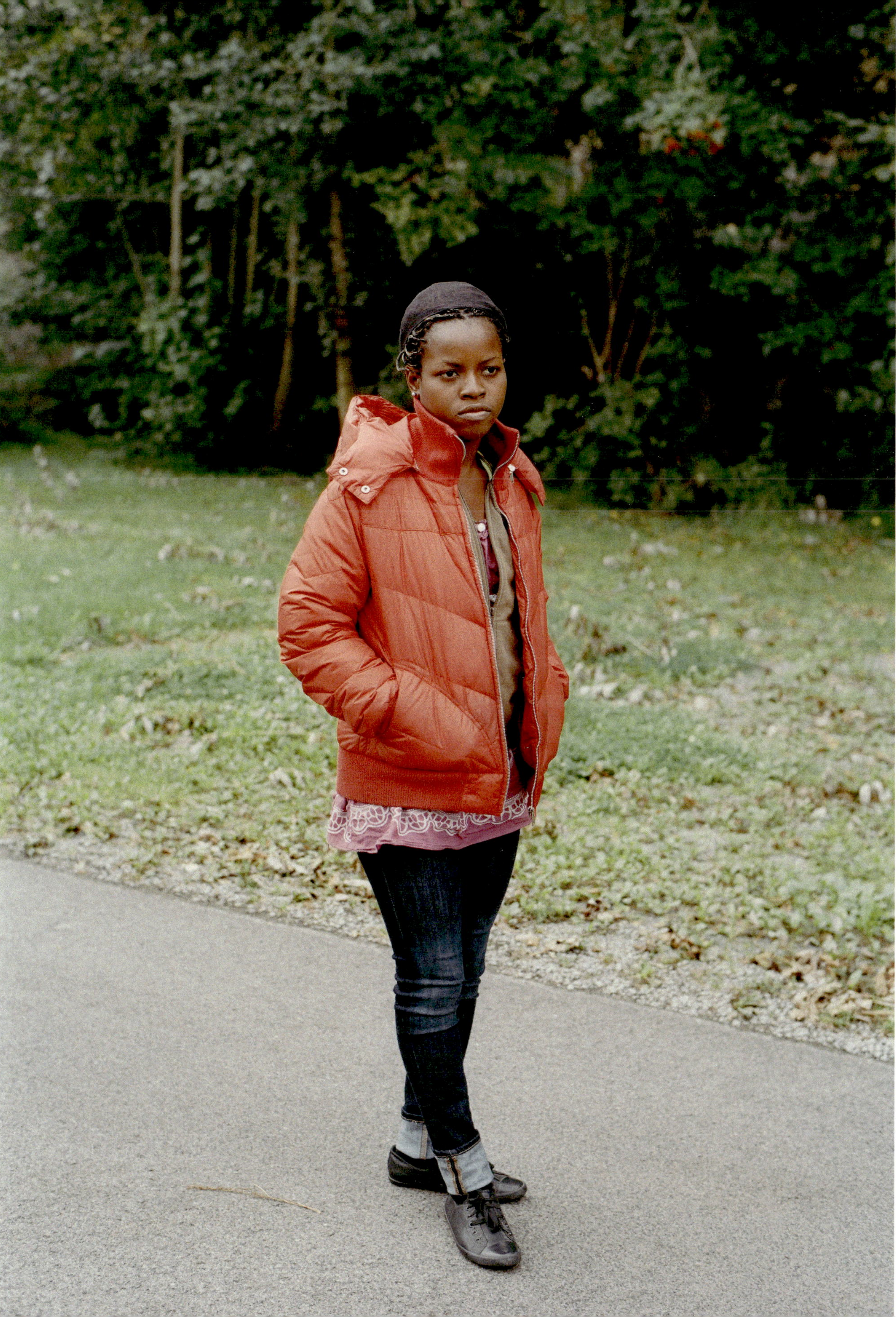

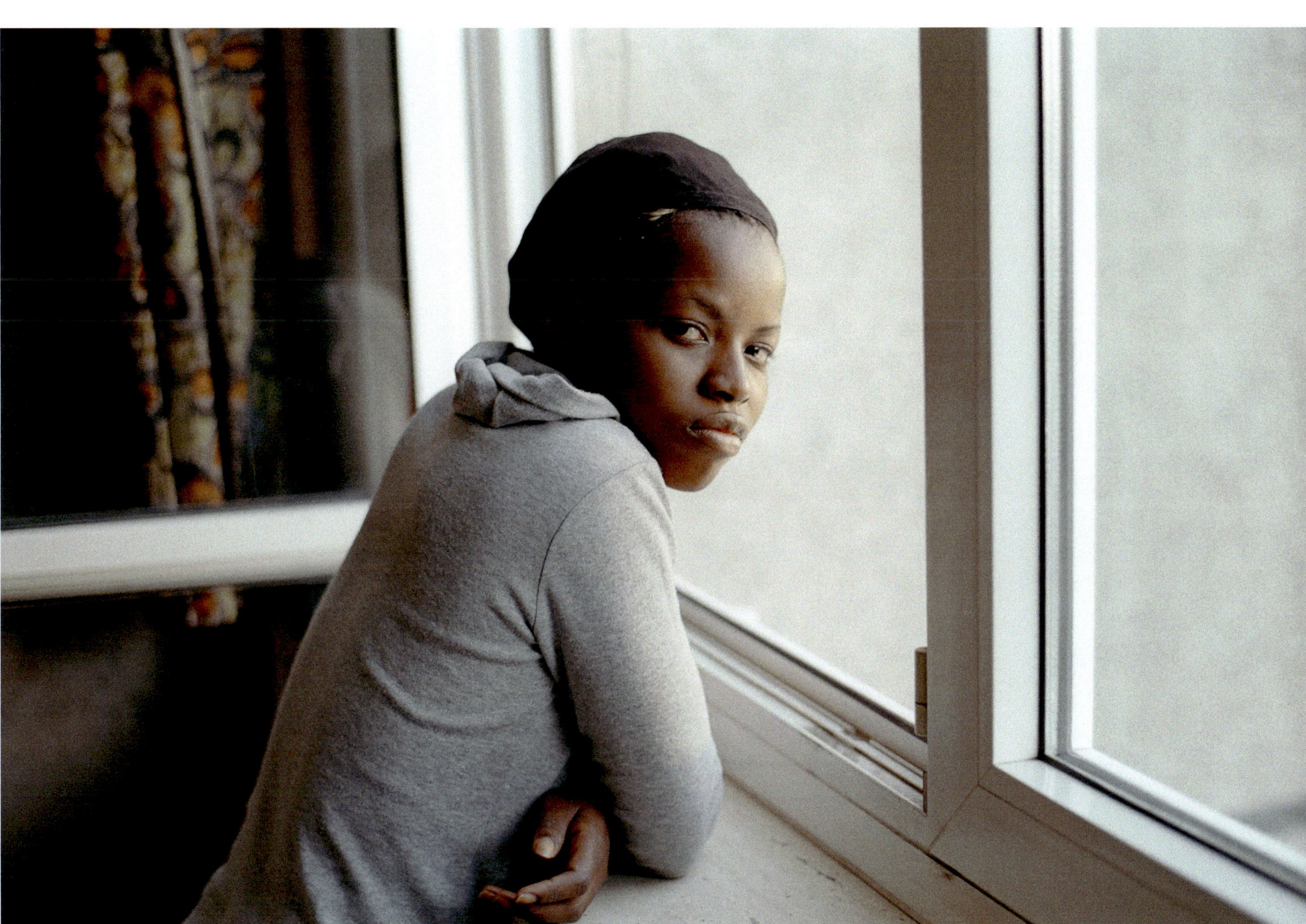

Wächterstraße, 2011

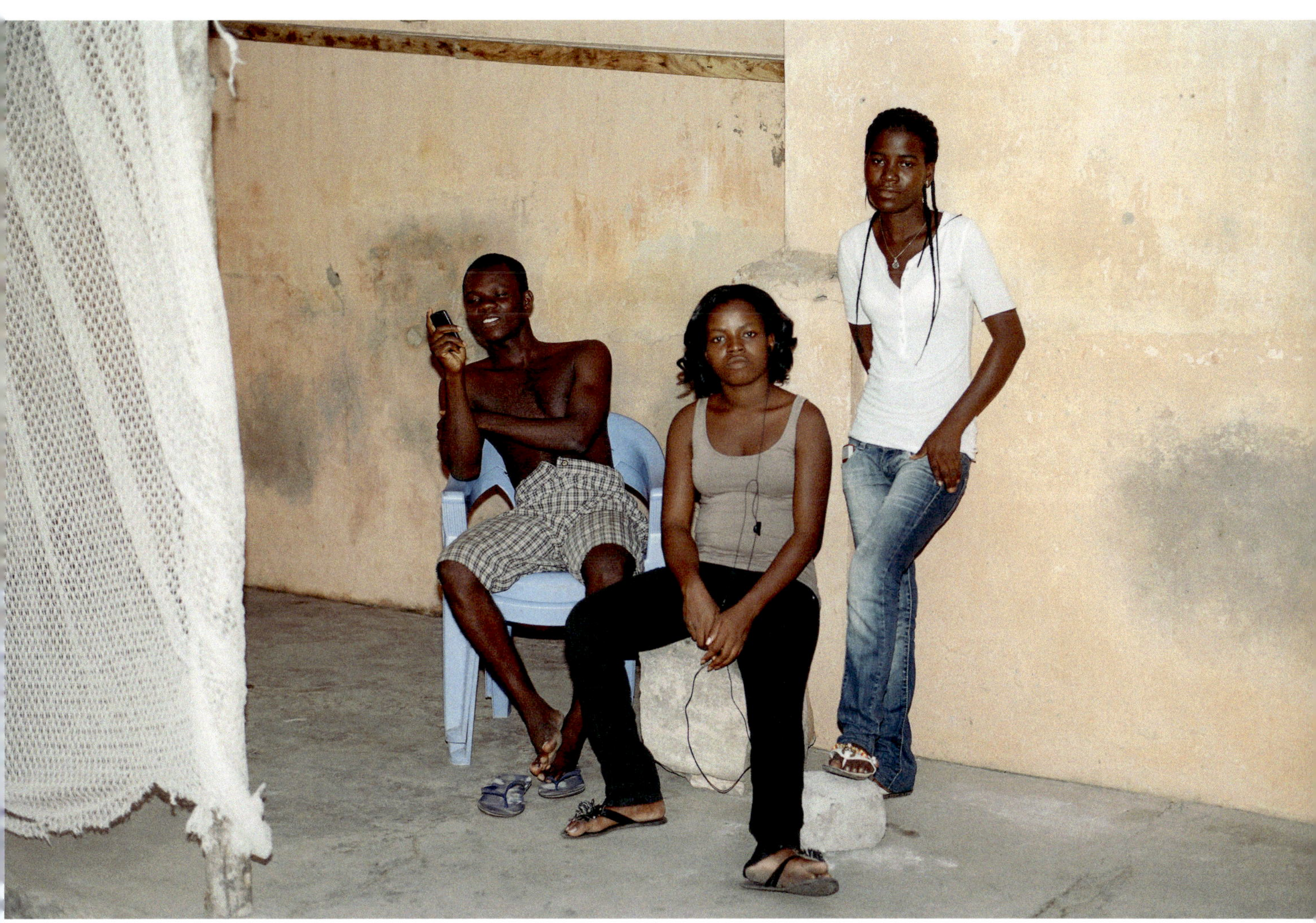

Rue Kpélé, 2011

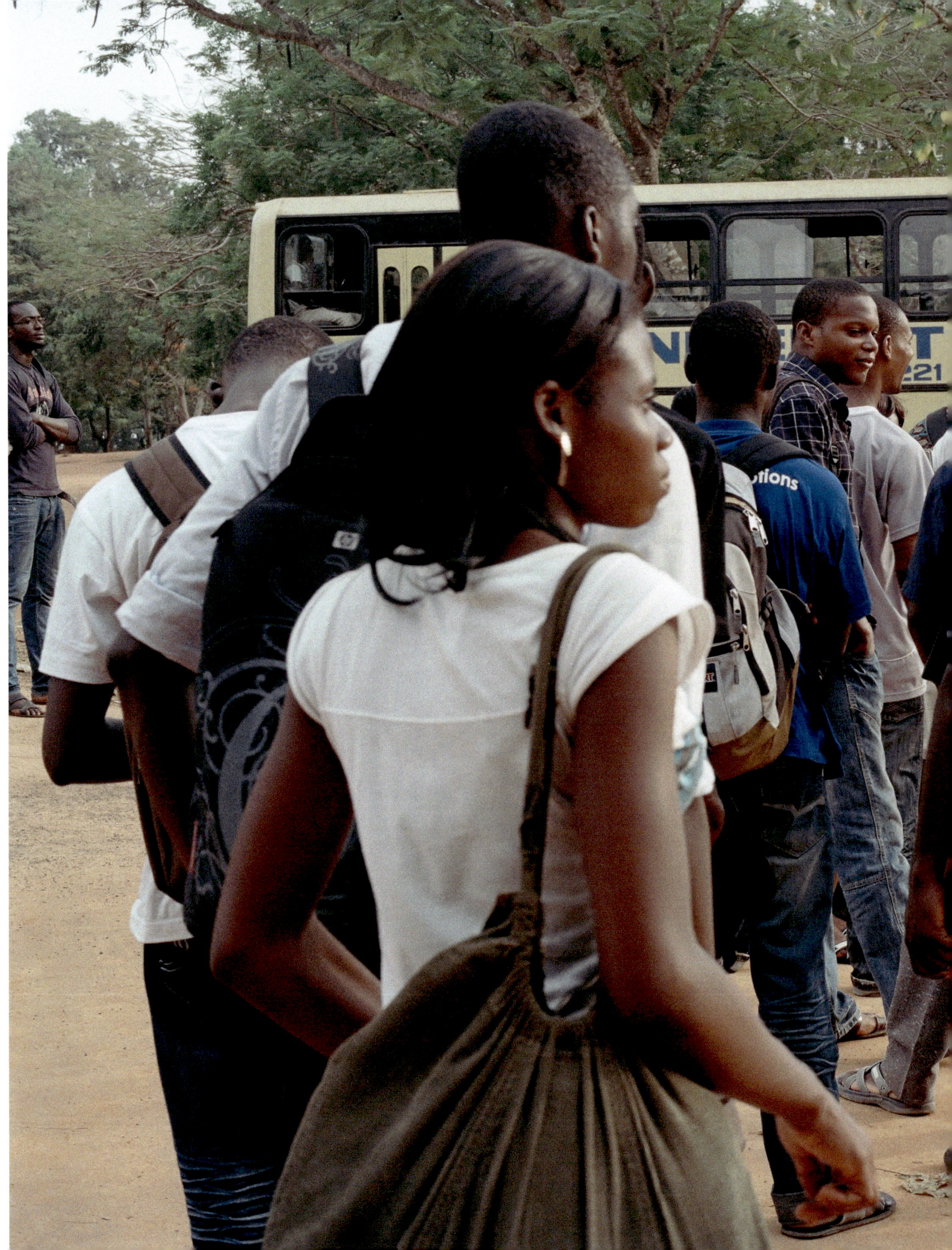

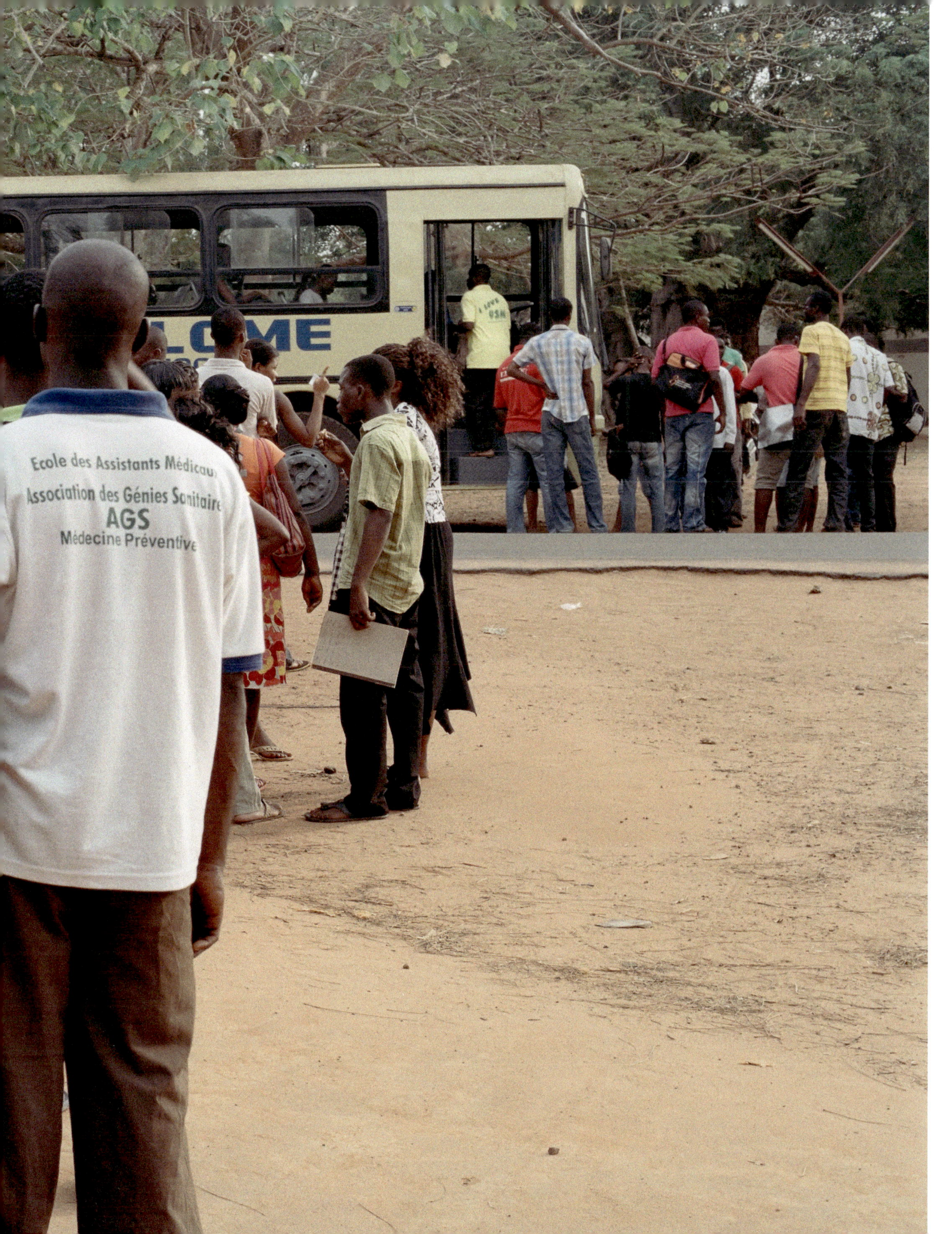
Ecole des Assistants Médicaux
Association des Génies Sanitaire
AGS
Médecine Préventive

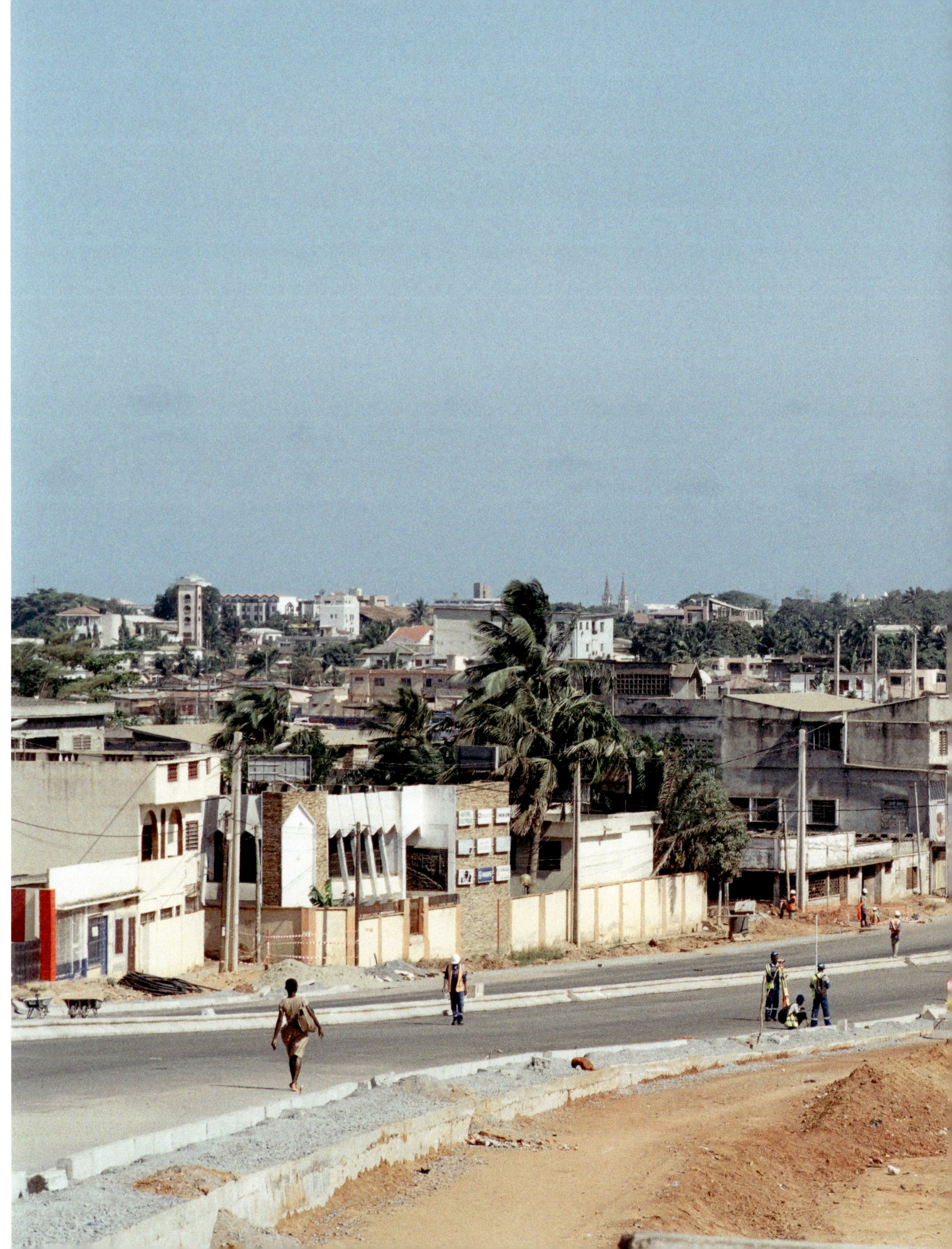

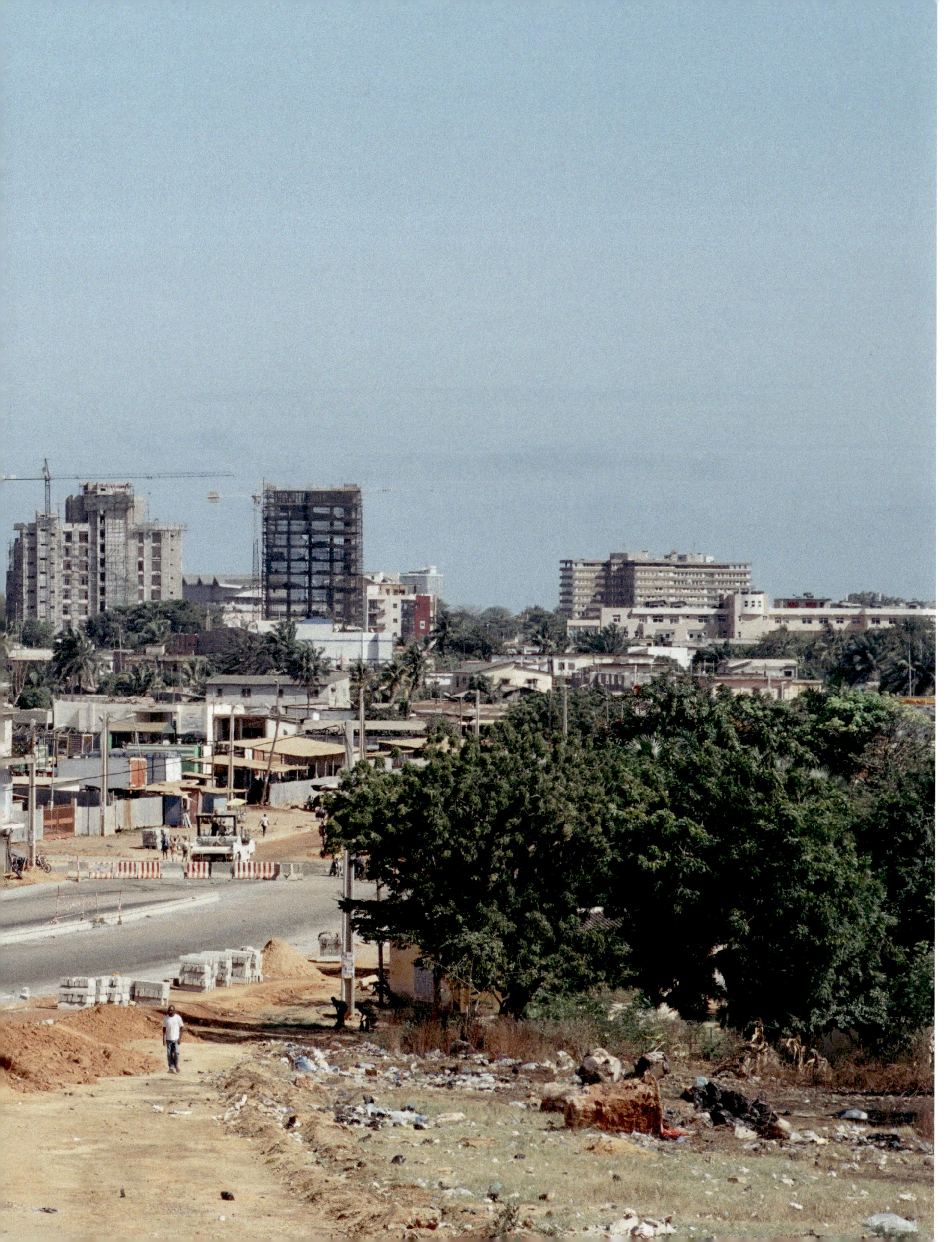

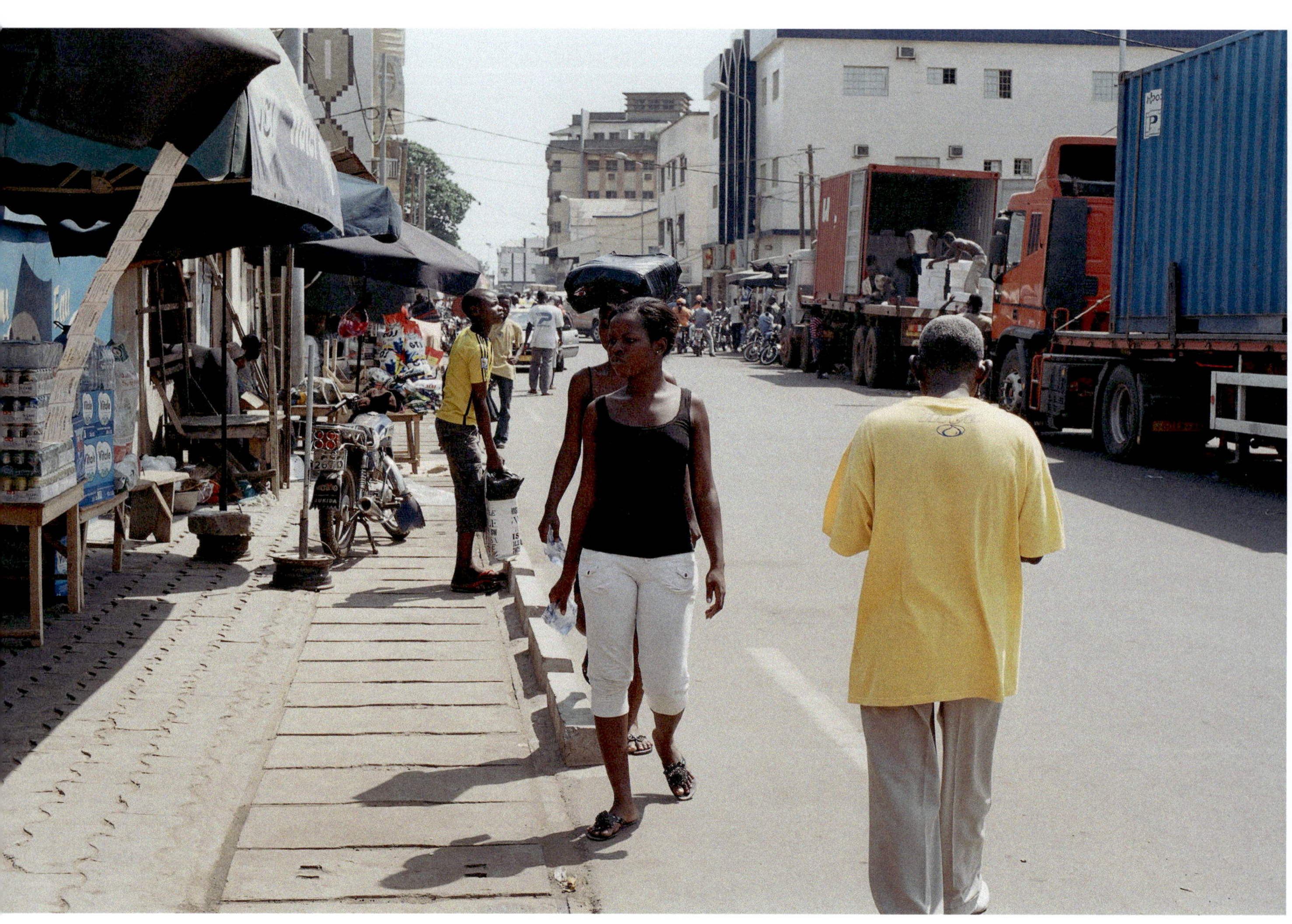

< Université de Lomé, 2011
< Av. de la Victoire, 2015
Rue de la Gare, 2011

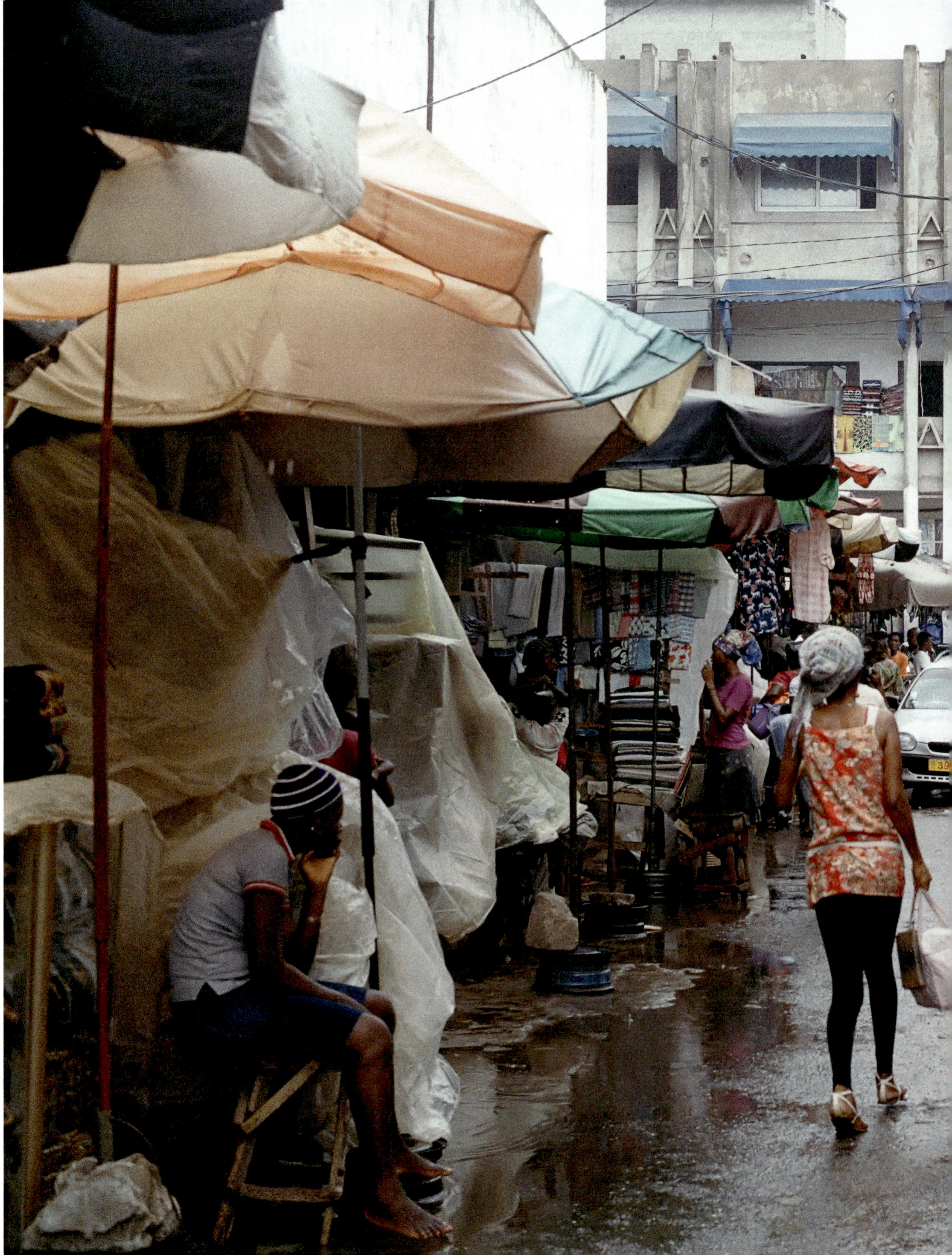

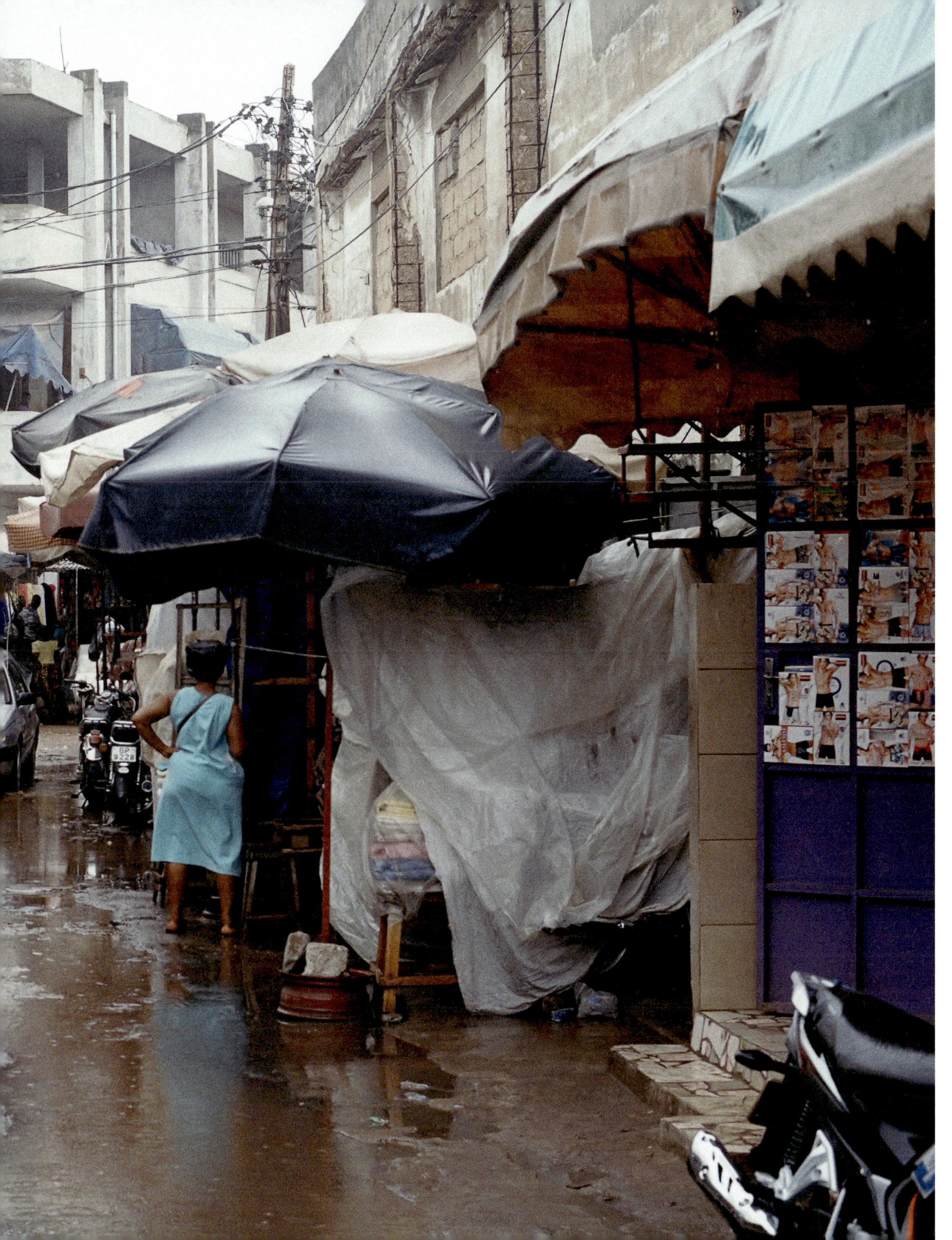

< Rue du Troc, 2016

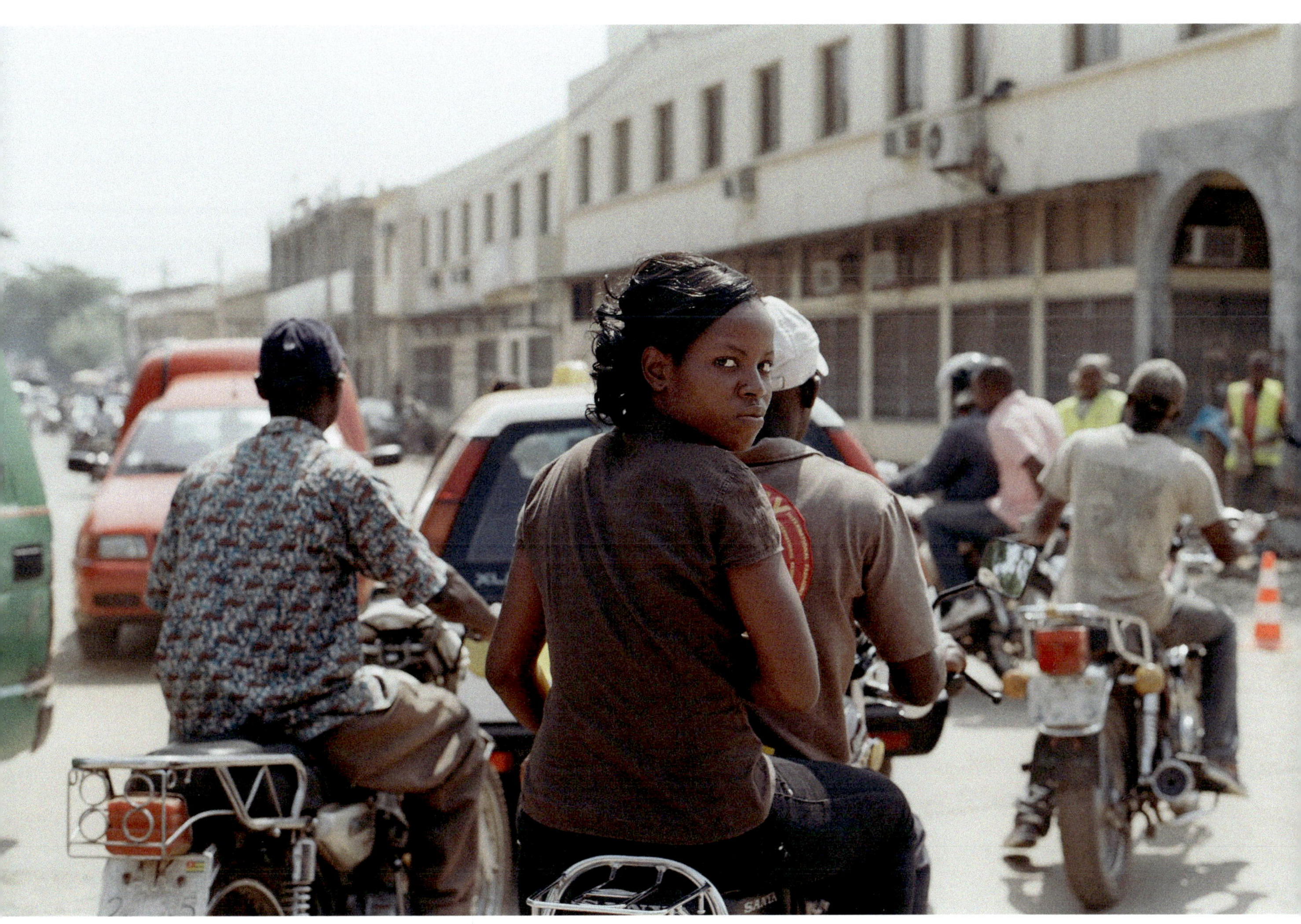

Av. Franz Josef Strauss, 2011

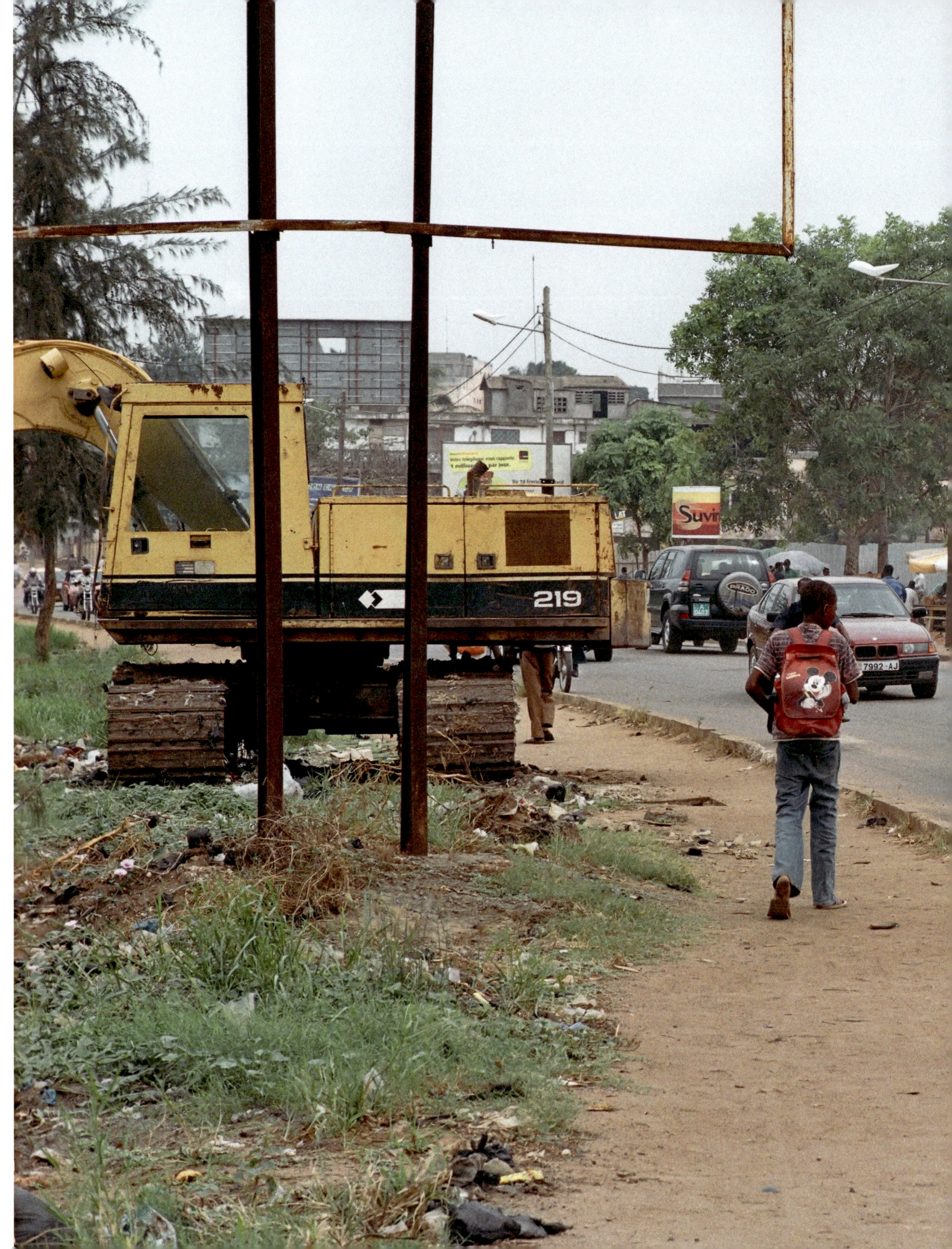
219
Suvi
PRADO
7992 AJ

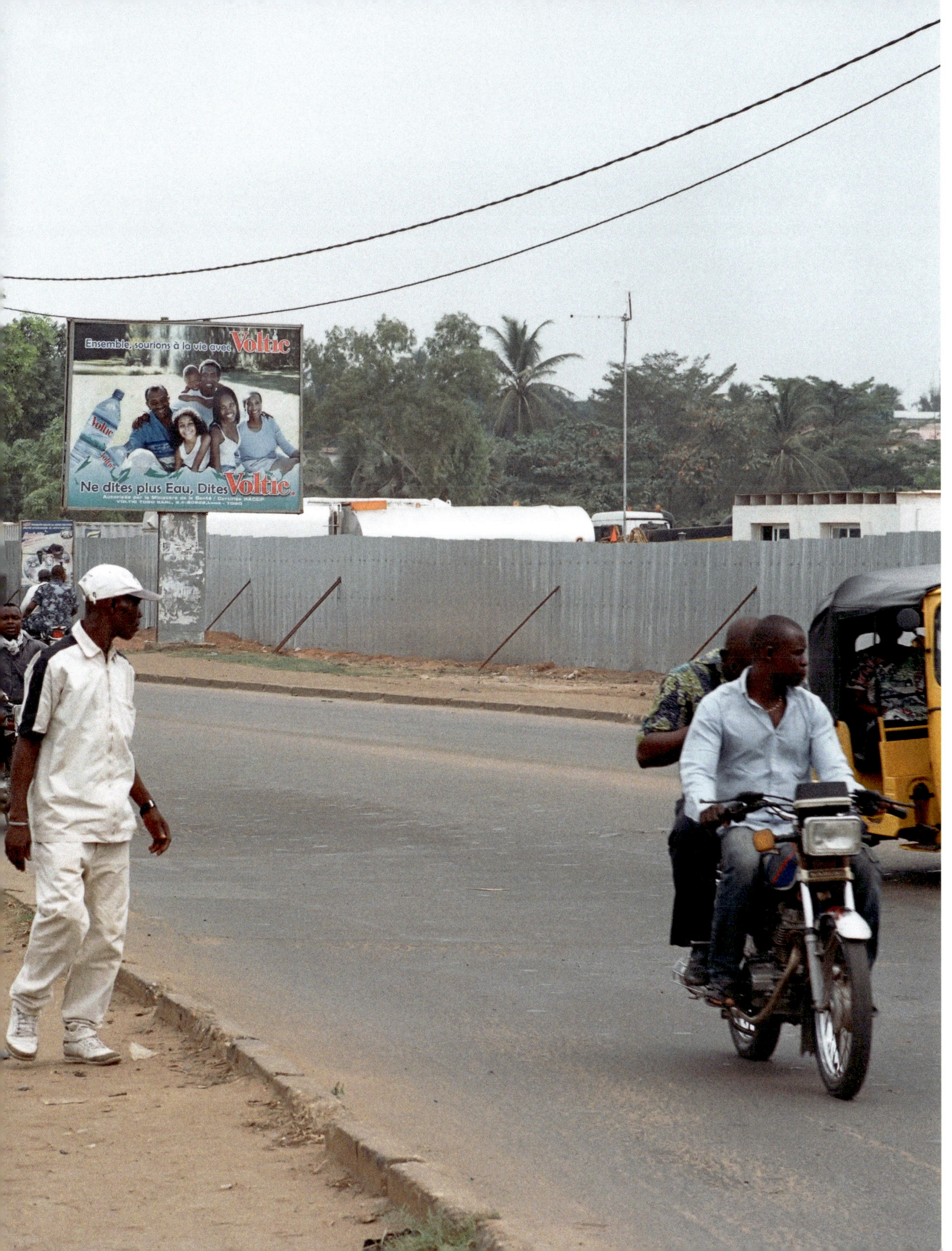
Ensemble, sourions à la vie avec Voltic
Ne dites plus Eau, Dites Voltic.

< Av. de la Victoire, 2011
Rue Kpélé, 2010

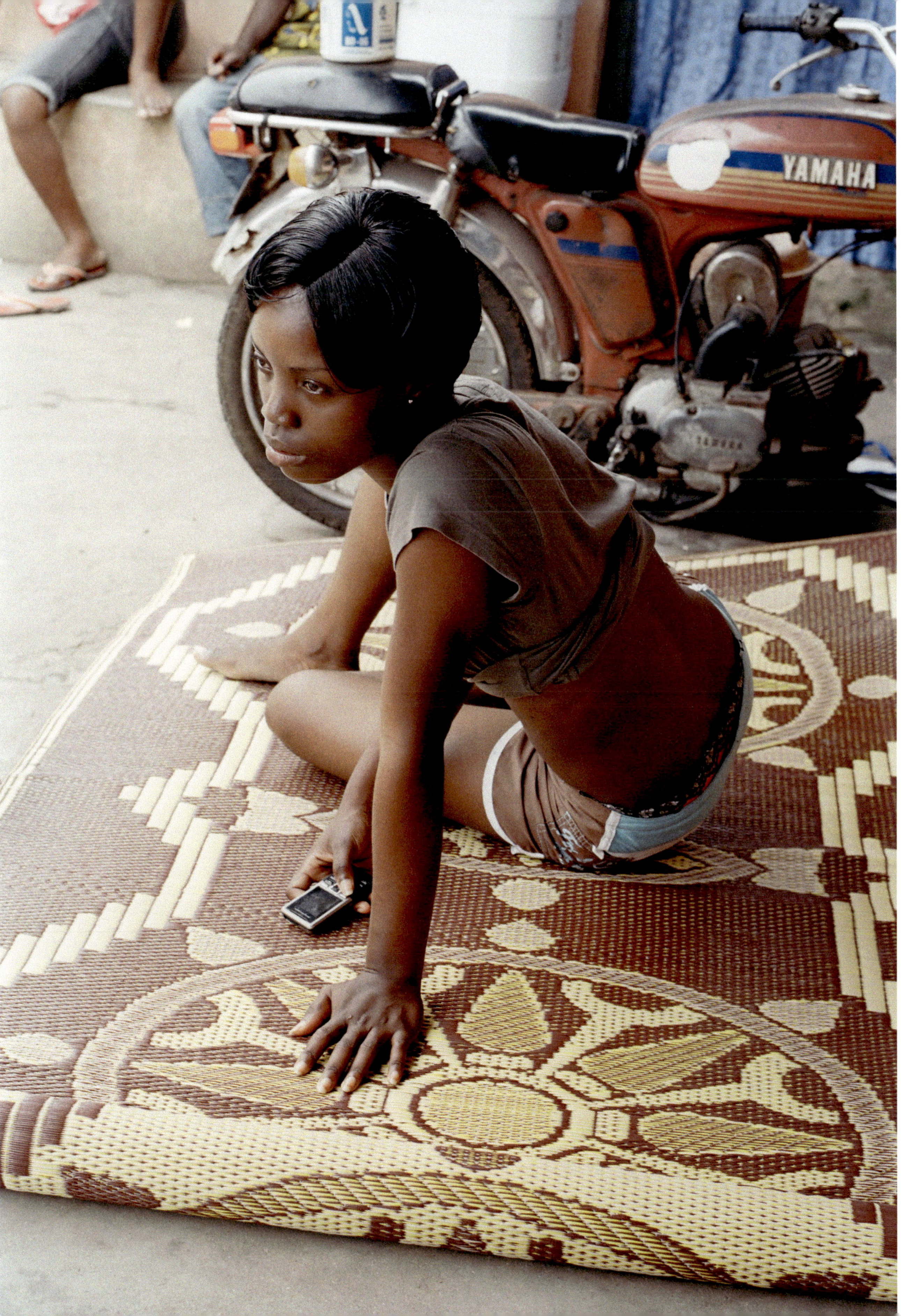
YAMAHA

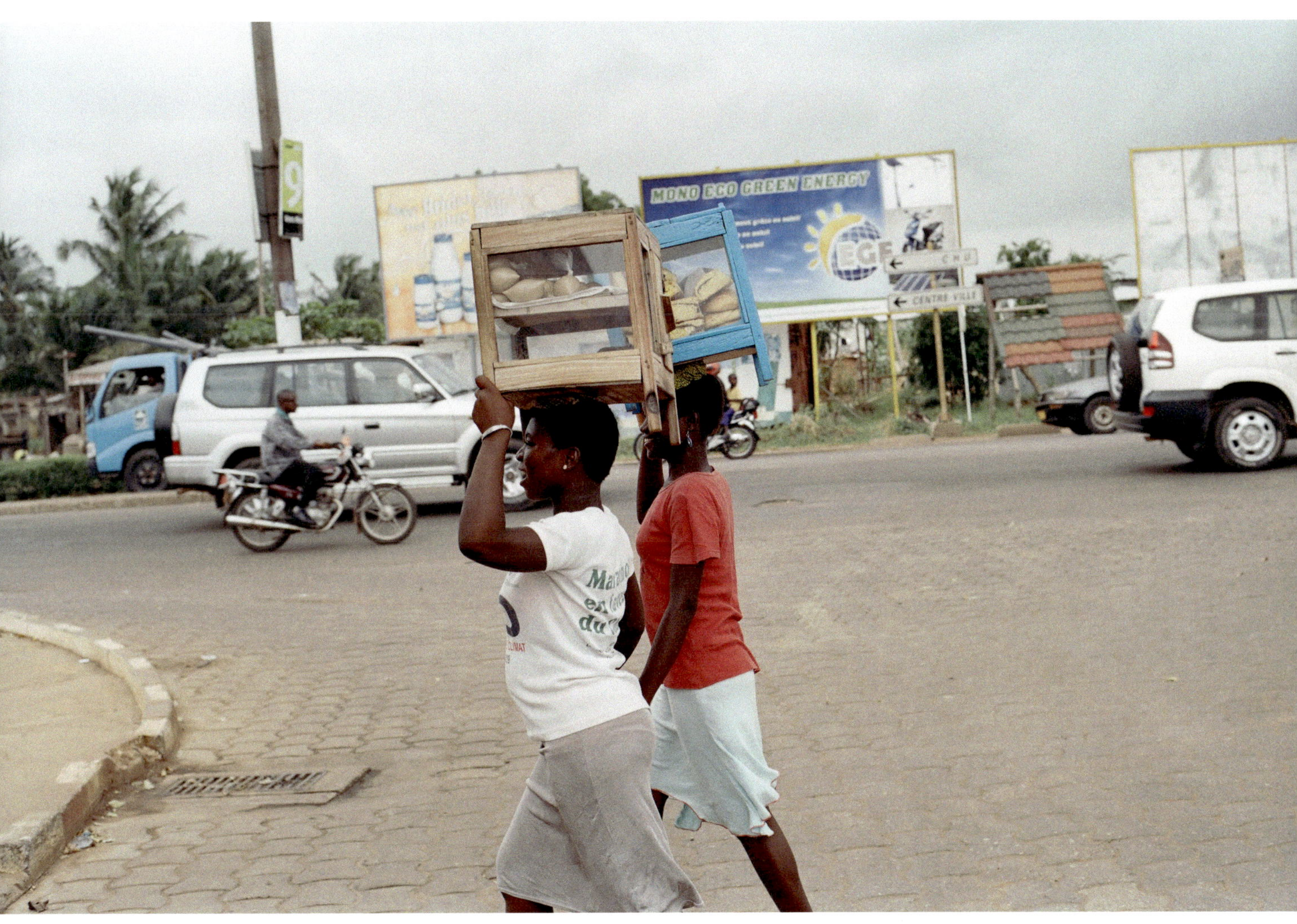

Bd du 30 Août, 2010

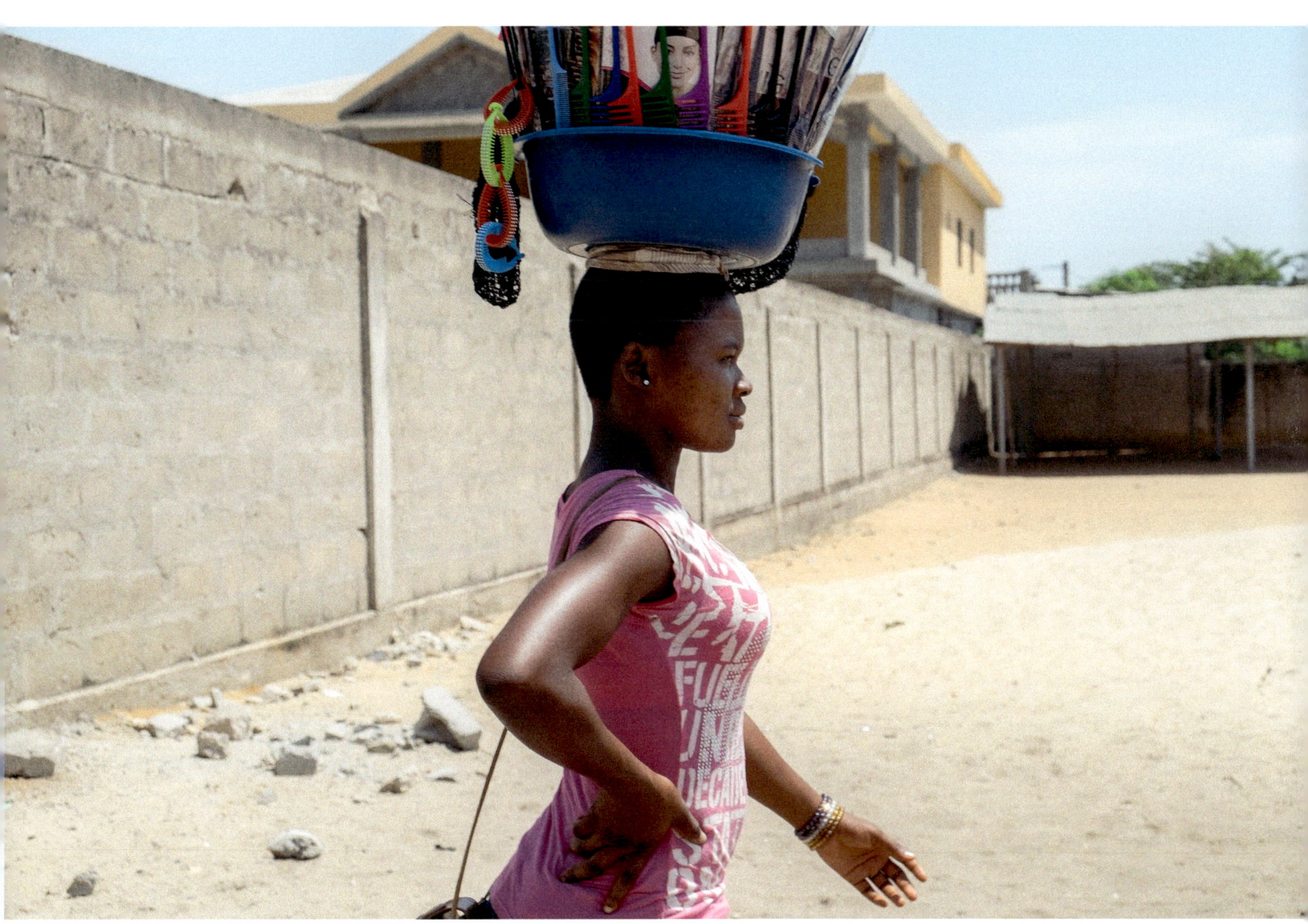

Baguida, 2015

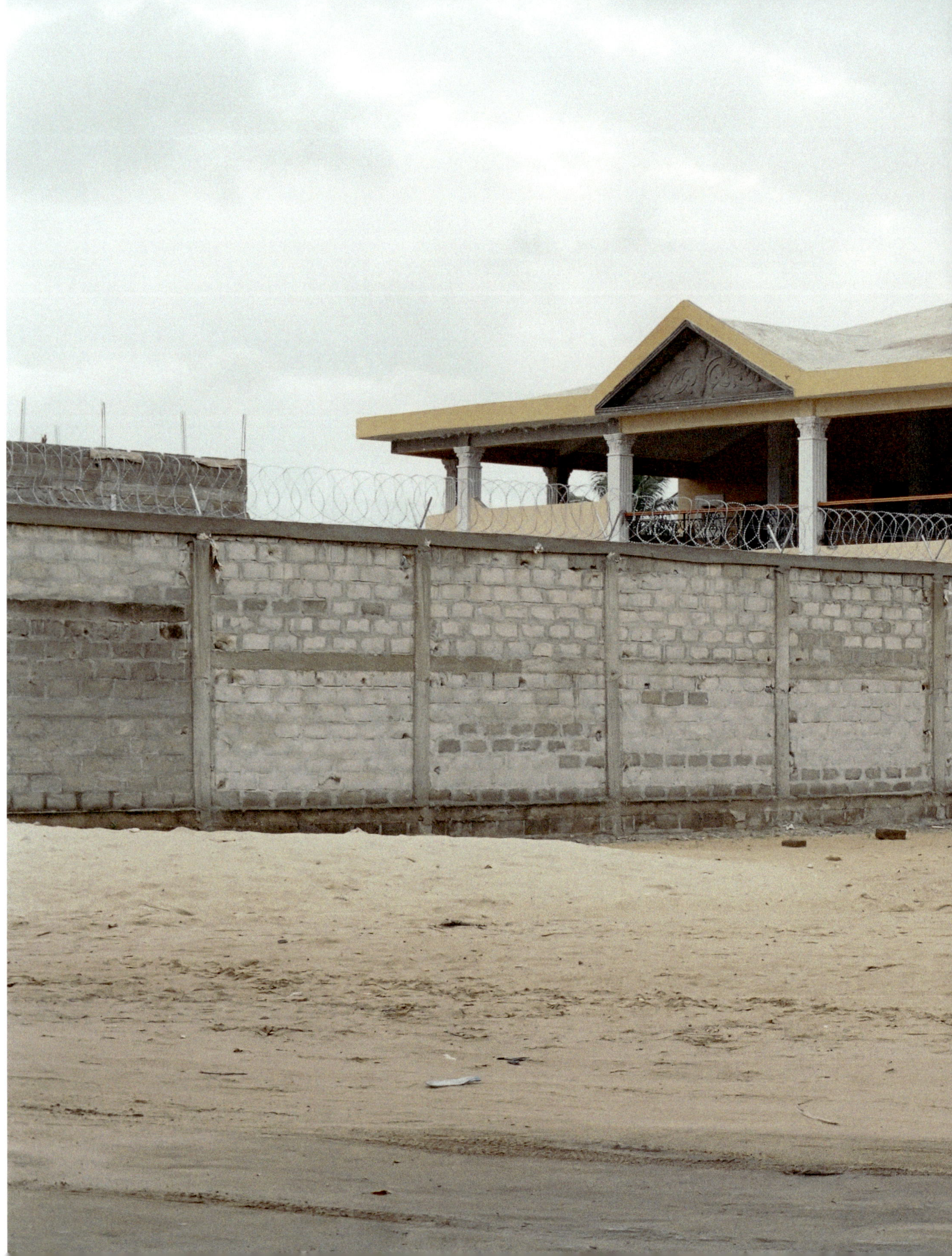

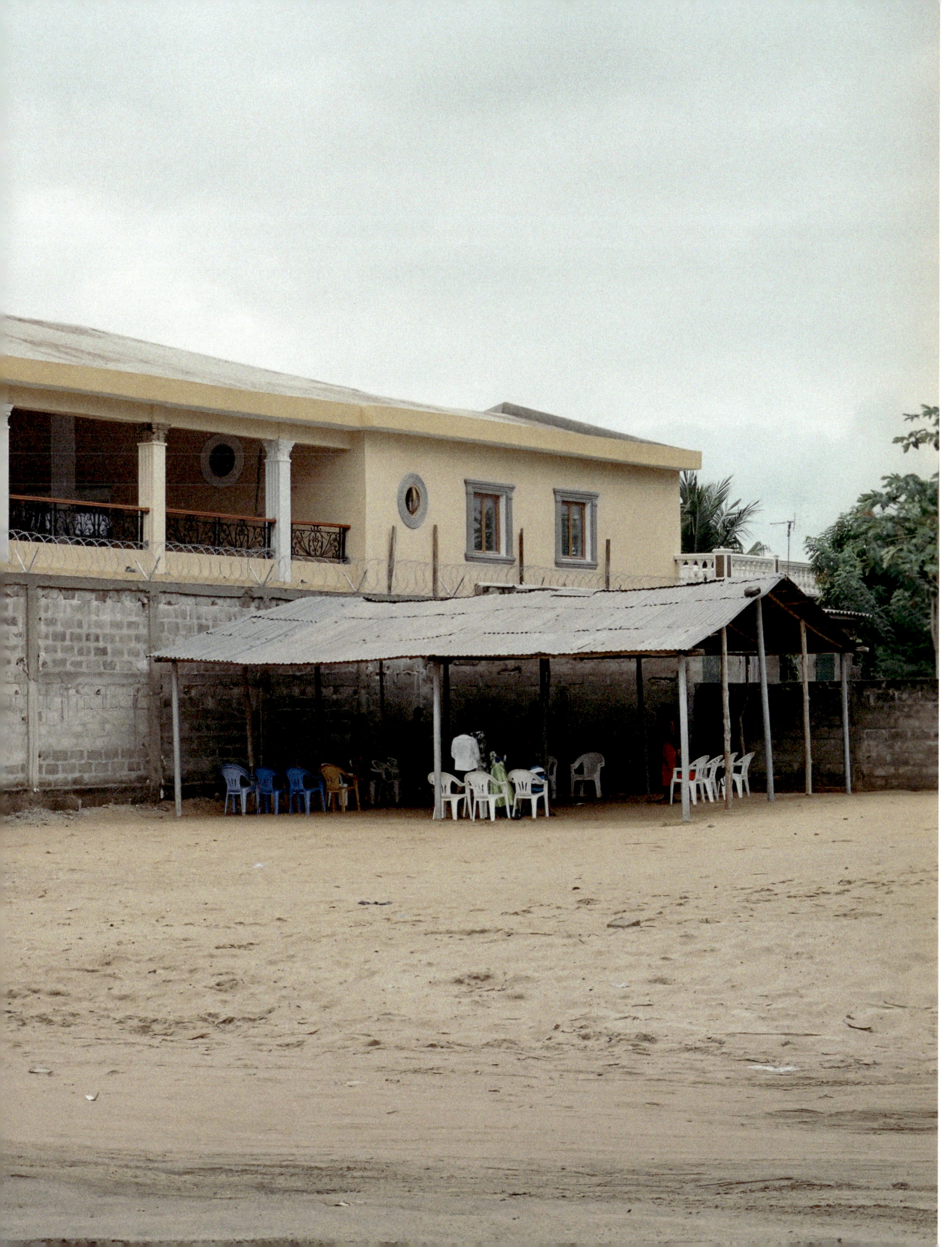

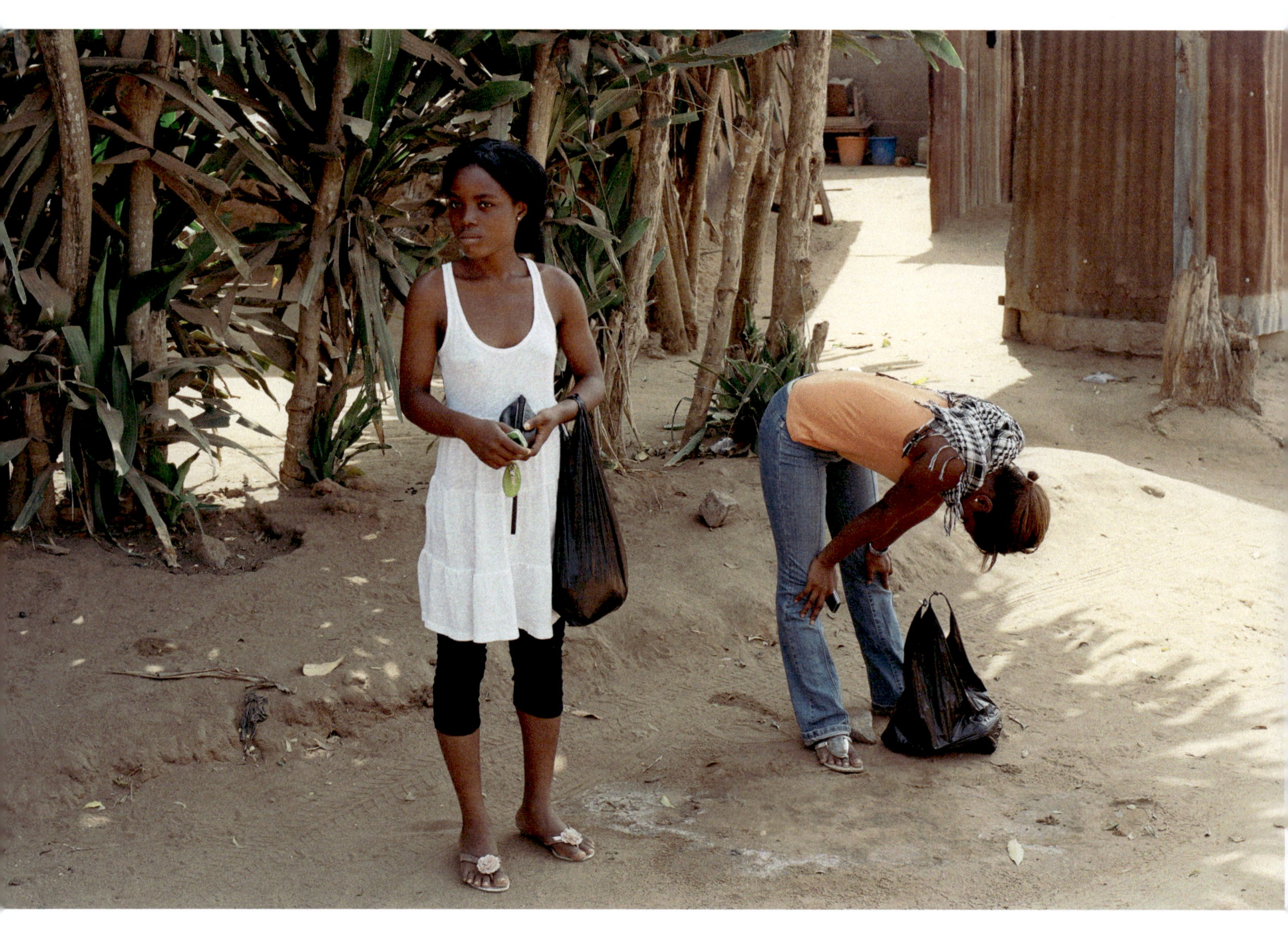

< Baguida, 2016
Adidogomé-Douane, 2011

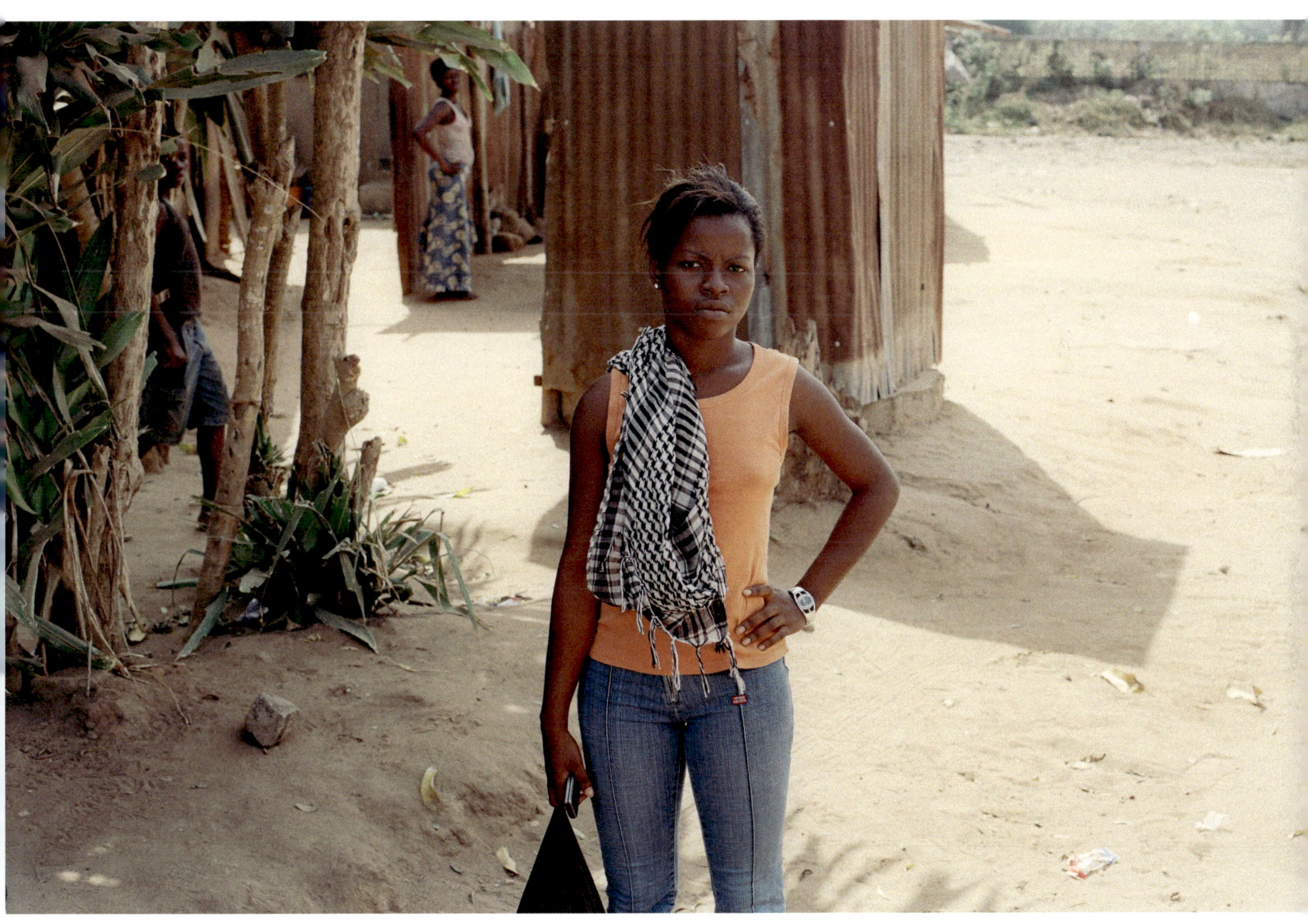

Adidogomé-Douane, 2011

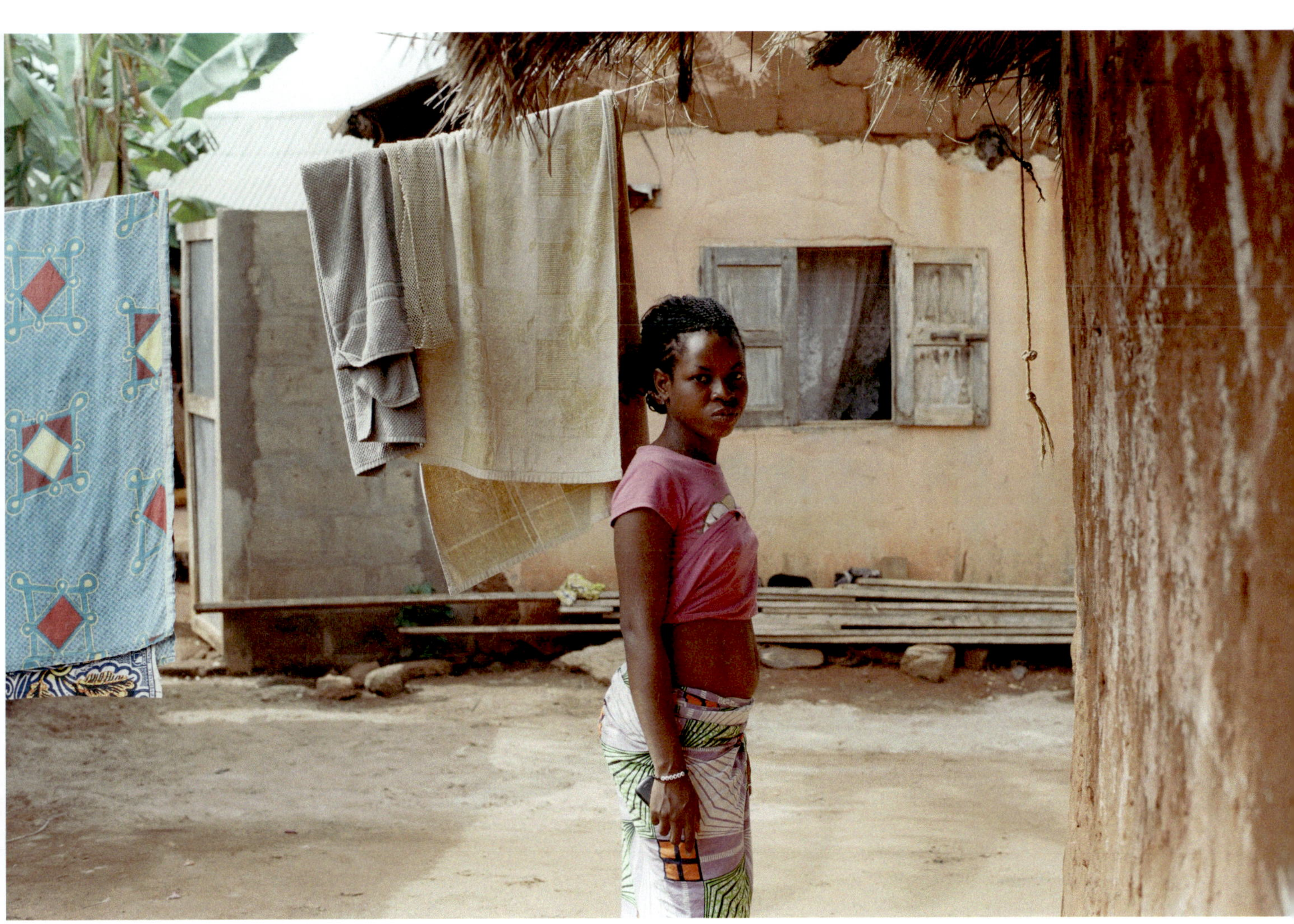

Comè, 2013

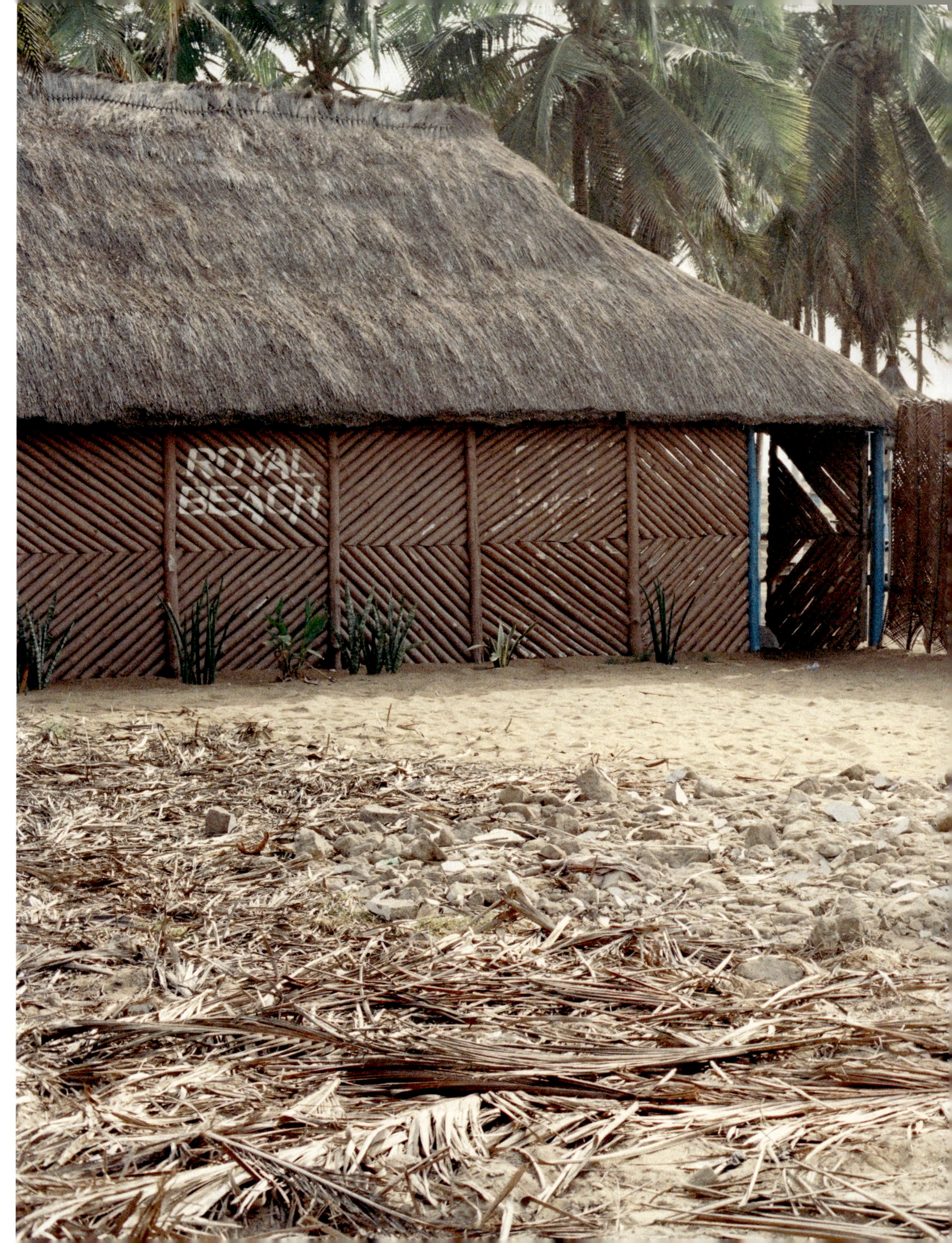
ROYAL
BEACH

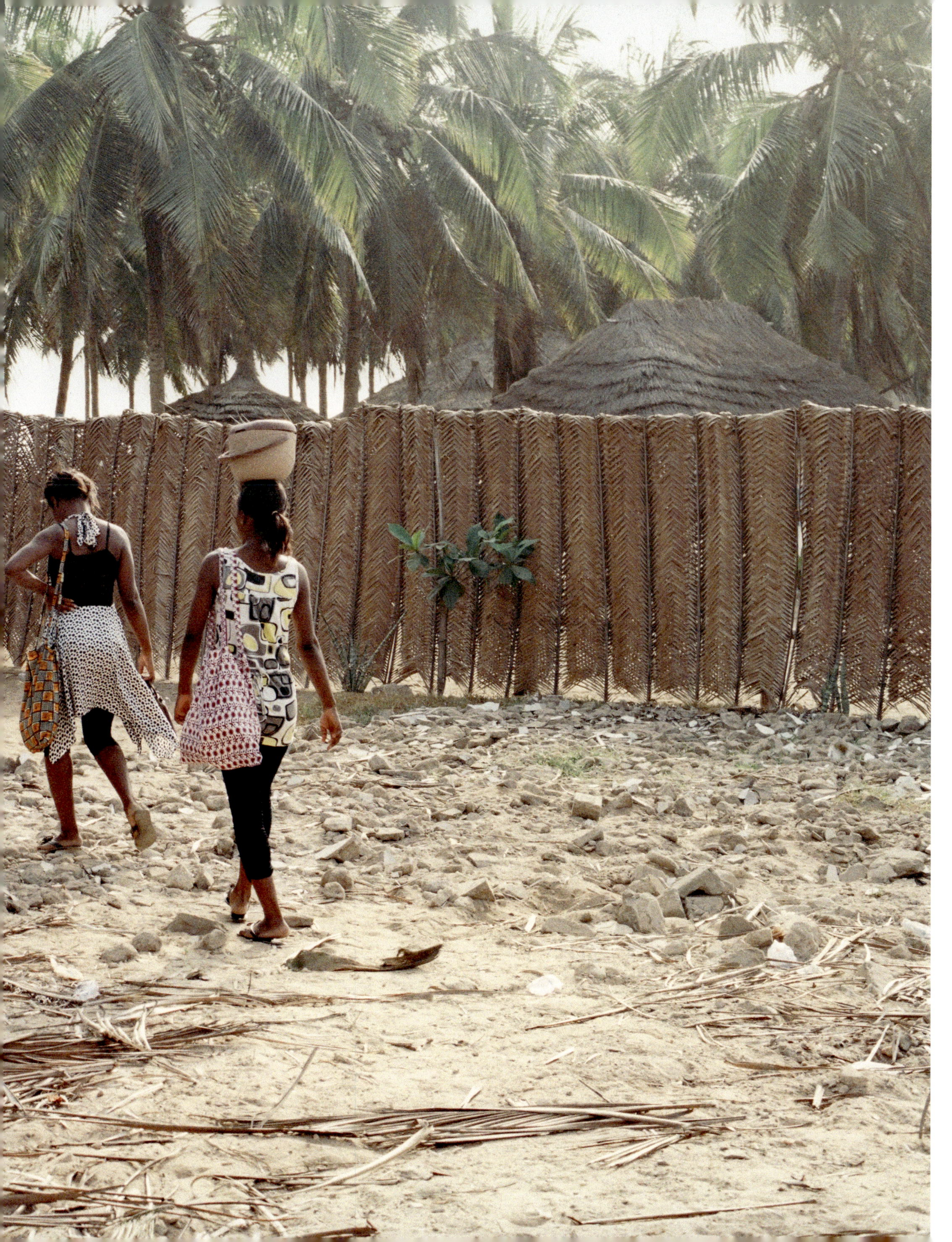

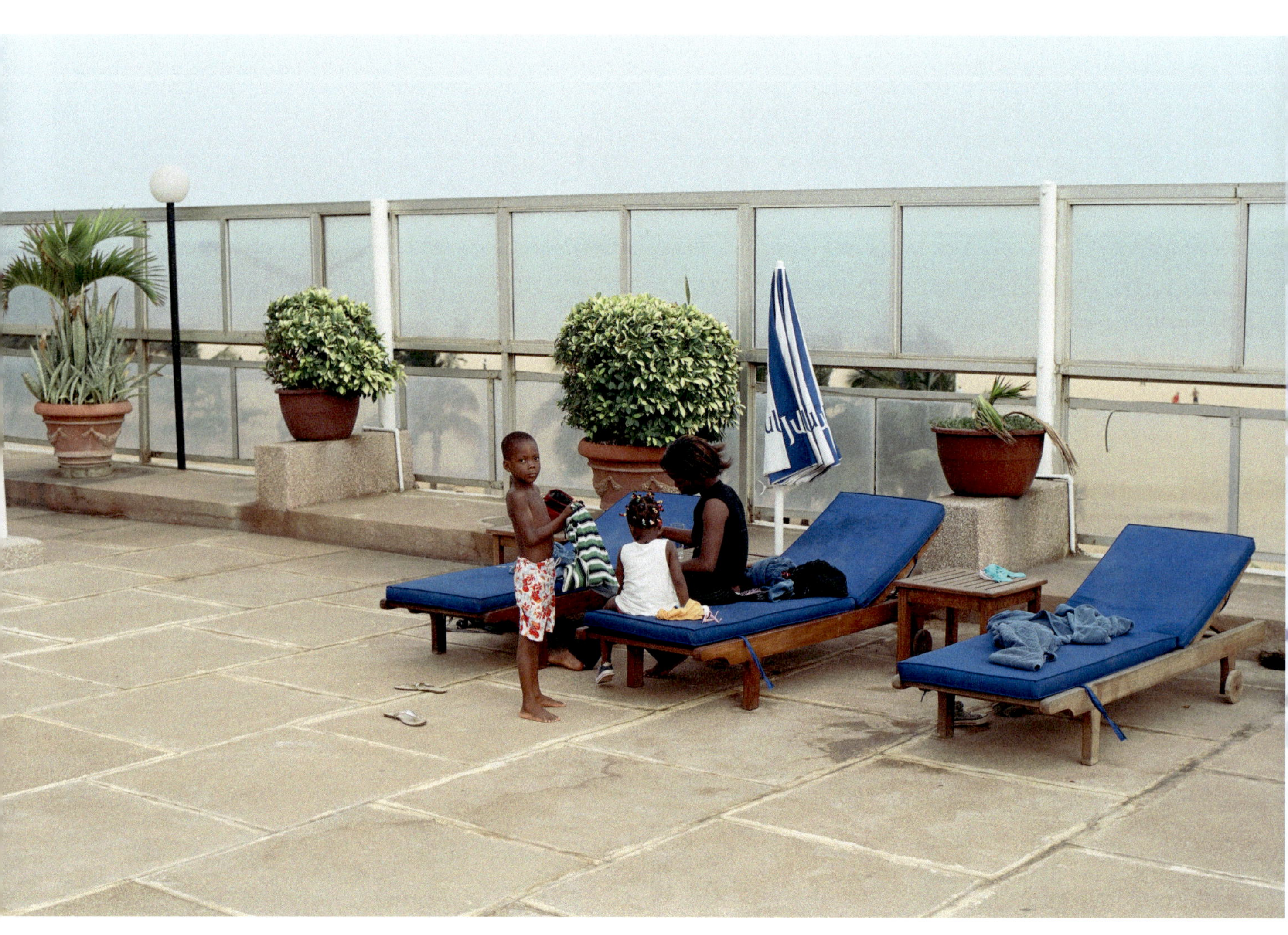

< Avépozo, 2011
Bd de la République, 2011

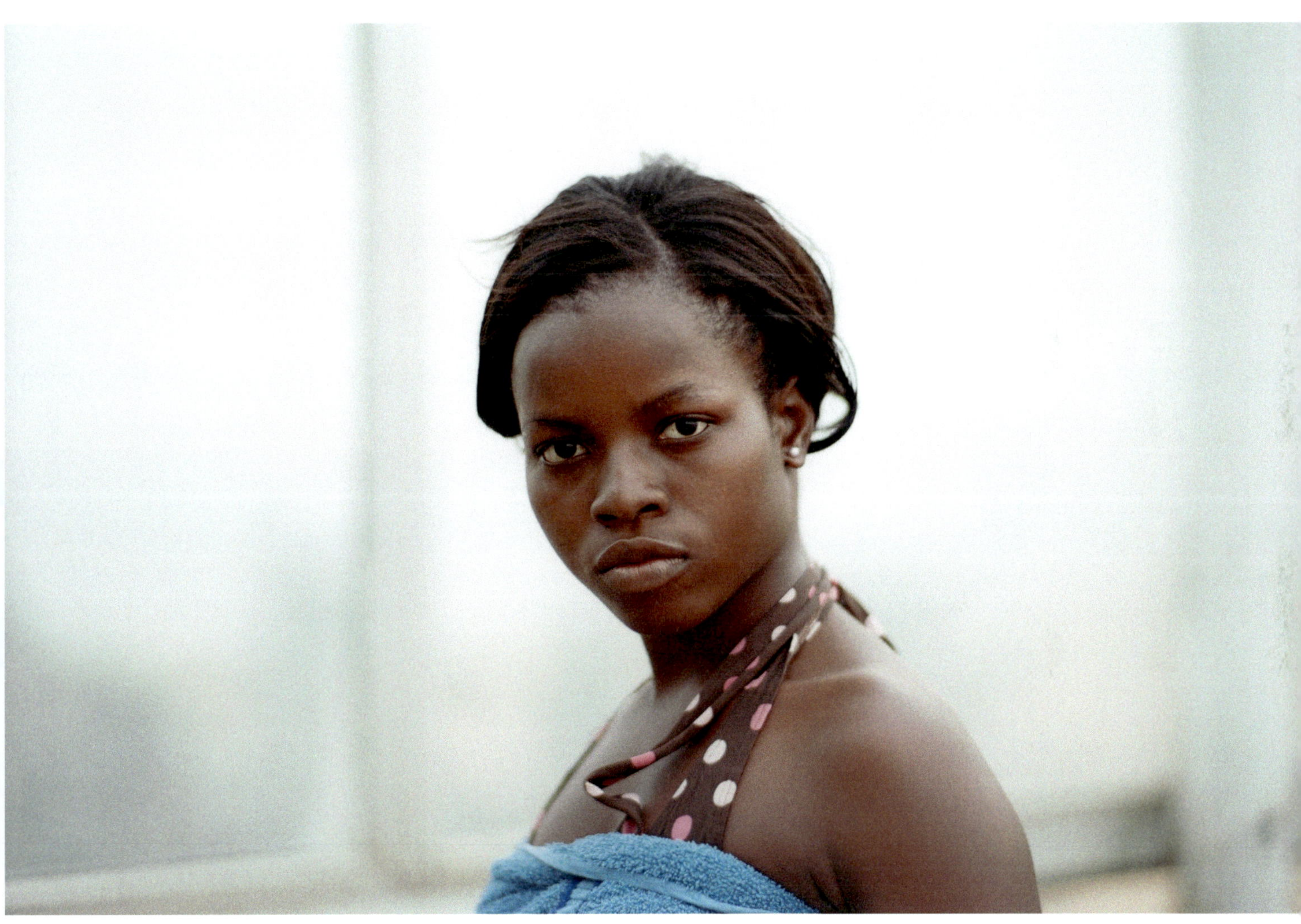

Bd de la République, 2011

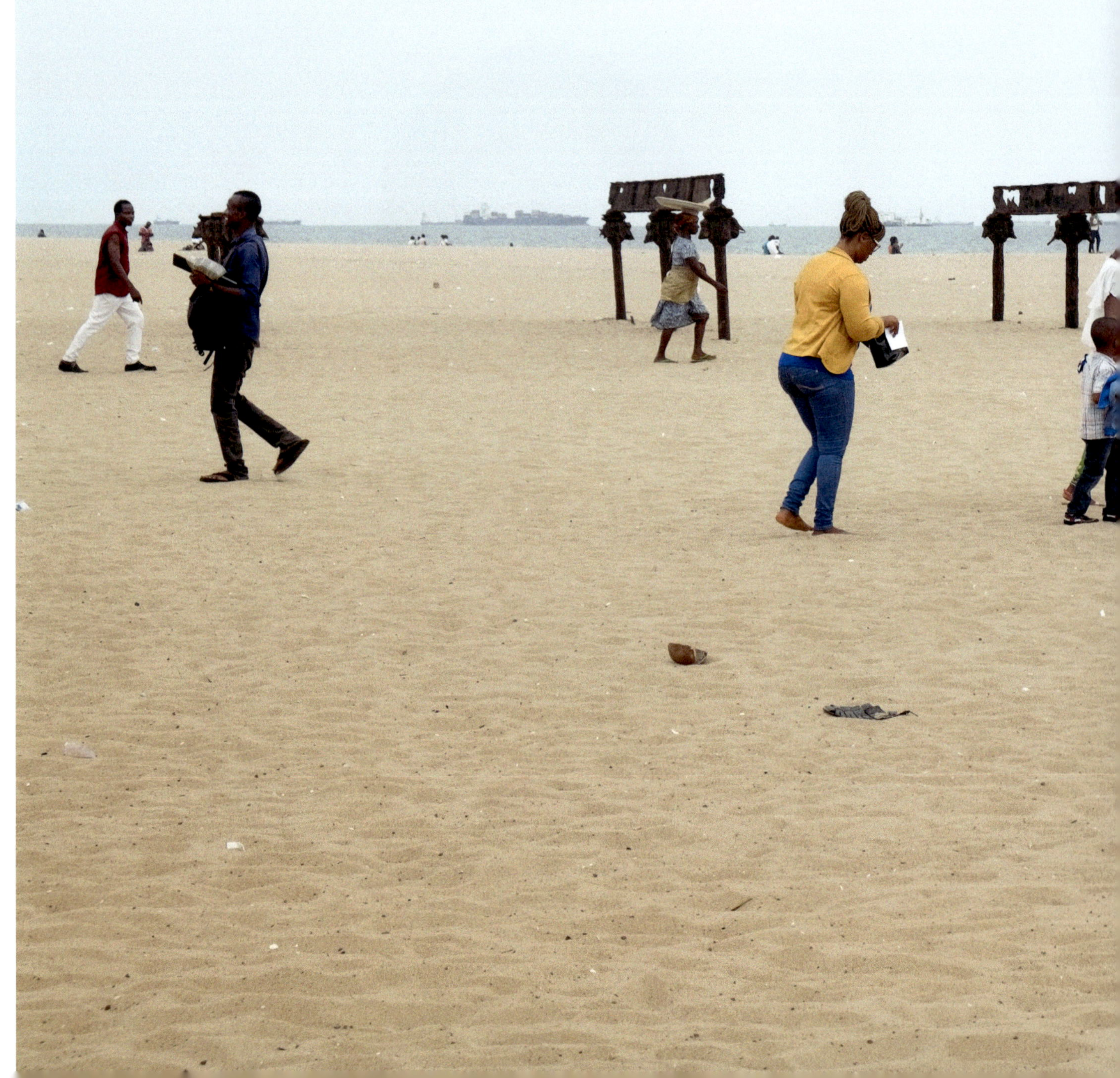

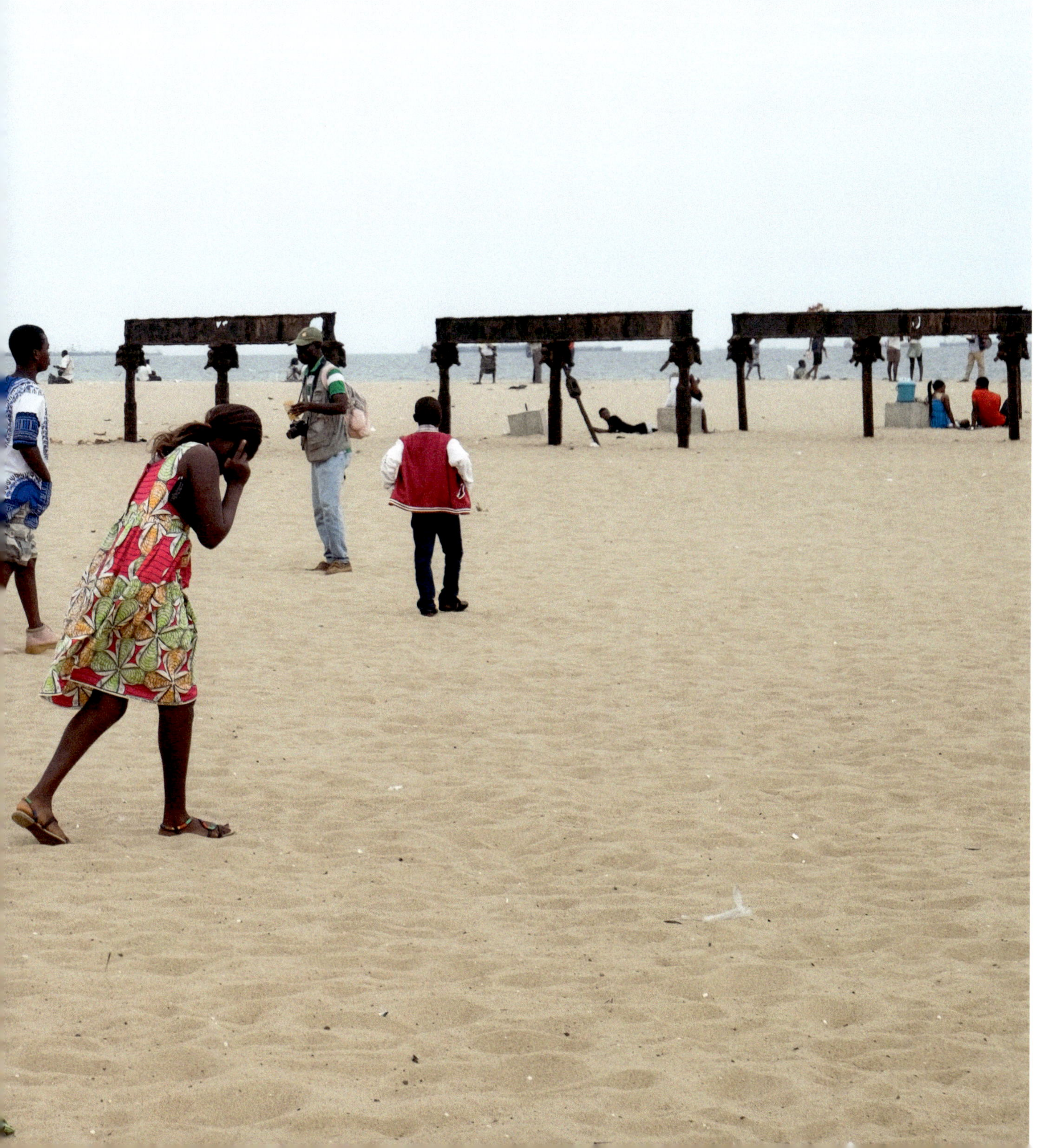

< Bd de la République, 2015

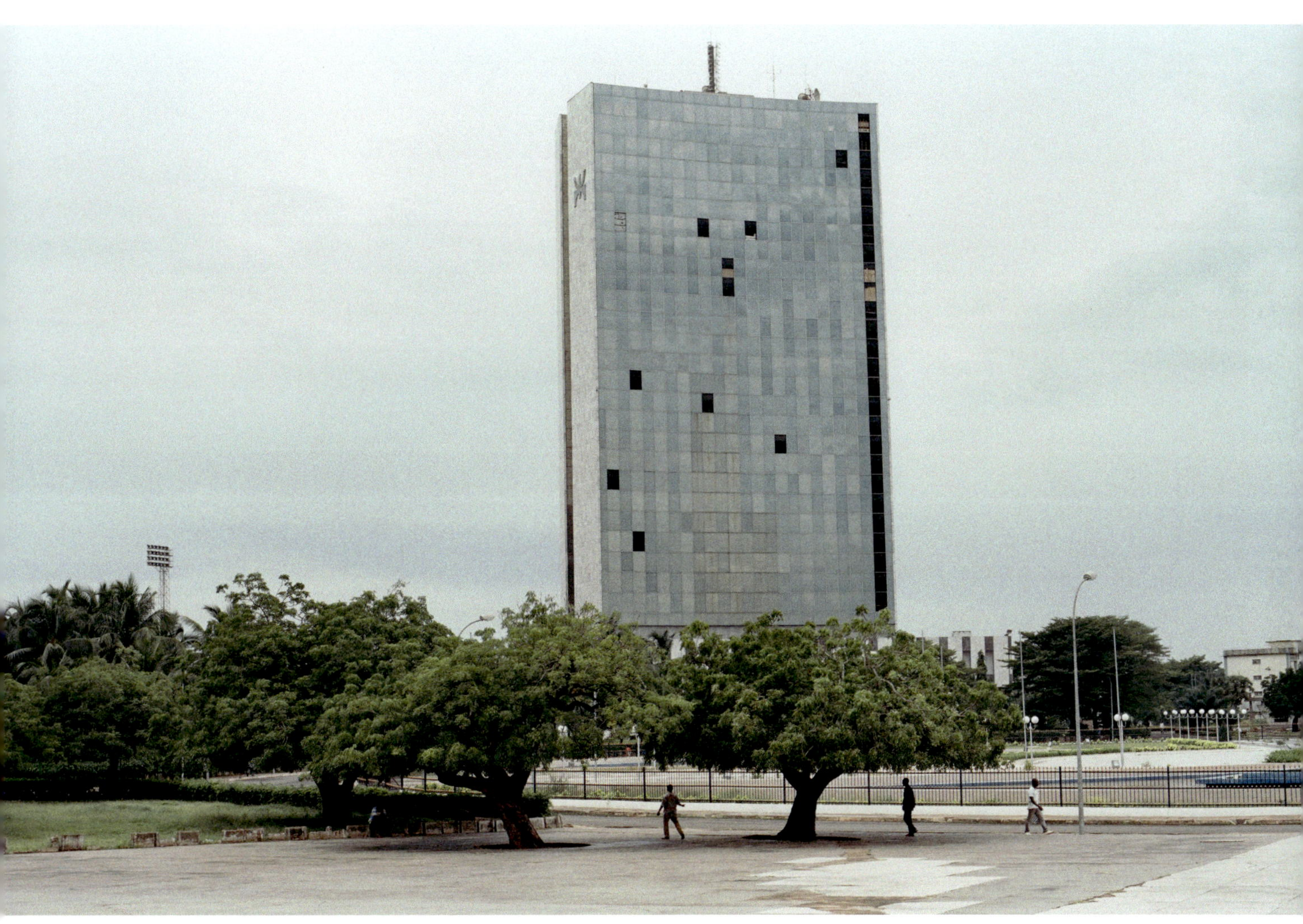

Place de l'Indépendance, 2010

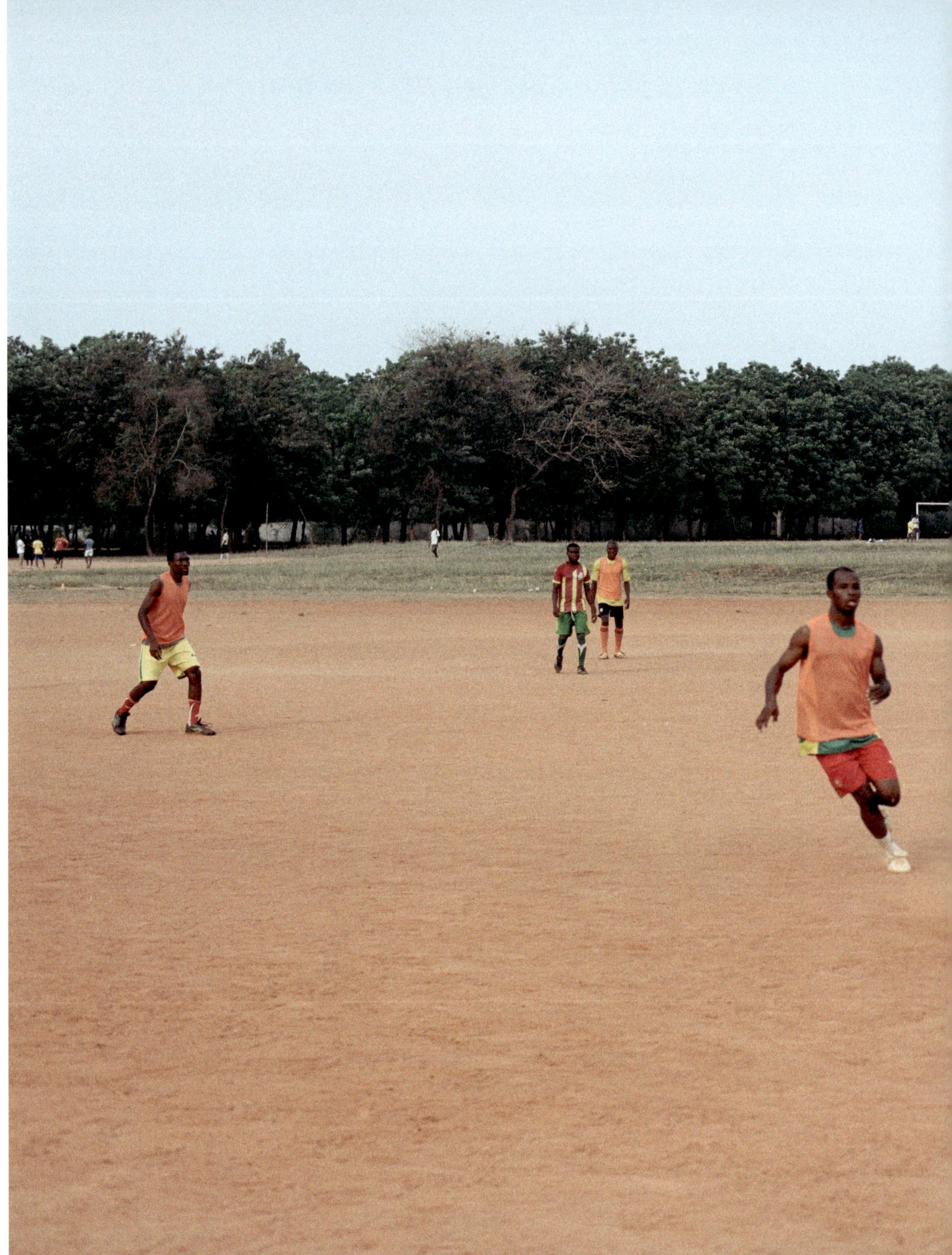

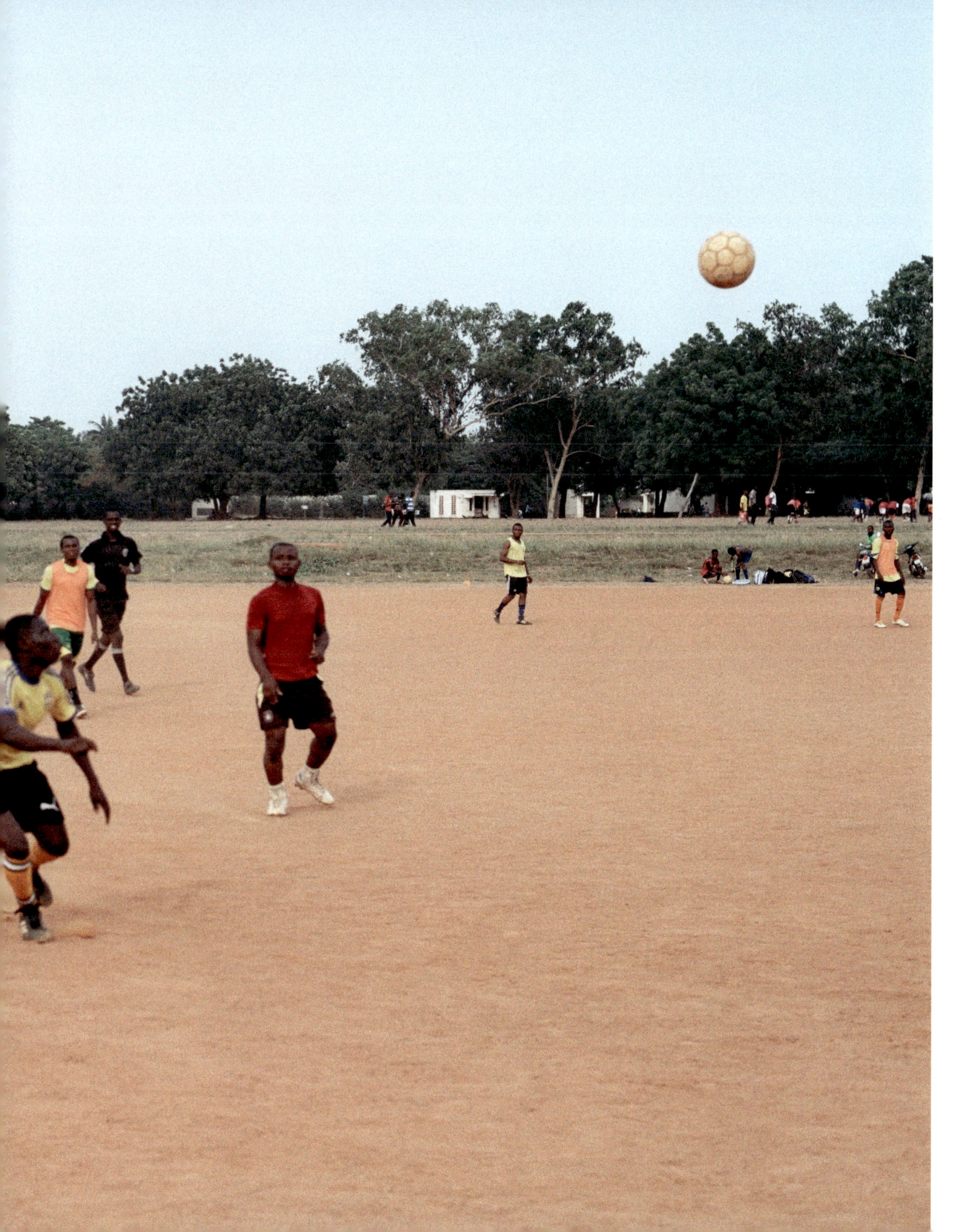

< Université de Lomé, 2011

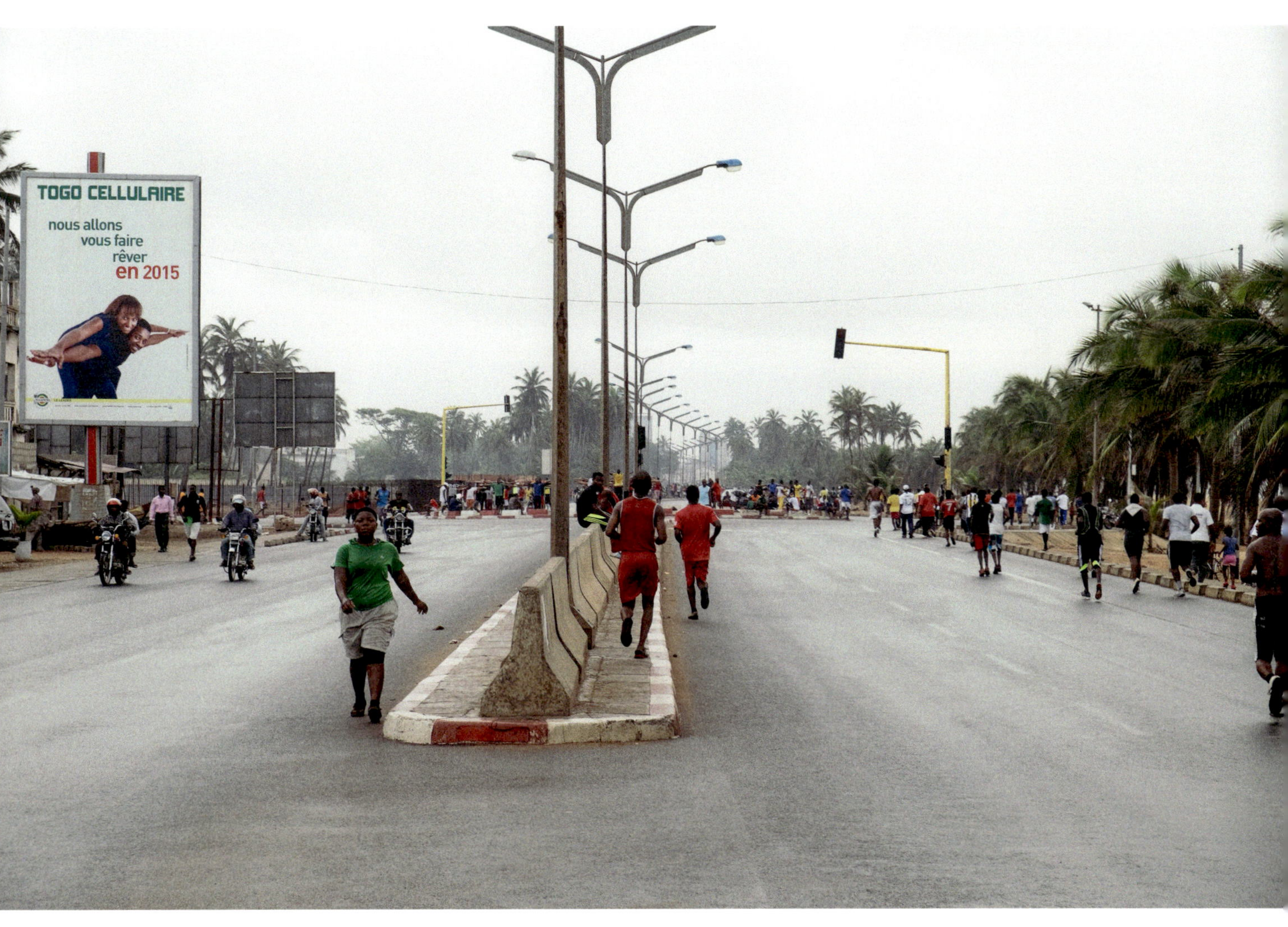

Bd de la République, 2015

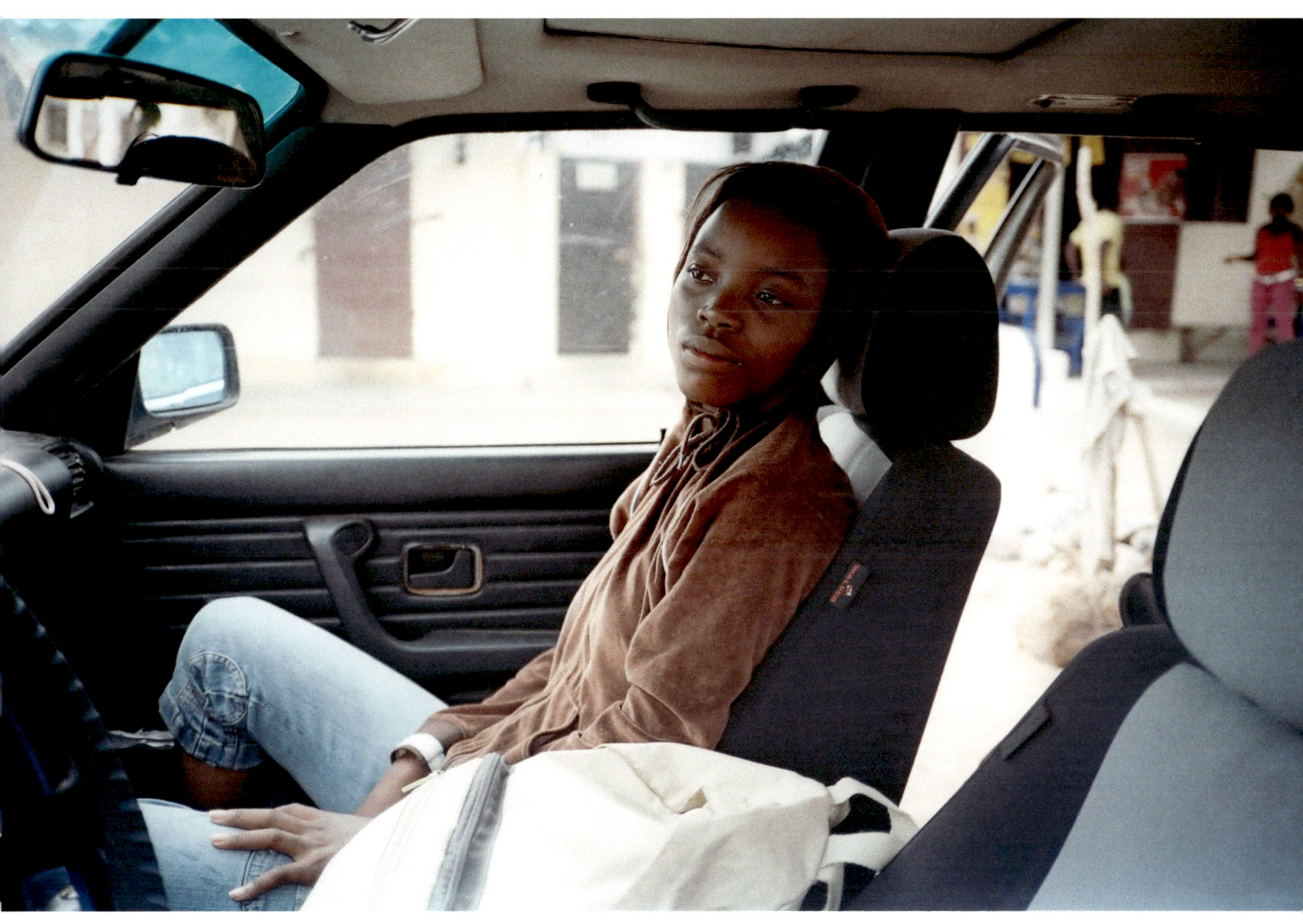

Avépozo, 2009

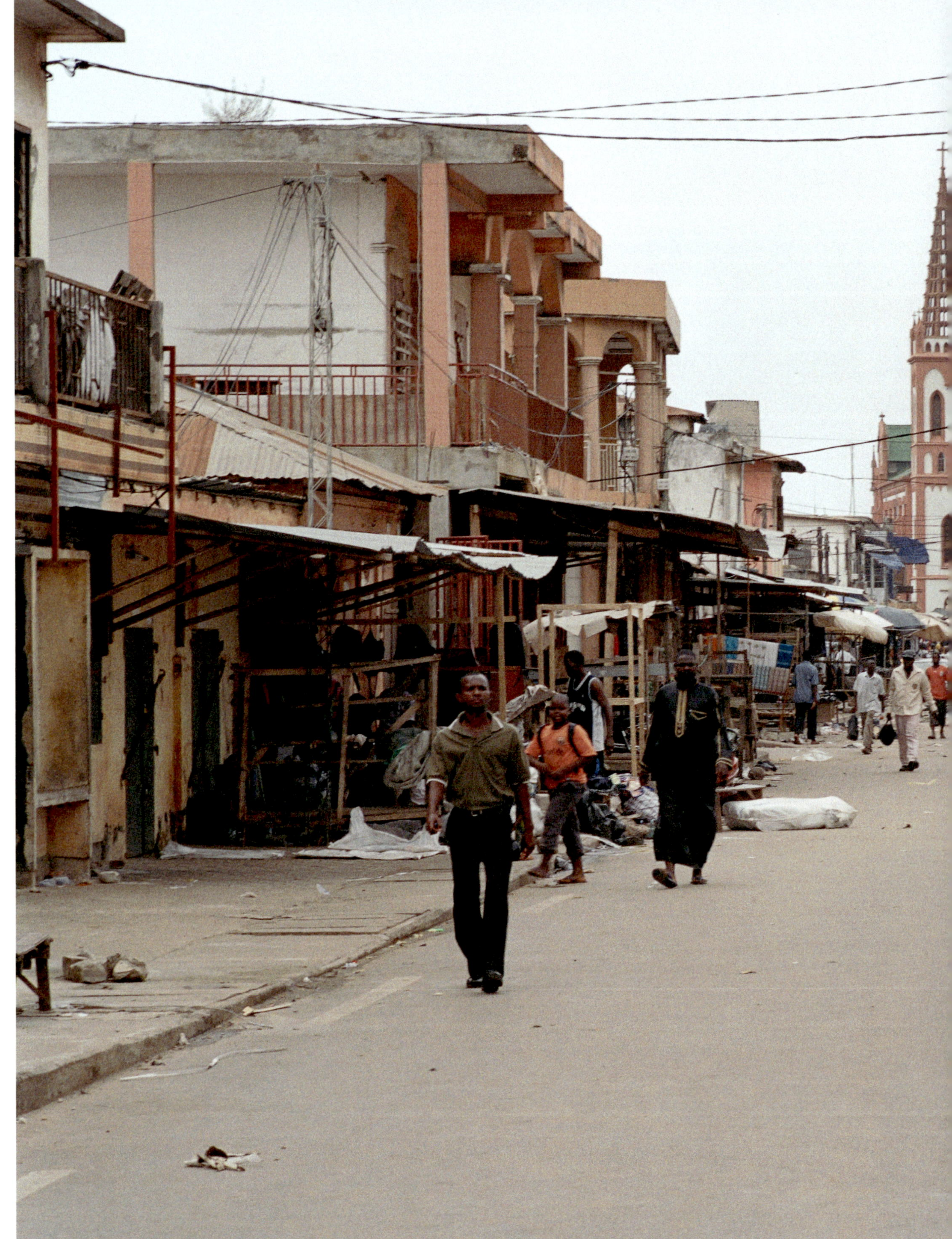

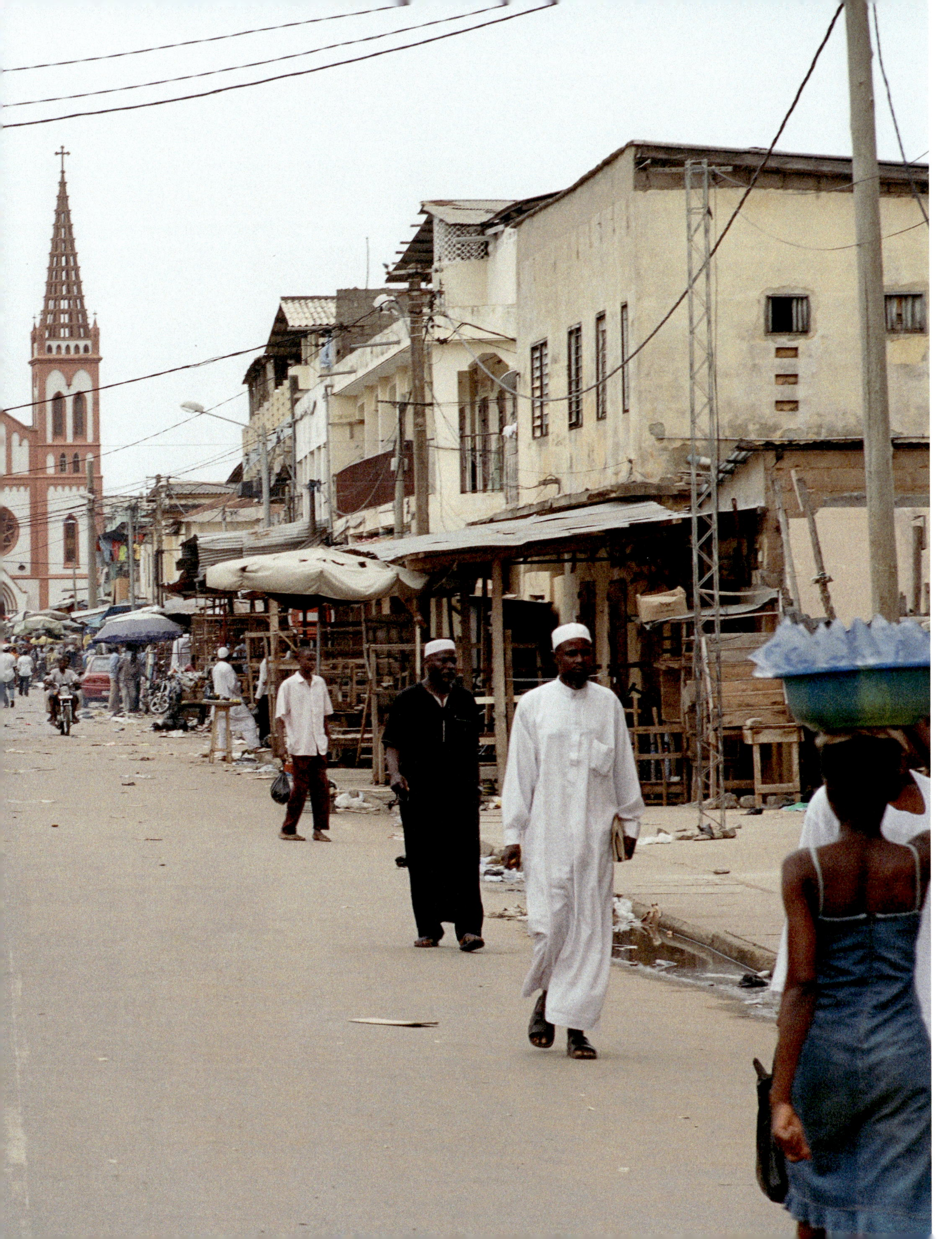

< Rue de l'Eglise, 2010

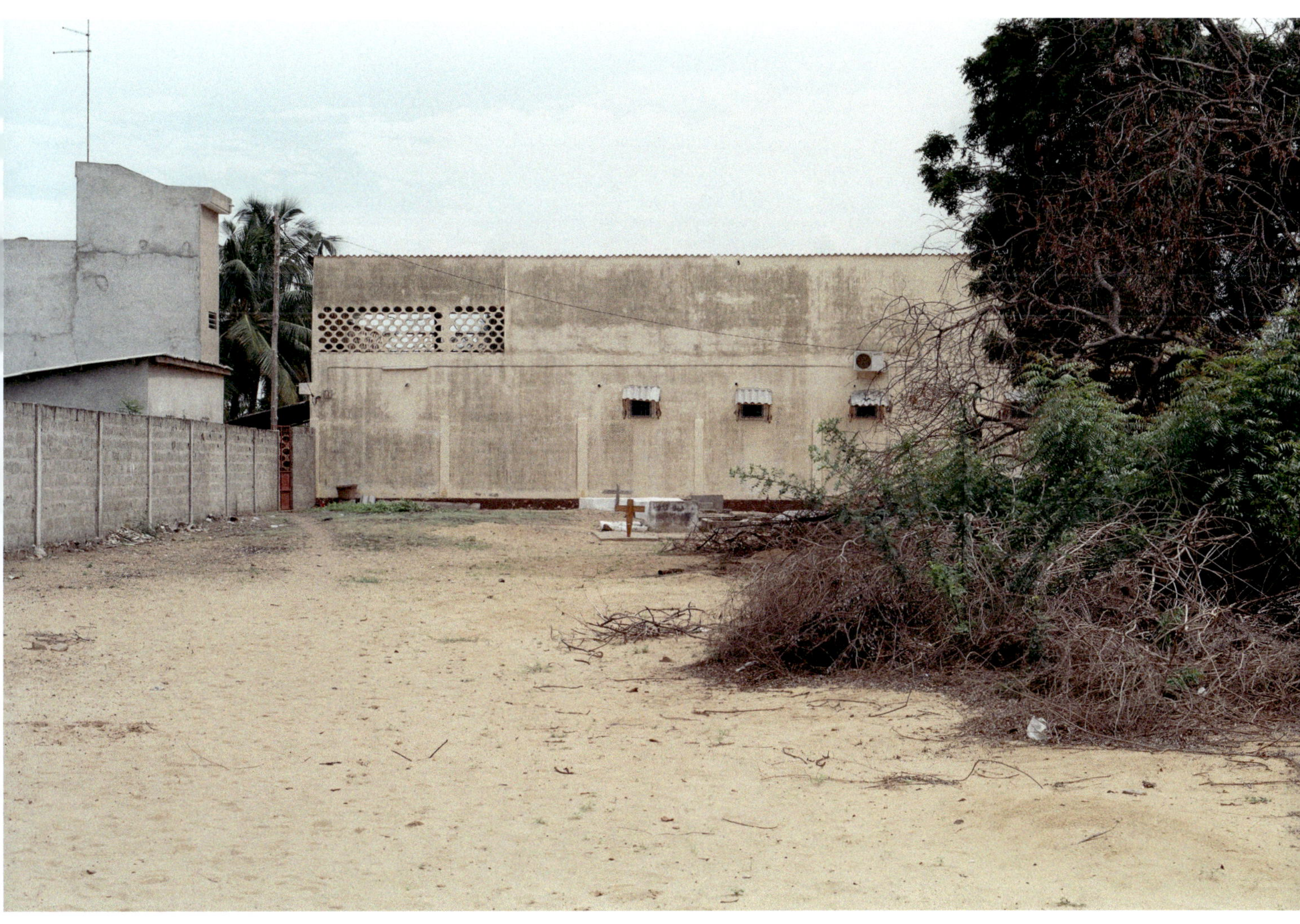

Baguida, 2013

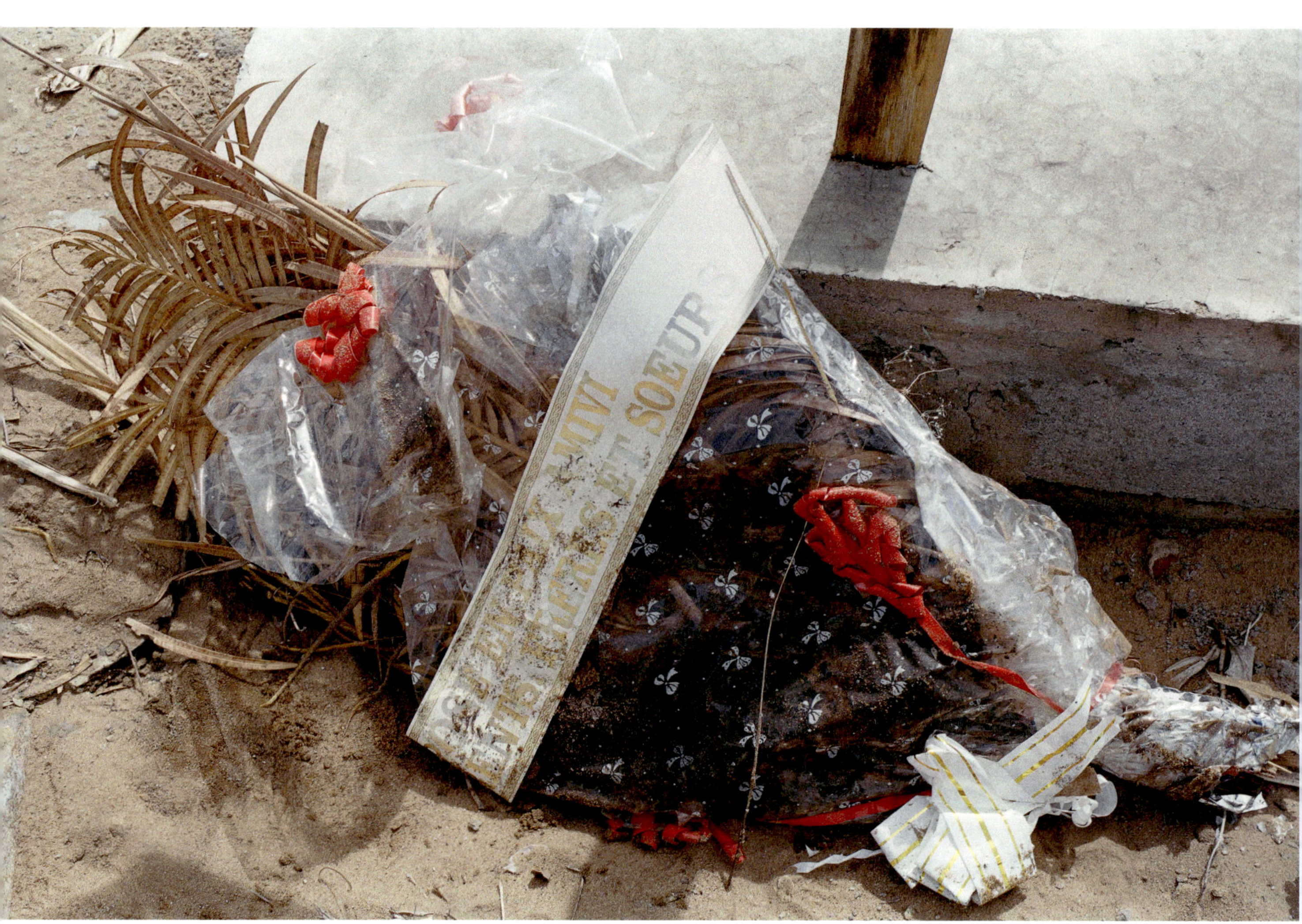

Baguida, 2013

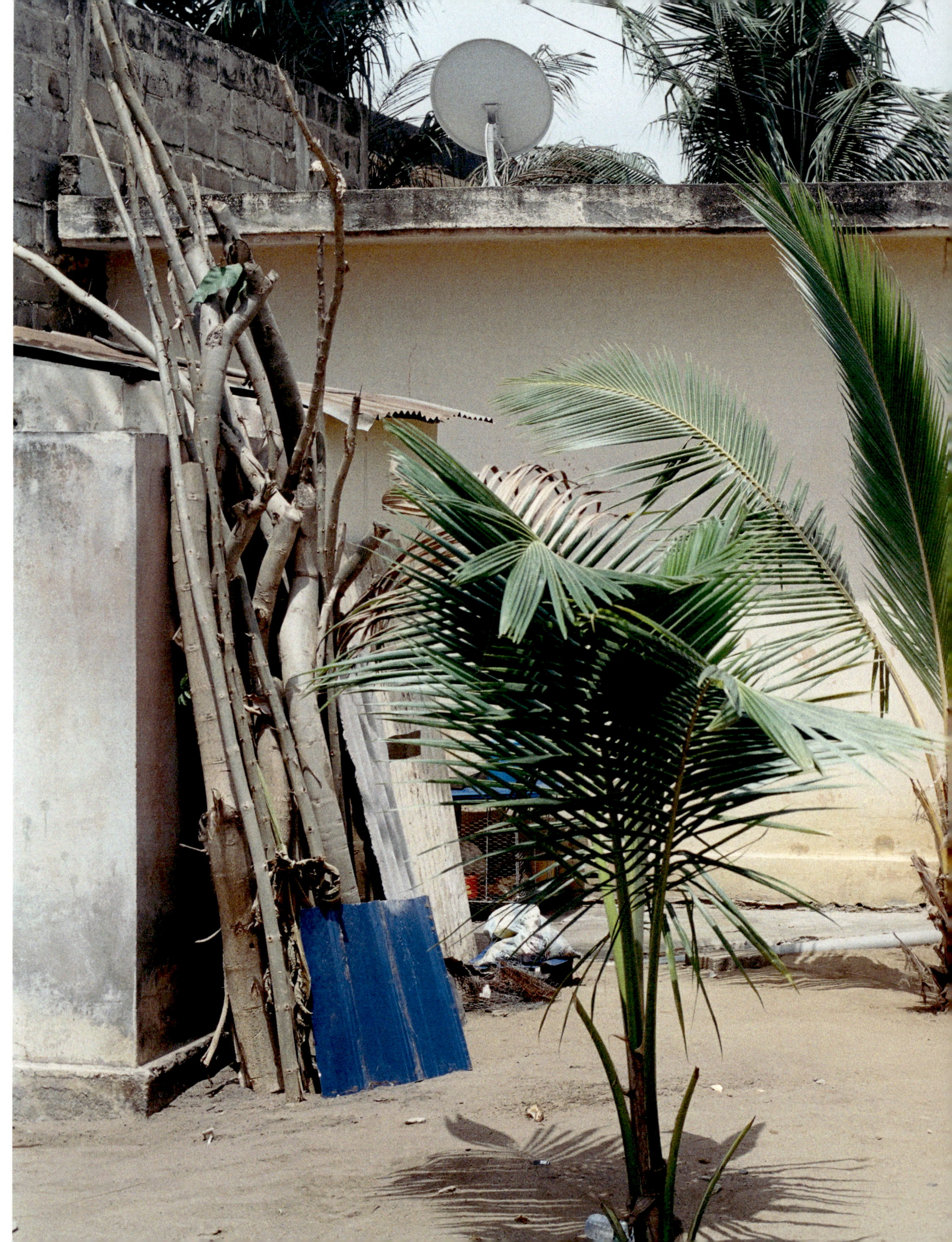

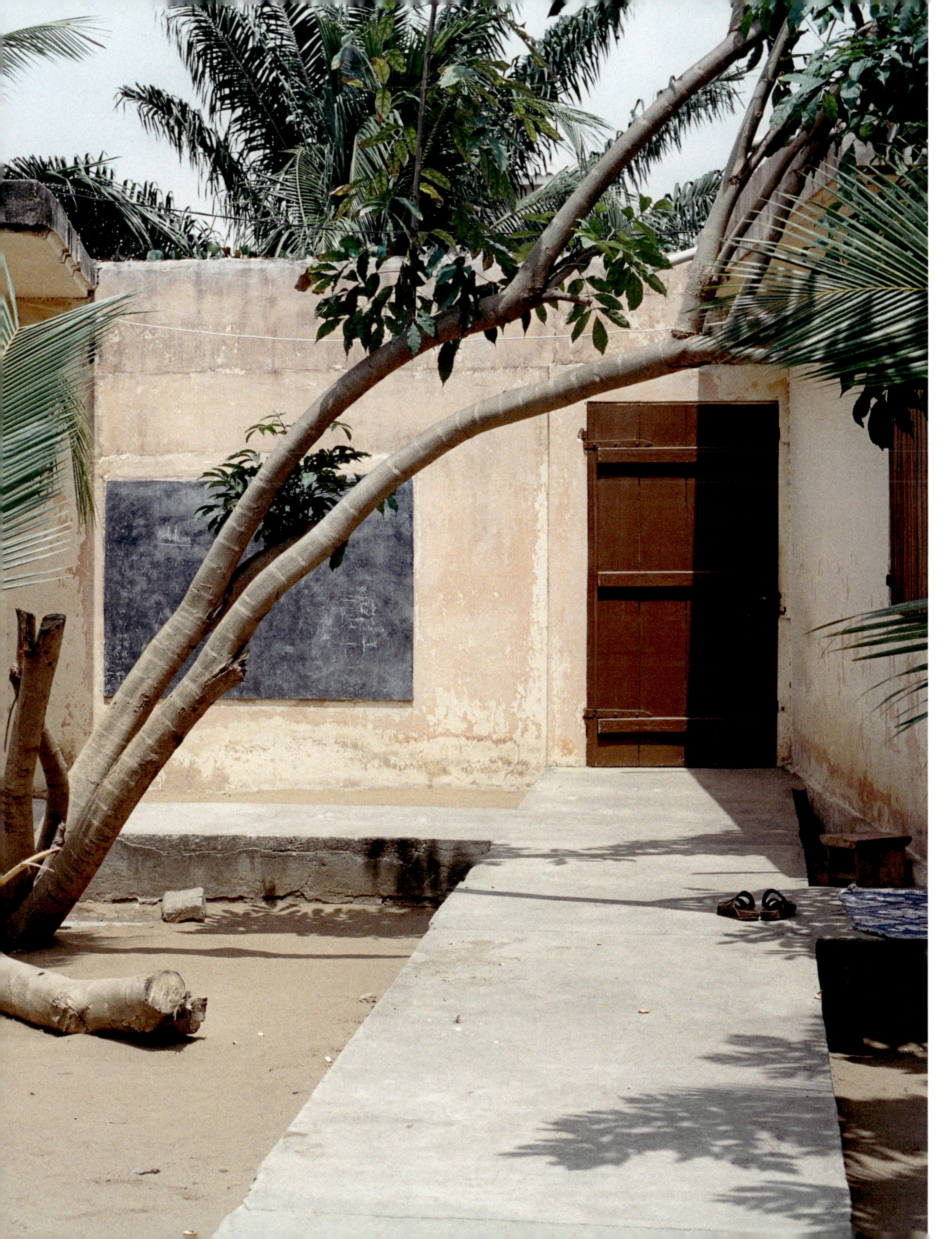

< Baguida, 2015

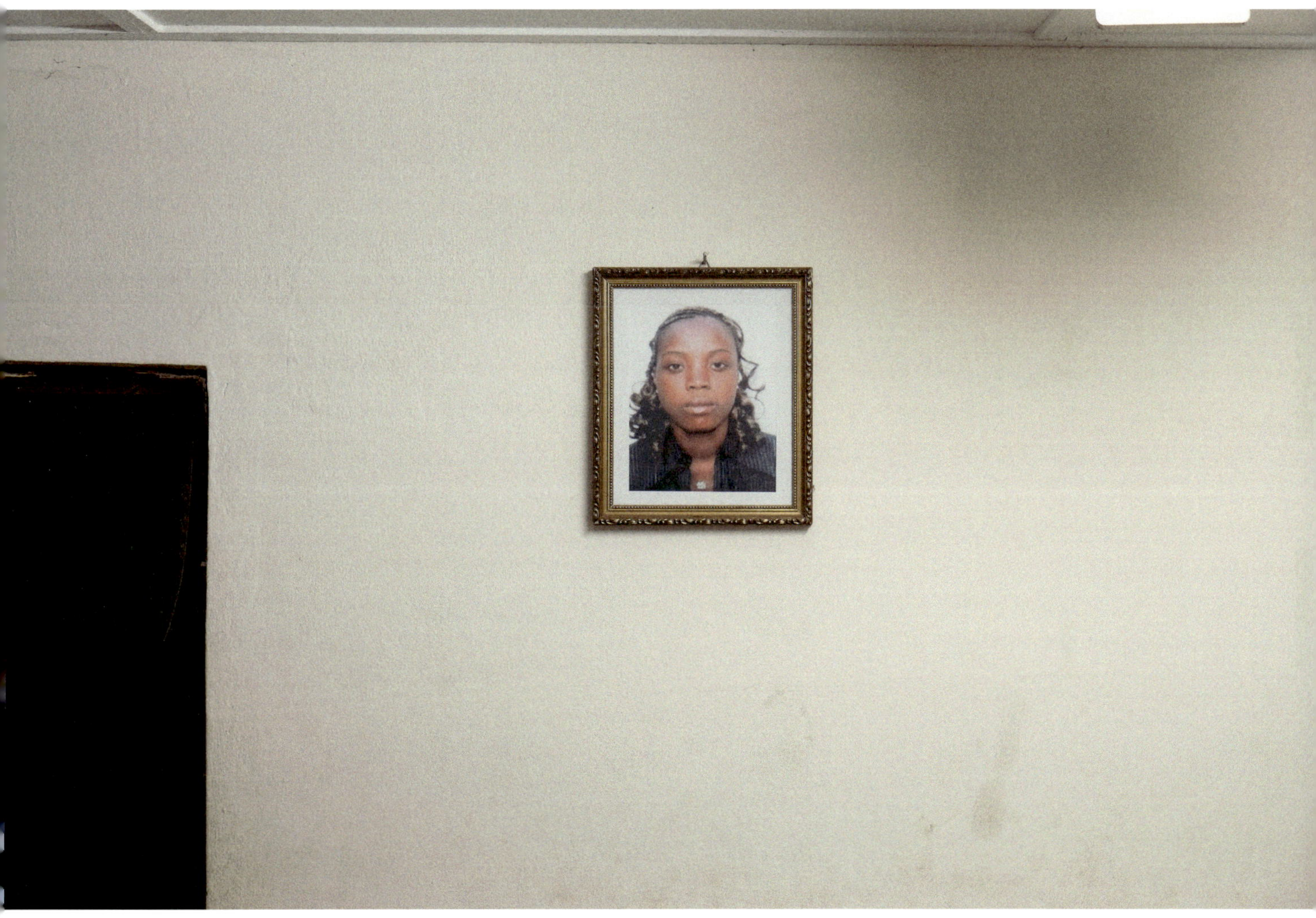

Baguida, 2016

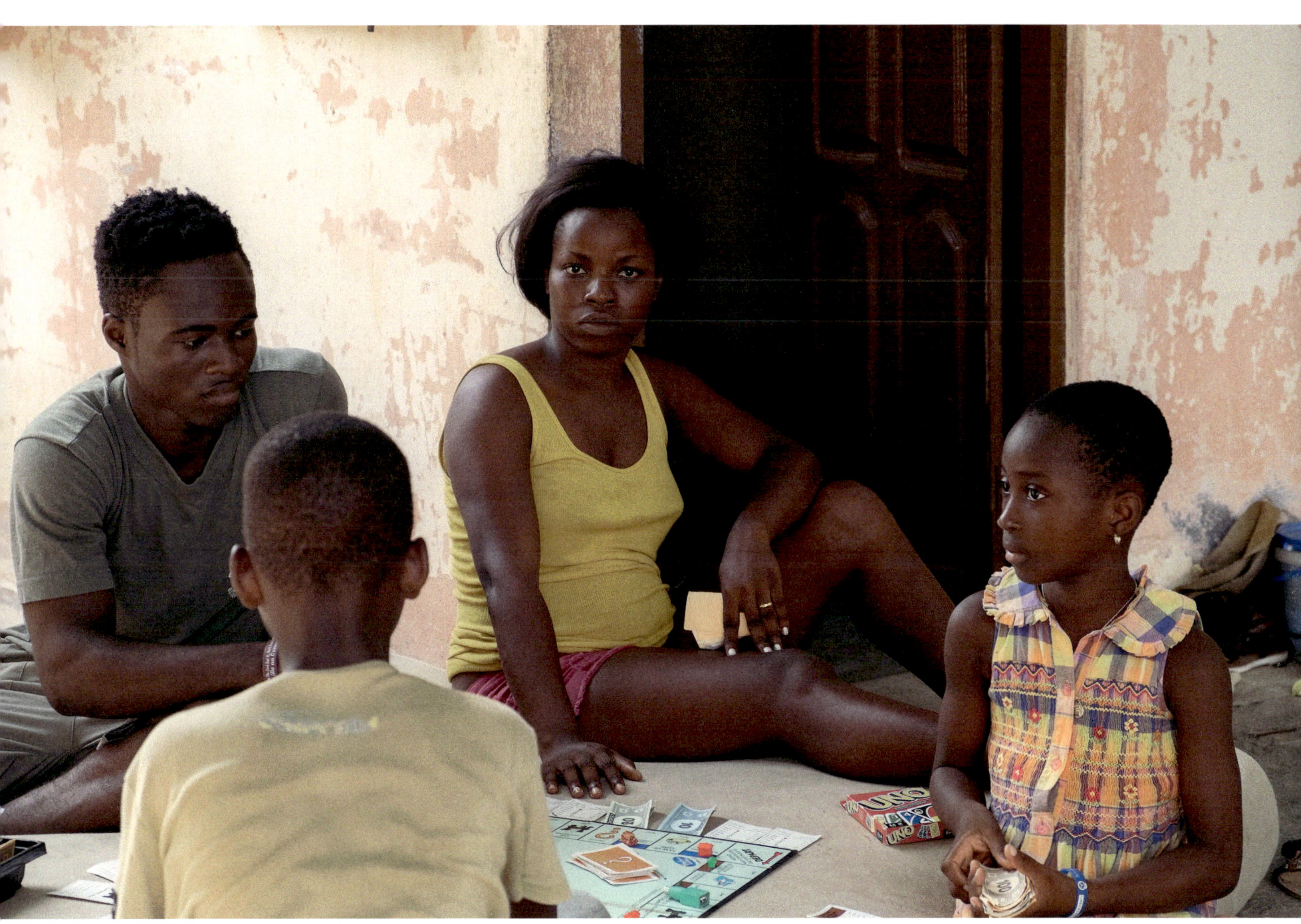

Baguida, 2016

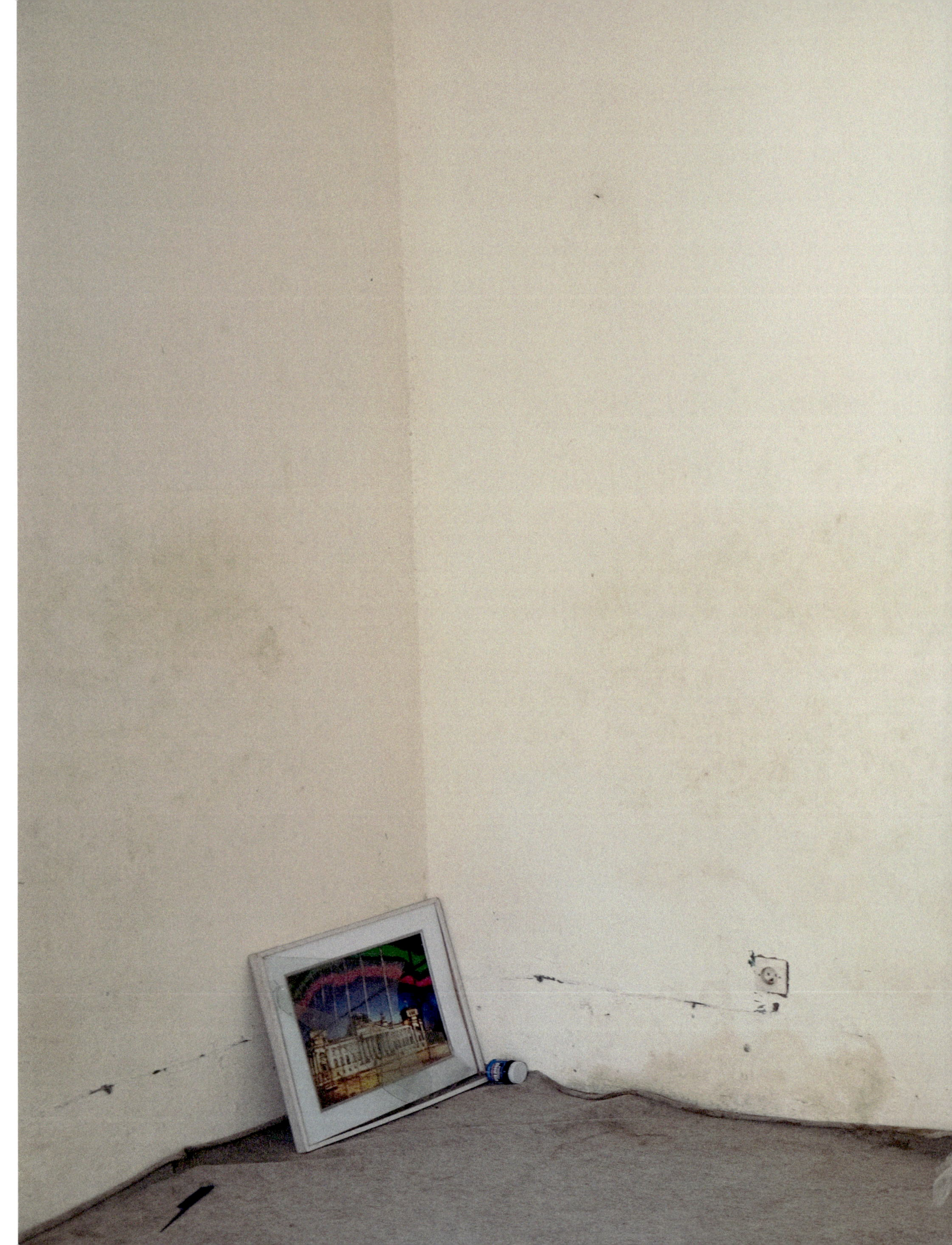

< Baguida, 2015

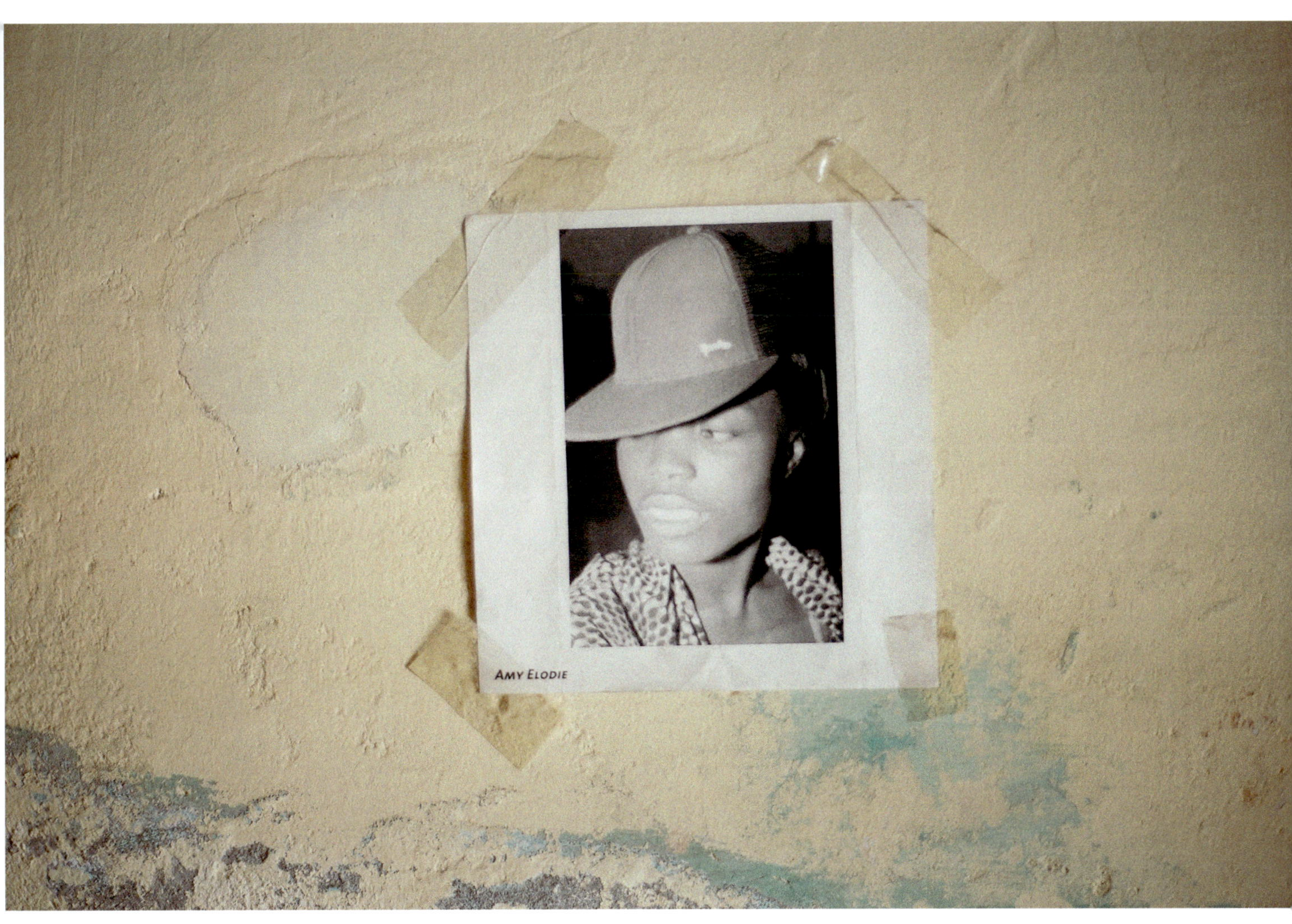

Rue Kpélé, 2011

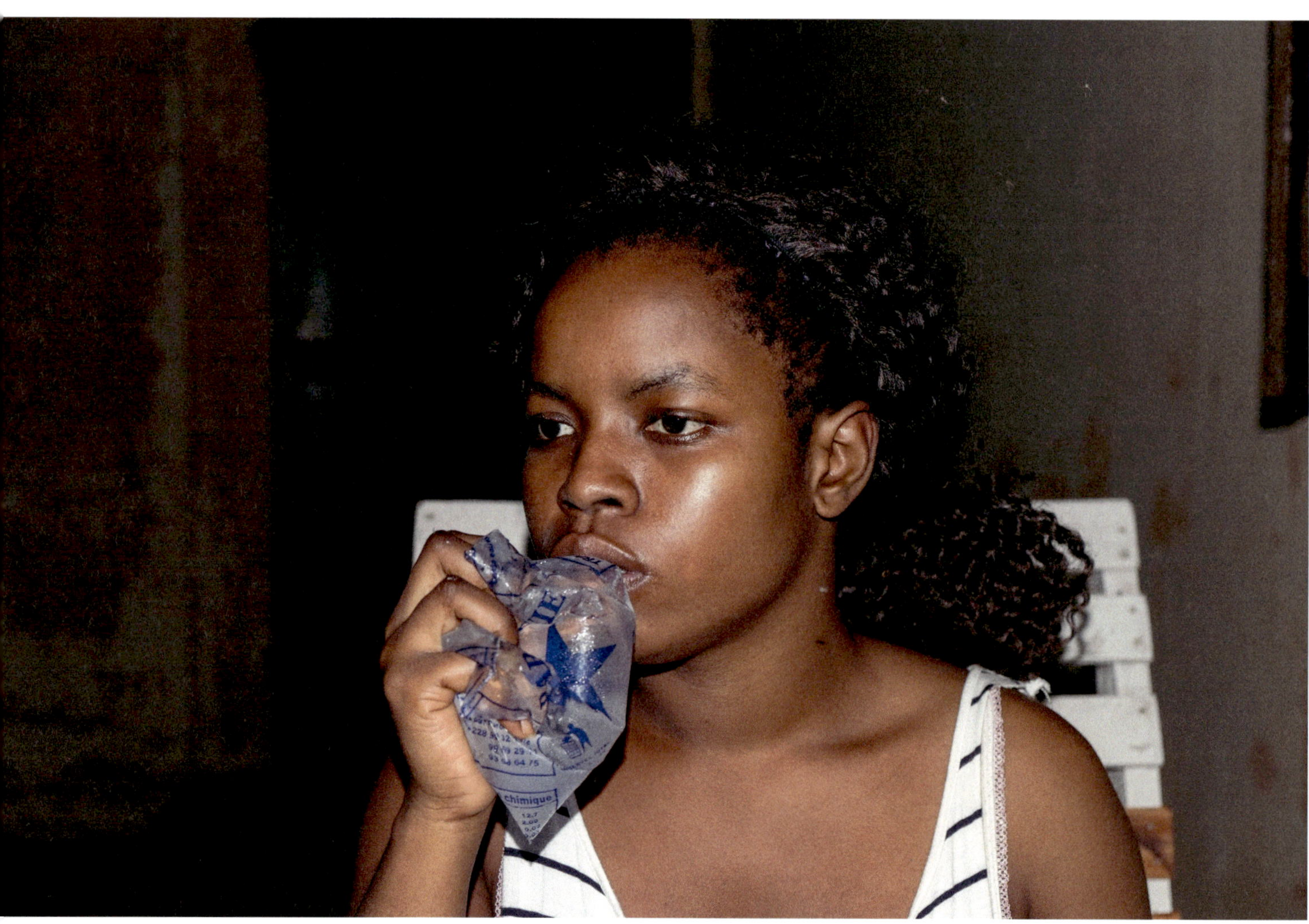

Baguida, 2015

Baguida, 2015

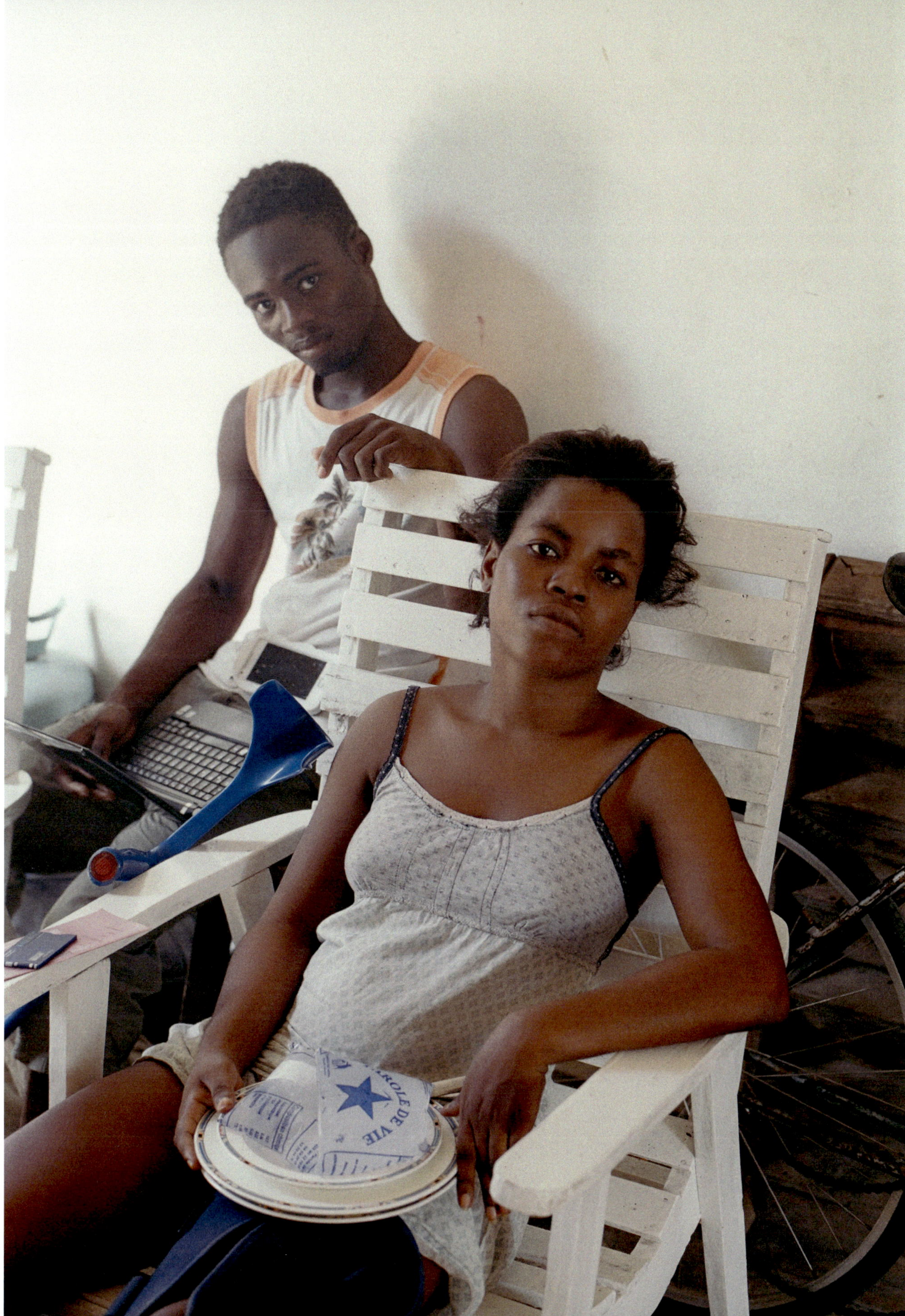
ROLE DE VIE

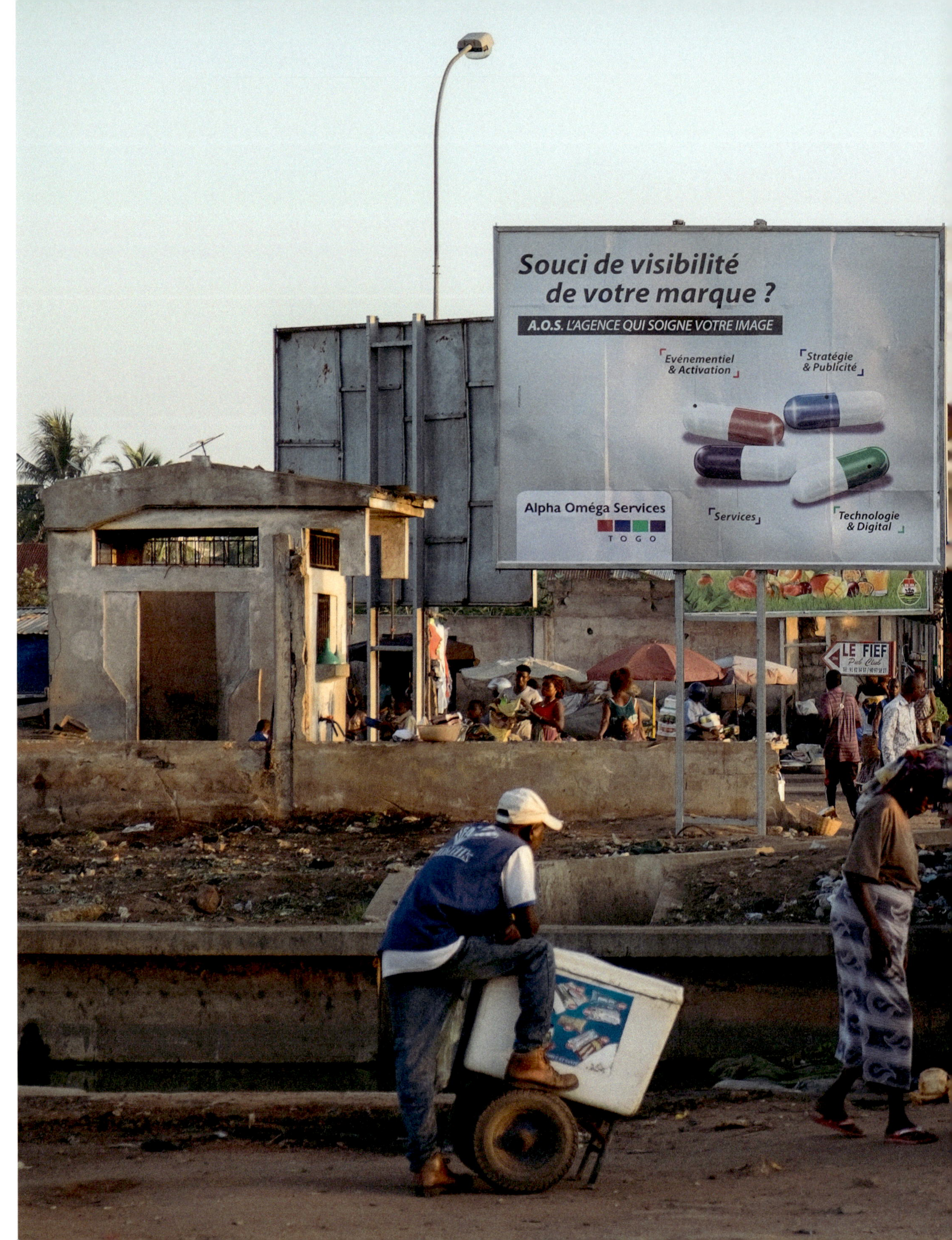
Souci de visibilité
de votre marque ?
A.O.S. L'AGENCE QUI SOIGNE VOTRE IMAGE
Evénementiel & Activation
Stratégie & Publicité
Alpha Oméga Services
TOGO
Services
Technologie & Digital
LE FIEF
Pub Club

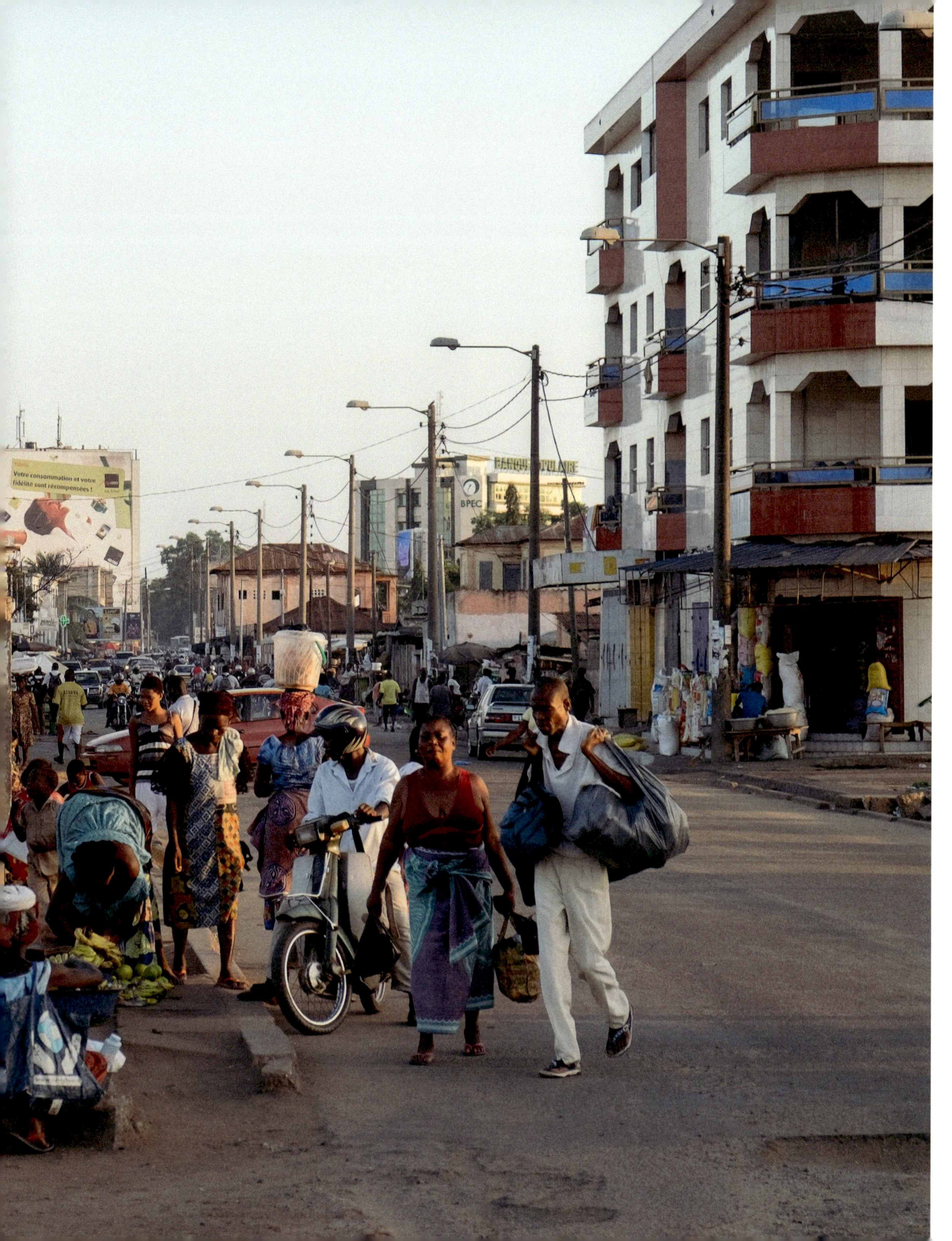
Votre consommation et votre
fidélité sont récompensées !
BPEC

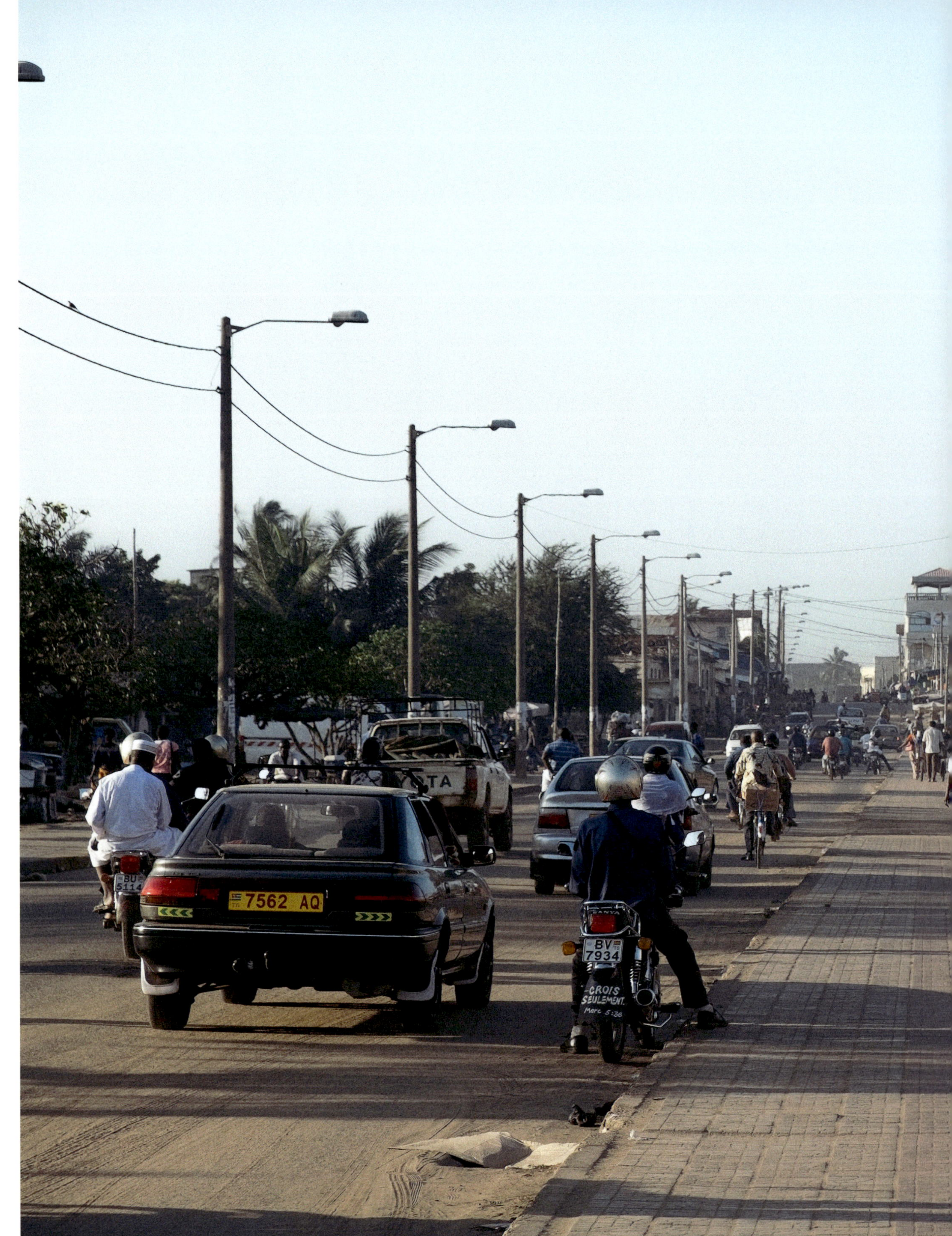

7562 AQ
BU
5114
BV
7934
CROIS
SEULEMENT.
Marc 5:36

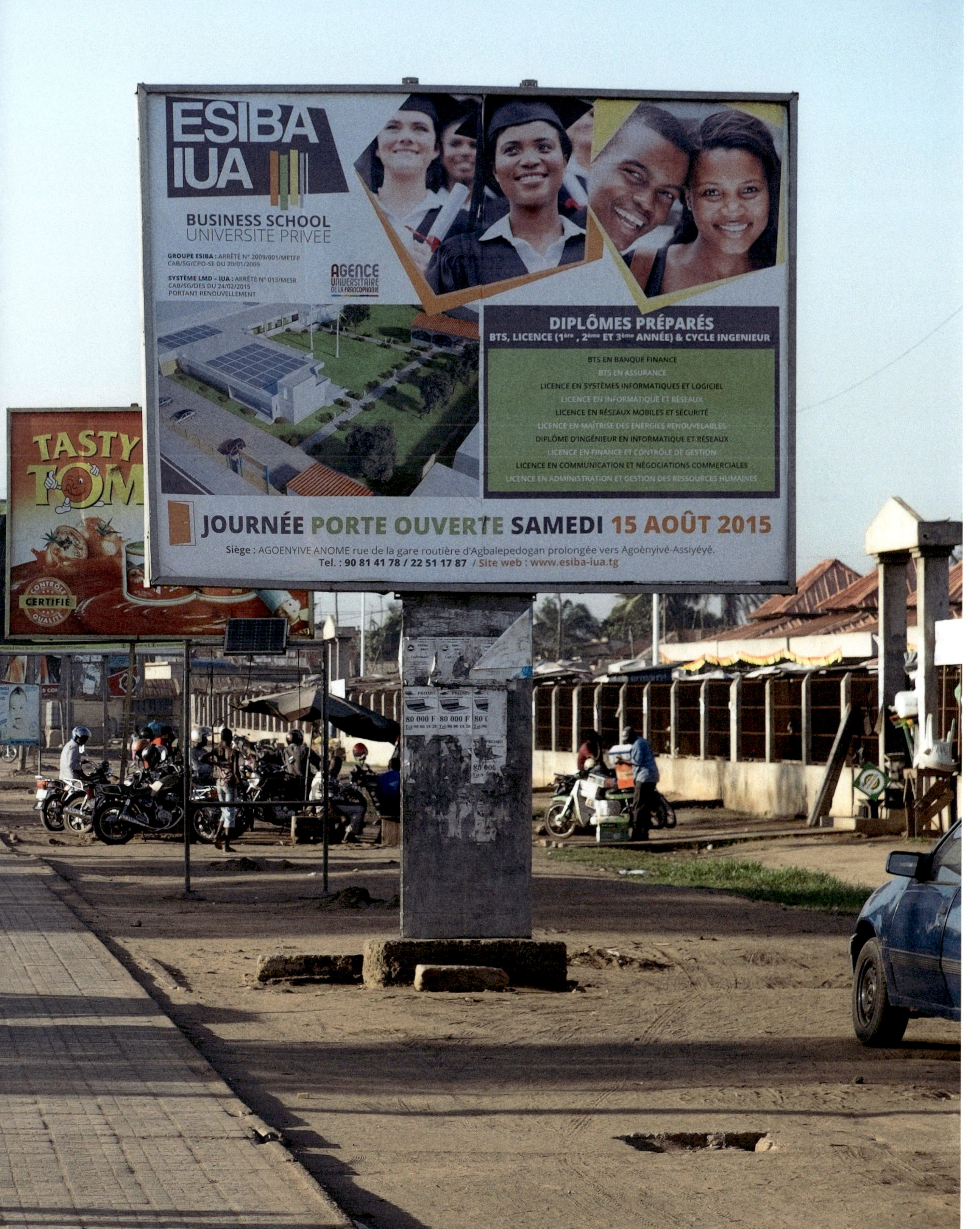

ESIBA
IUA
BUSINESS SCHOOL
UNIVERSITE PRIVEE
GROUPE ESIBA : ARRÊTÉ N° 2009/001/METFP
CAB/SG/CPO-SE DU 20/01/2009
SYSTÈME LMD - IUA : ARRÊTÉ N° 013/MESR
CAB/SG/DES DU 24/02/2015
PORTANT RENOUVELLEMENT
AGENCE UNIVERSITAIRE DE LA FRANCOPHONIE
DIPLÔMES PRÉPARÉS
BTS, LICENCE (1ère, 2ème ET 3ème ANNÉE) & CYCLE INGENIEUR
BTS EN BANQUE FINANCE
BTS EN ASSURANCE
LICENCE EN SYSTÈMES INFORMATIQUES ET LOGICIEL
LICENCE EN INFORMATIQUE ET RÉSEAUX
LICENCE EN RÉSEAUX MOBILES ET SÉCURITÉ
LICENCE EN MAÎTRISE DES ENERGIES RENOUVELABLES
DIPLÔME D'INGÉNIEUR EN INFORMATIQUE ET RÉSEAUX
LICENCE EN FINANCE ET CONTRÔLE DE GESTION
LICENCE EN COMMUNICATION ET NÉGOCIATIONS COMMERCIALES
LICENCE EN ADMINISTRATION ET GESTION DES RESSOURCES HUMAINES
JOURNÉE PORTE OUVERTE SAMEDI 15 AOÛT 2015
Siège : AGOENYIVE ANOME rue de la gare routière d'Agbalepedogan prolongée vers Agoènyivé-Assiyéyé.
Tel. : 90 81 41 78 / 22 51 17 87 / Site web : www.esiba-iua.tg
TASTY
TOM
CERTIFIÉ

< Av. de la Nouvelle Marche, 2015

< Av. de la Nouvelle Marche, 2015
Glidji, 2010

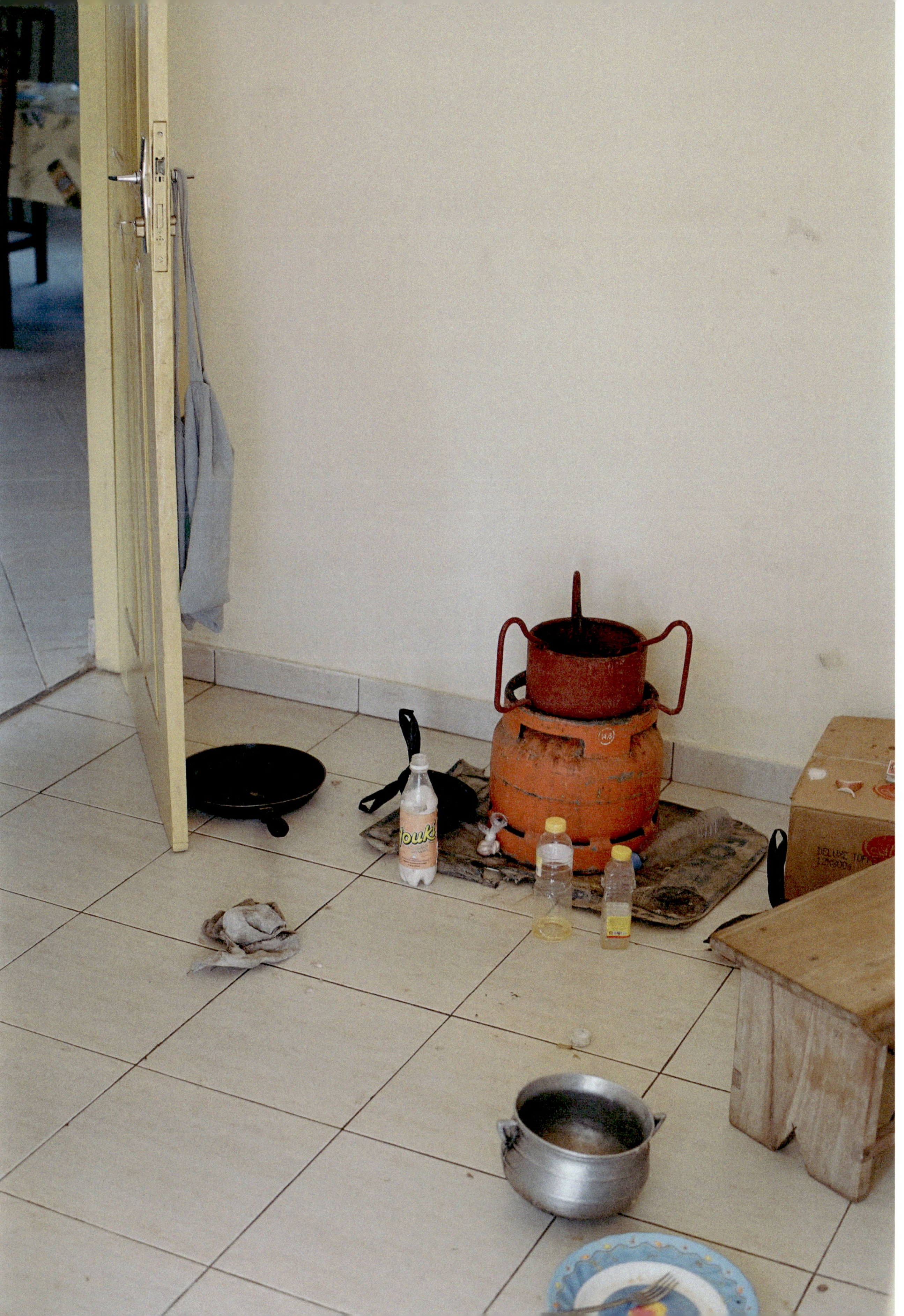

Baguida, 2015

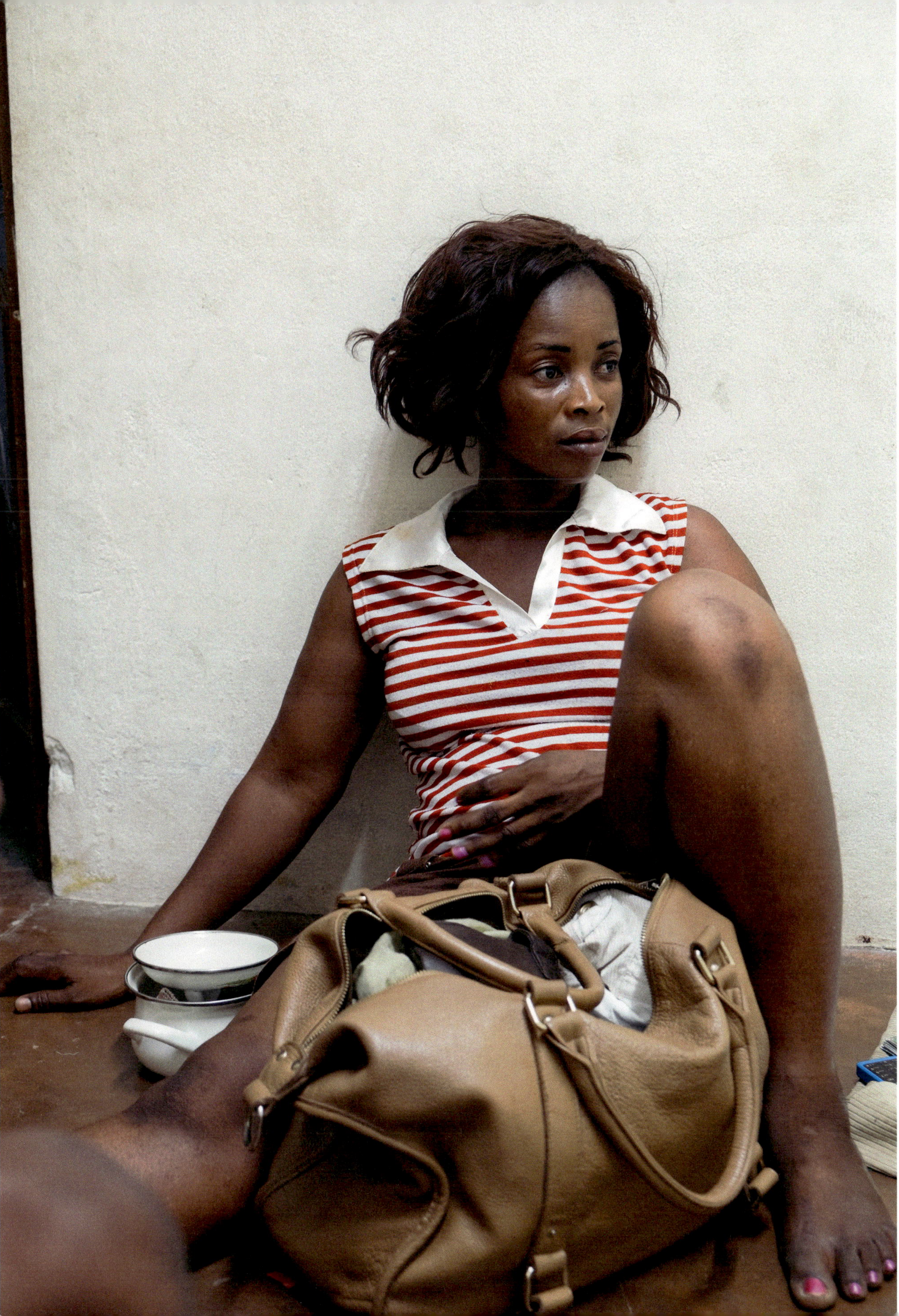

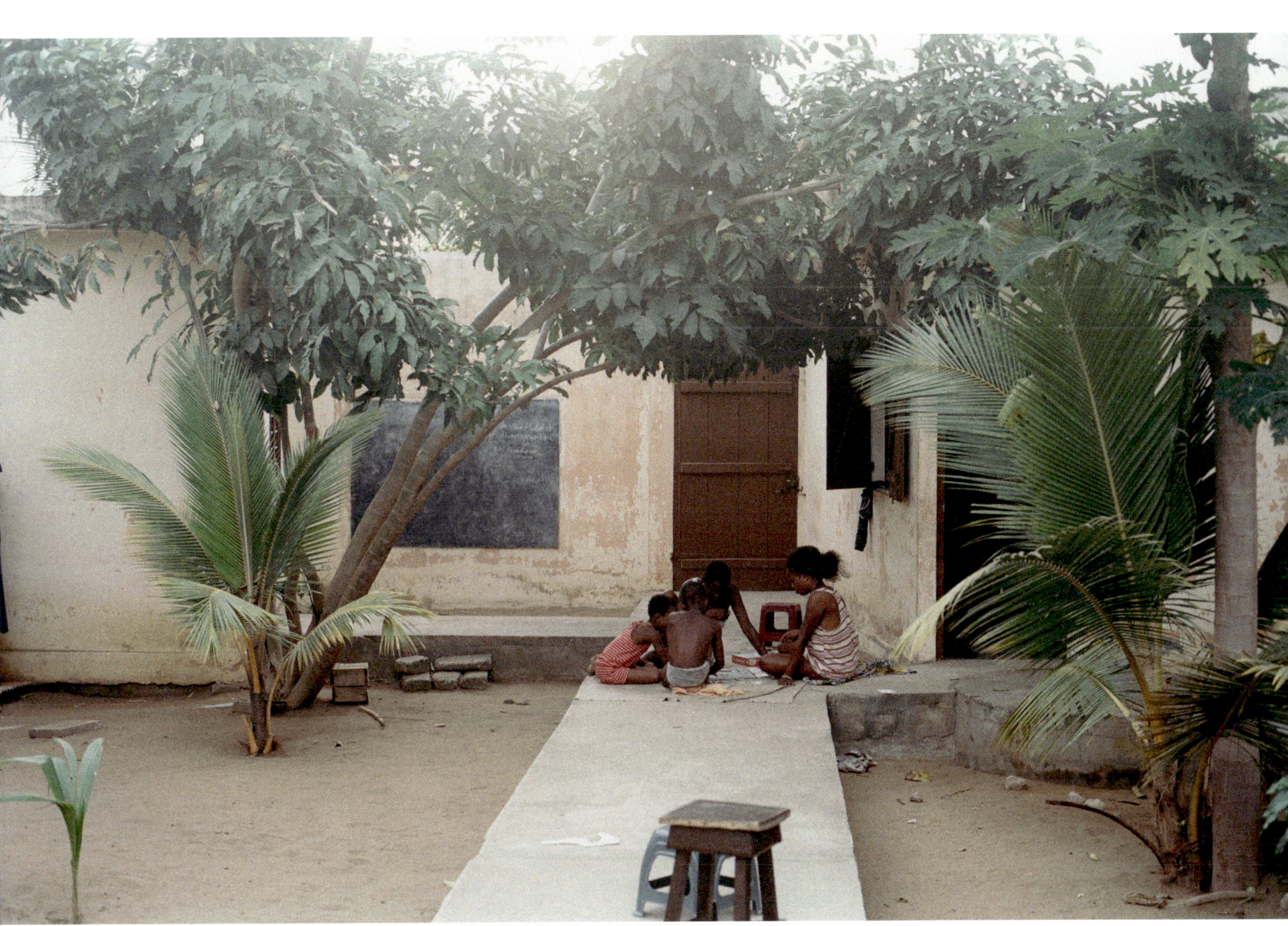

Baguida, 2016

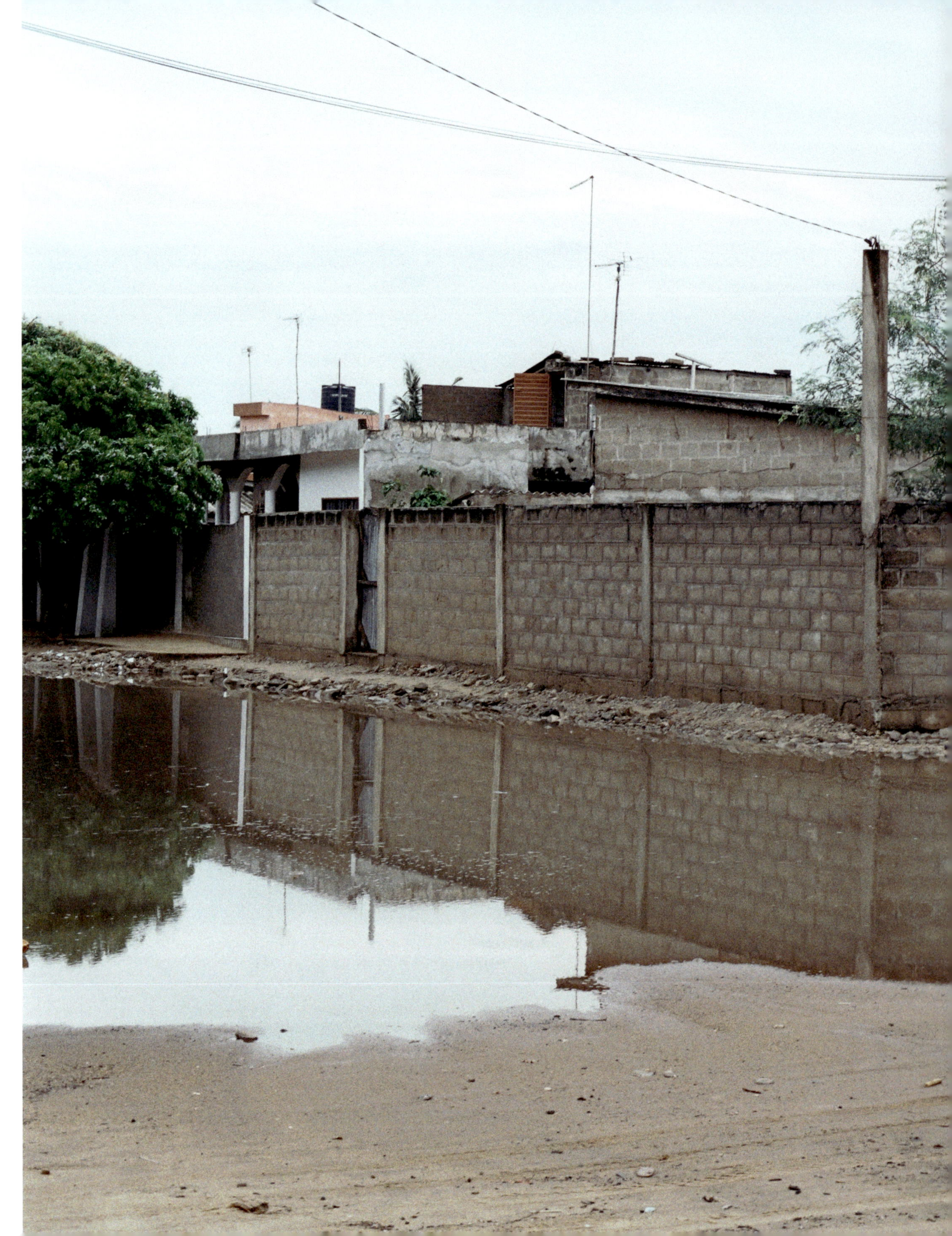

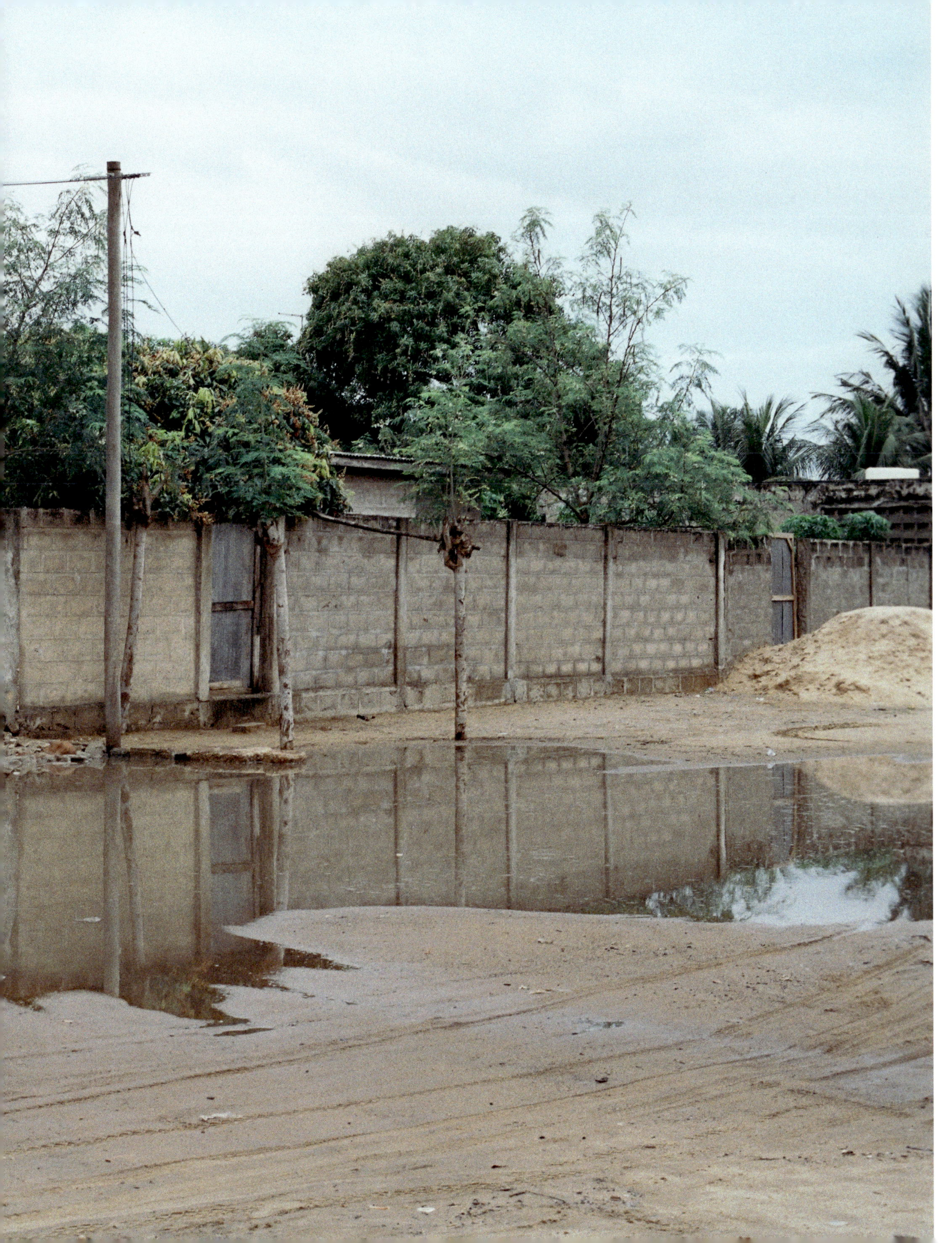

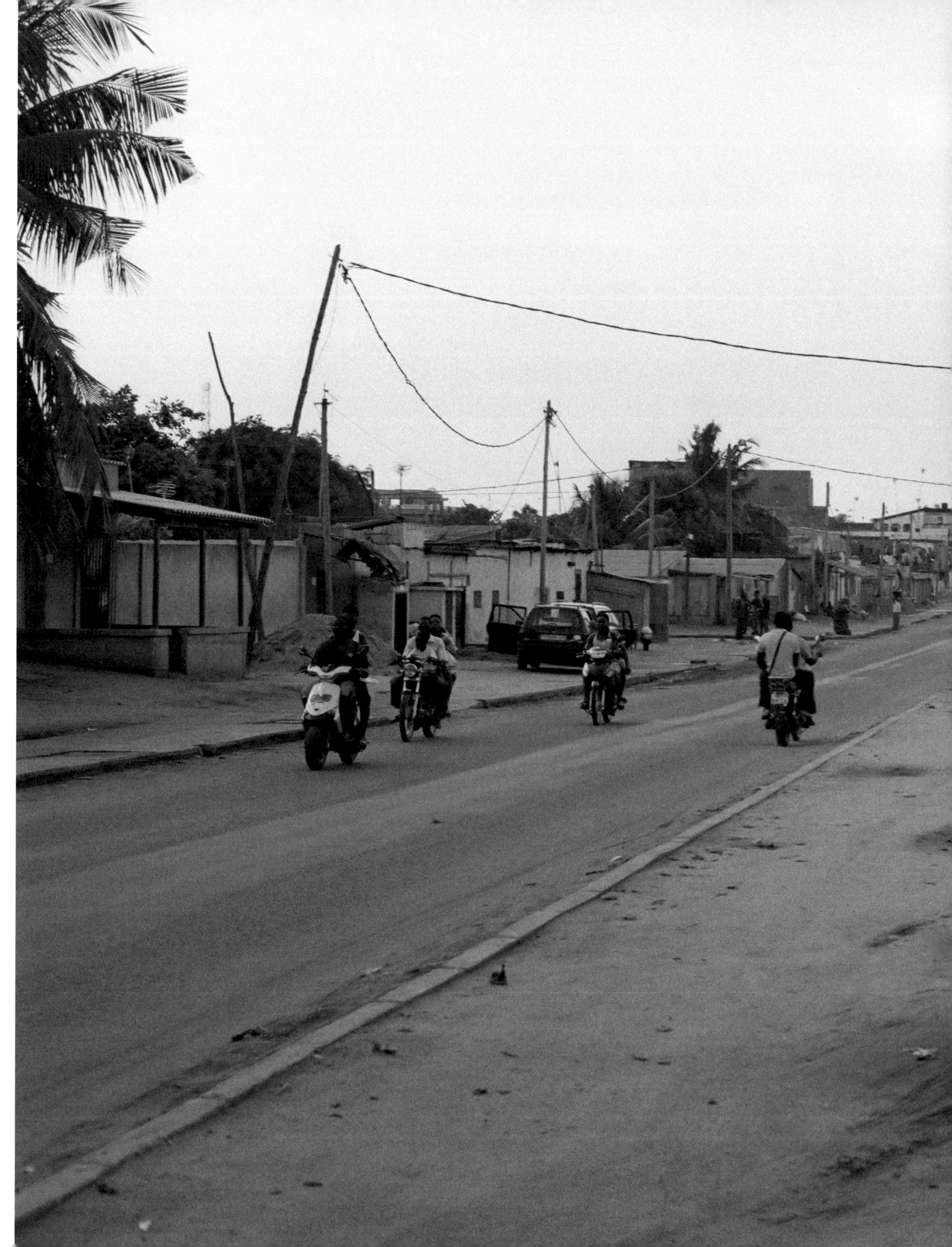

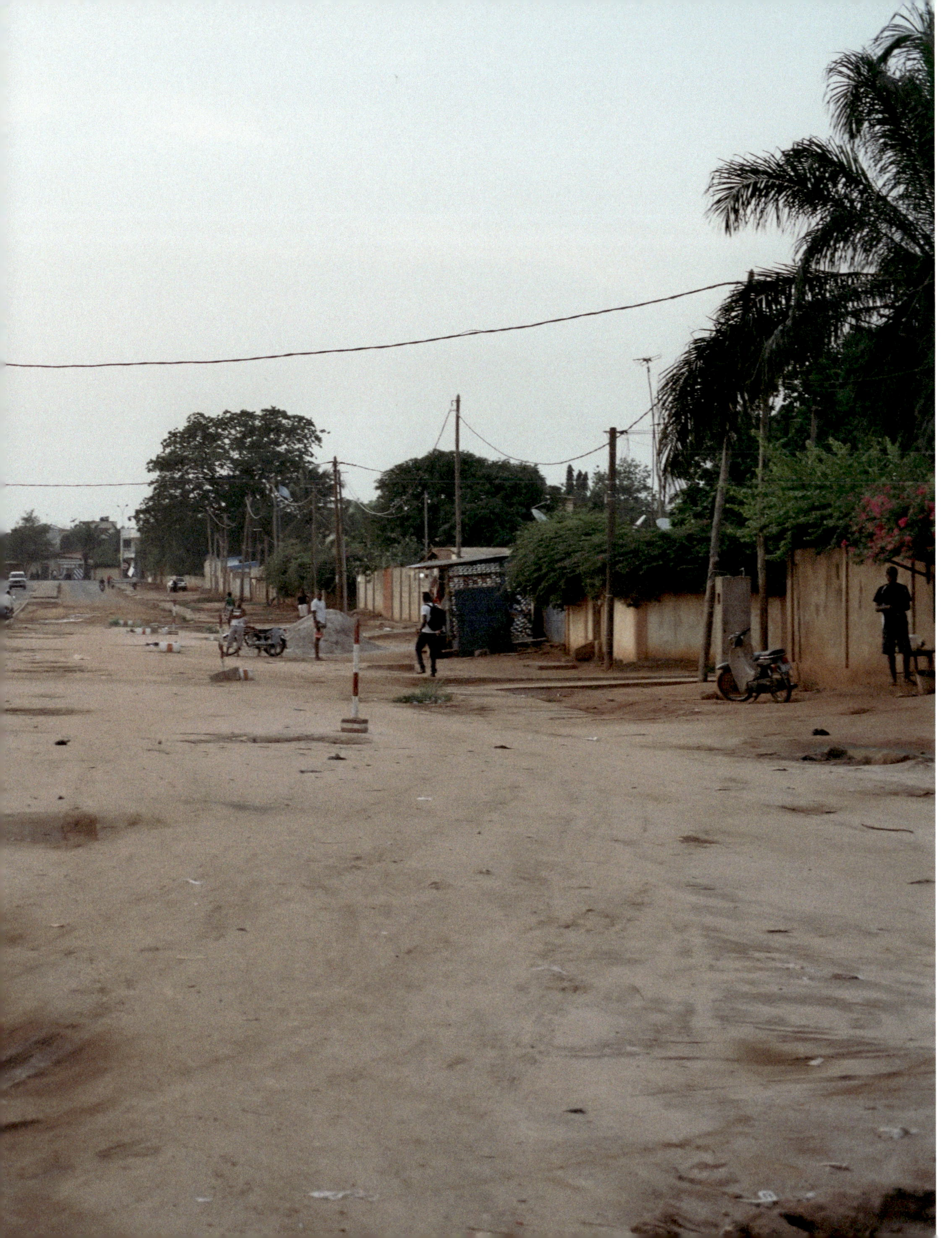

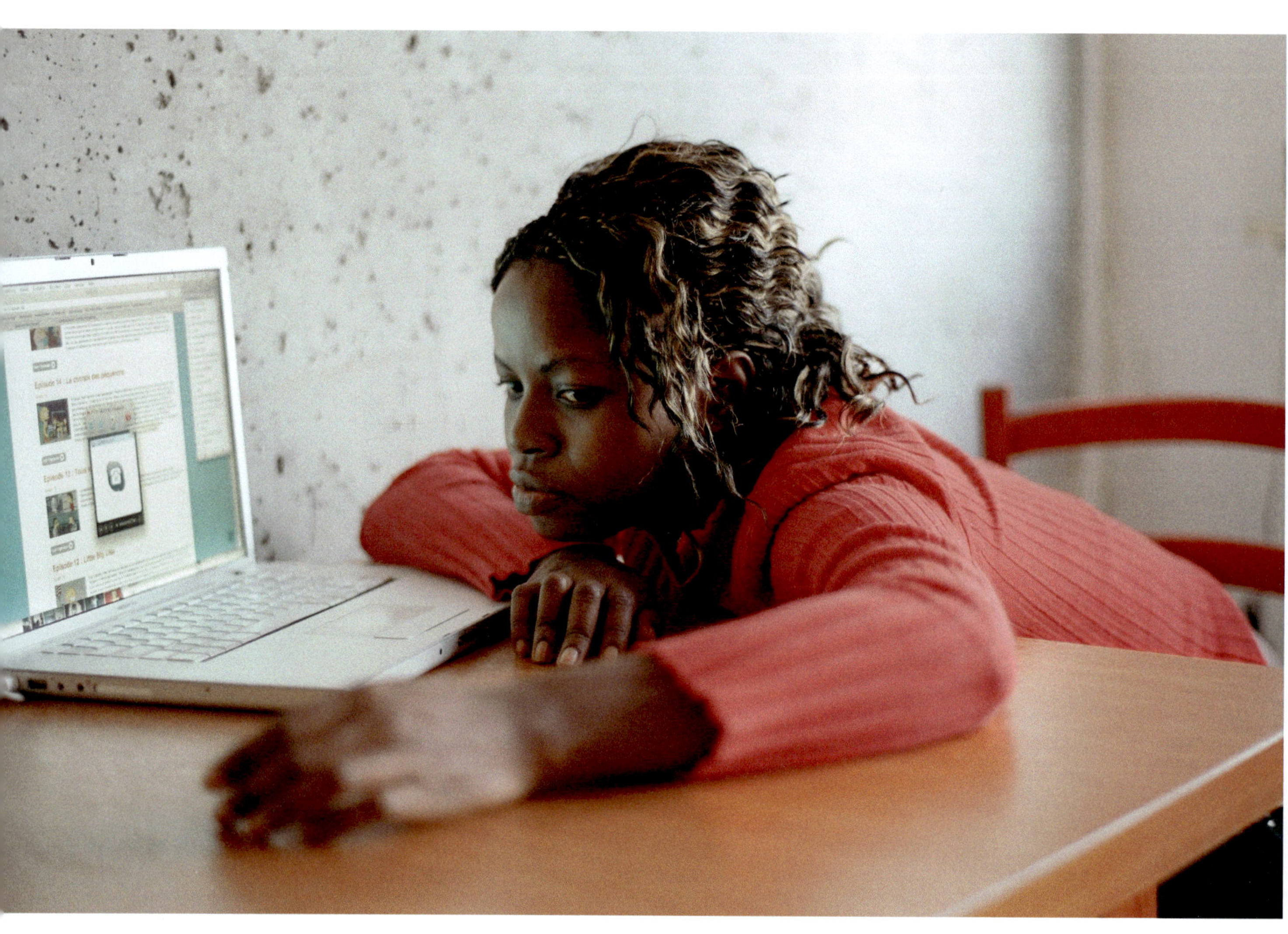

< Baguida, 2016
< Agbavi, 2016
Wächterstraße, 2011

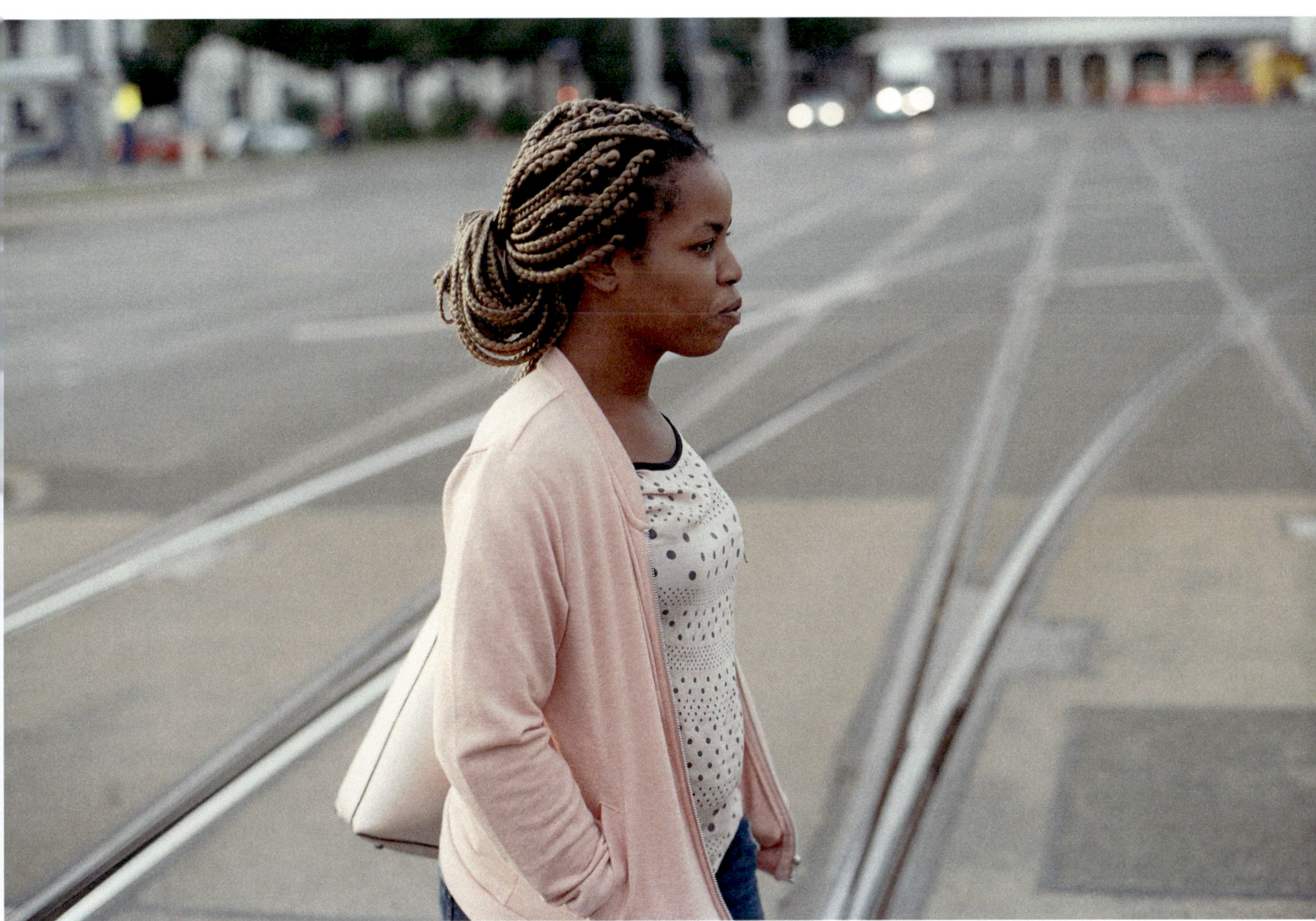

Goerdelerring, 2017

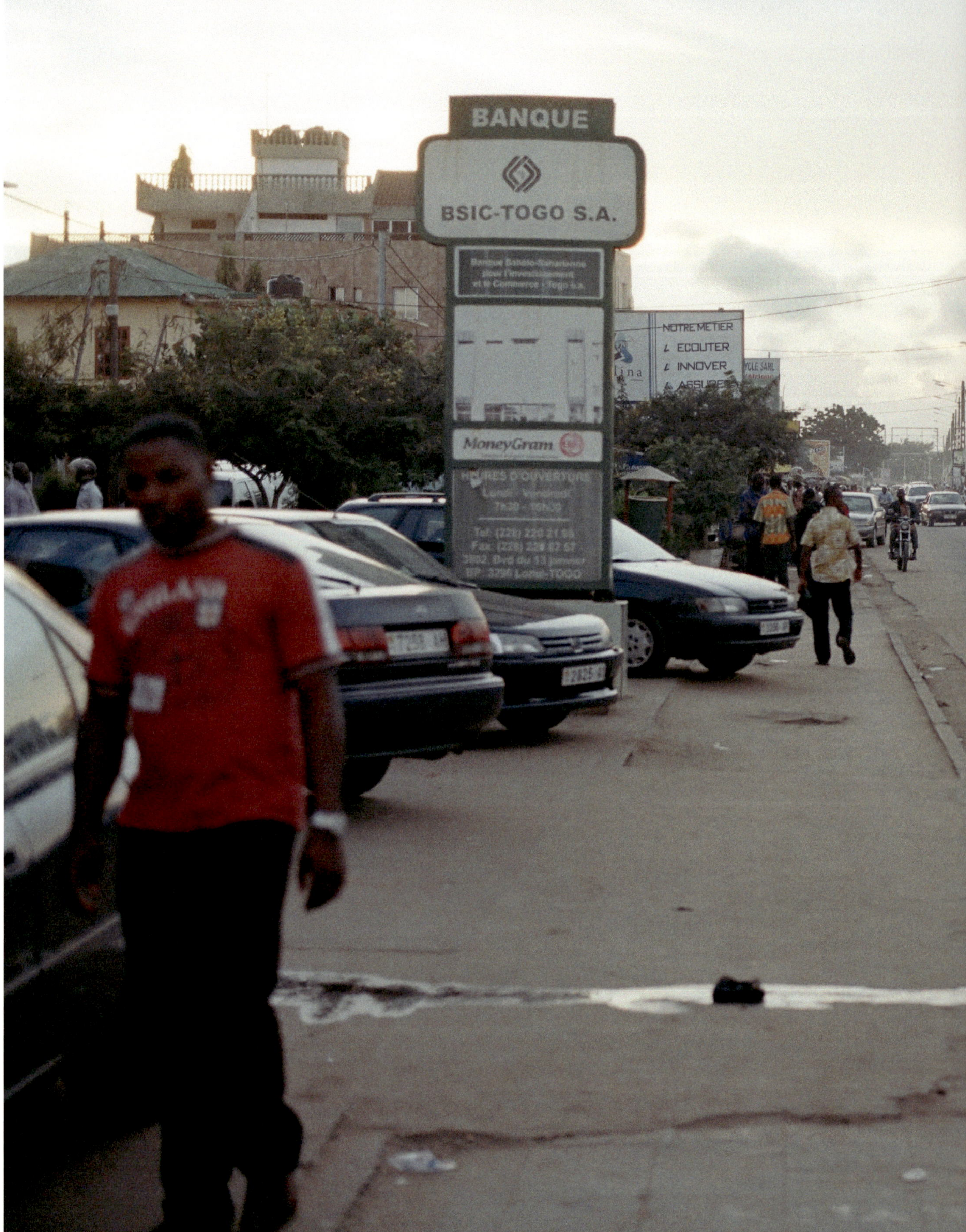
BANQUE
BSIC-TOGO S.A.
MoneyGram
NOTRE METIER
ECOUTER
INNOVER

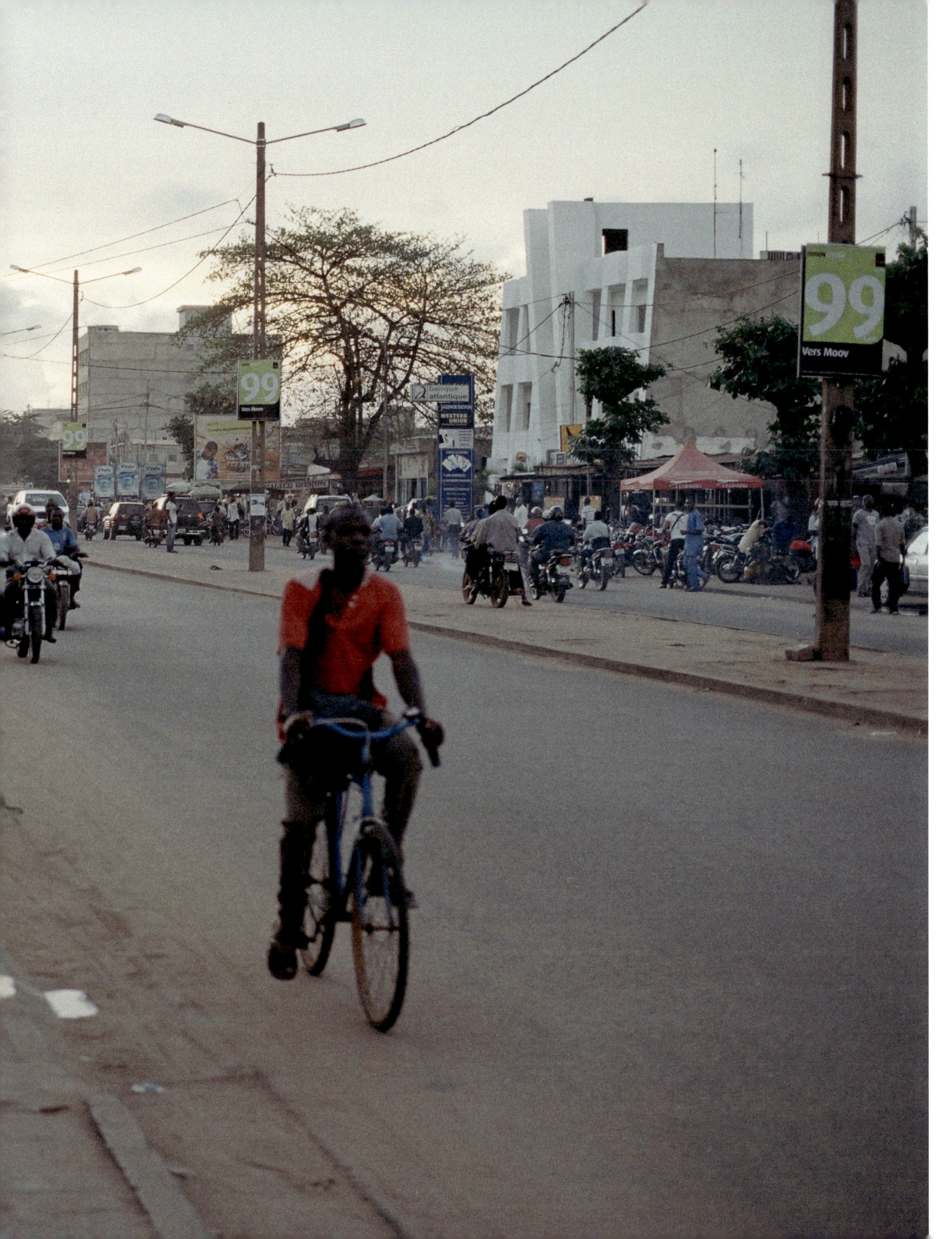
99
Vers Moov
banque atlantique
WESTERN UNION
99
Vers Moov

< Bd du 13 Janvier, 2010

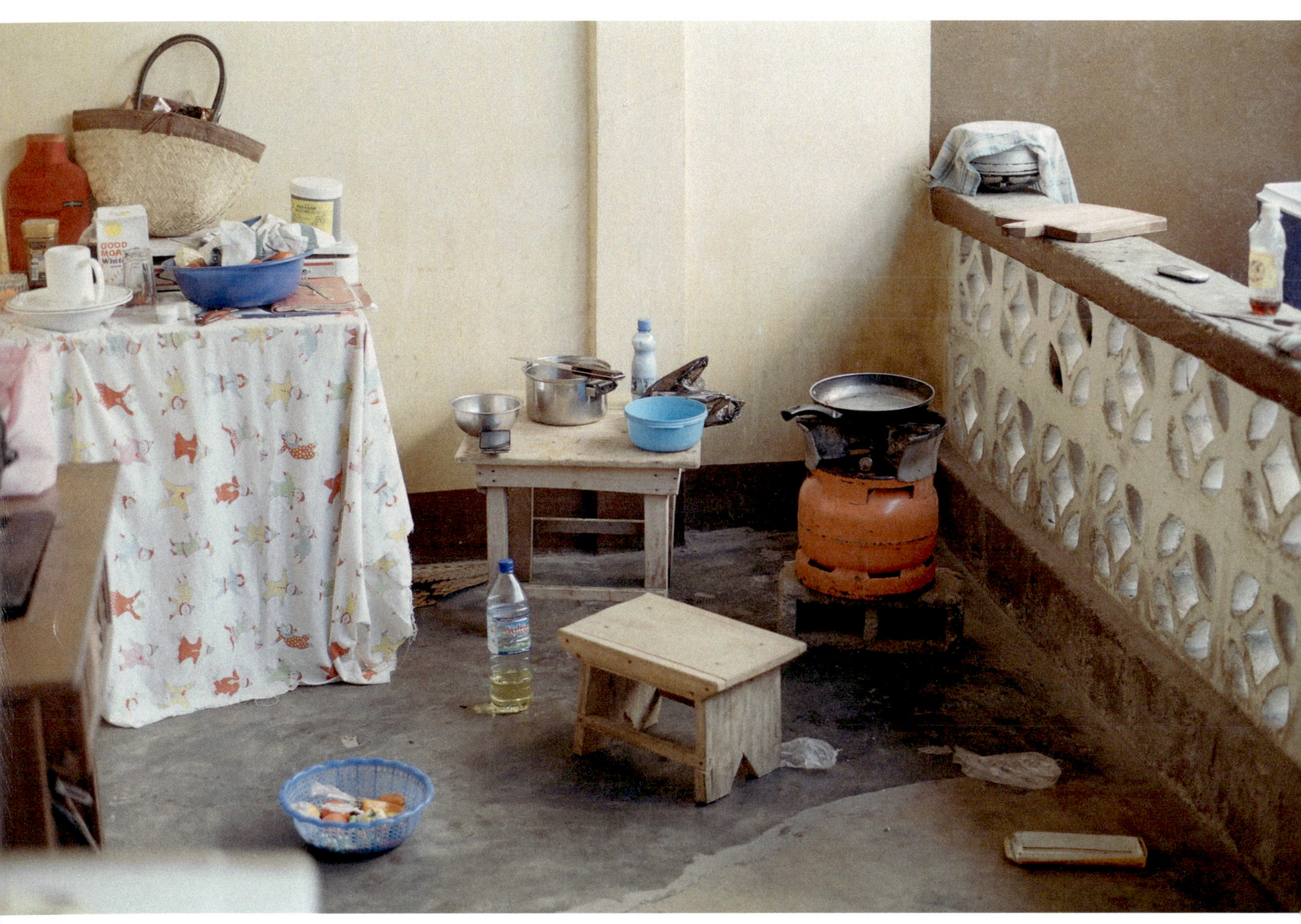

Baguida, 2016

Je tiens à remercier toutes les personnes qui m'ont aidé à réaliser ce projet, notamment celles qui m'ont permis de les photographier. Photographié à Lomé (Togo) et à Leipzig (Allemagne) pendant les années 2009–2017.

Ich danke allen, die mich bei diesem Projekt unterstützt haben, insbesondere denen, die sich von mir haben fotografieren lassen. Fotografiert in Lomé (Togo) und in Leipzig (Deutschland) in den Jahren 2009–2017.

Pour Audrée et Elodie

Tobias Neumann
Deux Sœurs / Zwei Schwestern

Photographie / Fotografie: Tobias Neumann
Graphisme / Gestaltung: Helmut Völter
Photogravure / Bildbearbeitung: Carsten Humme
Relecture / Lektorat: Julia Burmeister
Impression et reliure / Druck und Bindung: DZA Druckerei zu Altenburg GmbH

Spector Books
Harkortstraße 10, 04107 Leipzig
www.spectorbooks.com

Distribution
Allemagne, Autriche / Deutschland, Österreich: GVA, Gemeinsame Vertragsauslieferung Göttingen GmbH & Co. KG, www.gva-verlage.de
Suisse / Schweiz: AVA Vertragsauslieferung AG, www.ava.ch
France, Belgique / Frankreich, Belgien: Interart Paris, www.interart.fr
Royaume-Uni / Großbritannien: Central Books Ltd, www.centralbooks.com
États-Unis, Canada, Amérique centrale et du sud, Afrique, Asie / USA, Kanada, Mittel- und Südamerika, Afrika, Asien: Artbook | D. A. P., www.artbook.com
Corée du Sud / Südkorea: The Book Society, www.thebooksociety.org
Australie, Nouvelle-Zélande / Australien, Neuseeland: Perimeter Distribution, www.perimeterdistribution.com

Soutenu par la Fondation culturelle de Saxe et du bureau culturel de la ville de Leipzig /
Gefördert von der Kulturstiftung des Freistaats Sachsen und dem Kulturamt der Stadt Leipzig

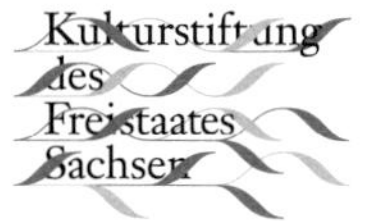

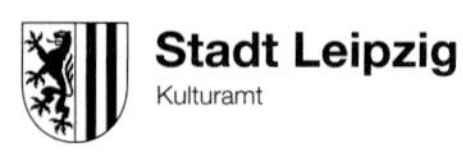

Première édition / 1. Auflage
Printed in Germany
ISBN 978-3-95905-183-5